在线教育讲义

尚俊杰　著

华东师范大学出版社

图书在版编目（CIP）数据

在线教育讲义 / 尚俊杰著. —上海：华东师范大
学出版社，2020
　　ISBN 978 - 7 - 5760 - 0603 - 2

　　Ⅰ. ①在… Ⅱ. ①尚… Ⅲ. ①网络教育－研究－中国
Ⅳ. ①G434

中国版本图书馆 CIP 数据核字（2020）第 122282 号

在线教育讲义

著　　　者　尚俊杰
责任编辑　顾晓清
责任校对　樊　慧　时东明
装帧设计　刘怡霖

出版发行　华东师范大学出版社
社　　址　上海市中山北路 3663 号　邮编 200062
网　　址　www.ecnupress.com.cn
客服电话　021 - 62865537
网　　店　http://hdsdcbs.tmall.com/

印 刷 者　上海锦佳印刷有限公司
开　　本　787×1092　16 开
印　　张　18.25
字　　数　229 千字
版　　次　2020 年 9 月第 1 版
印　　次　2020 年 9 月第 1 次
书　　号　ISBN 978 - 7 - 5760 - 0603 - 2
定　　价　79.80 元

出 版 人　王　焰

（如发现本版图书有印订质量问题,请寄回本社客服中心调换或电话 021 - 62865537 联系）

前言

————

2020 年初的新冠肺炎疫情客观上促进了在线教育的发展，一场史无前例的大规模在线教育实践就这样开始了。在这个过程中，我也密切关注着新涌现的问题，希望提供一些解决方案。在我的学生、现任中央电化教育馆副研究员蒋宇的建议下，我在以往研究的基础上连续更新了 10 篇文章，发在"俊杰在线"微信公众号上。后来我的博士同学、华东师范大学陈霜叶教授和中国人民大学罗云教授鼓励和建议我结集出版，所以我又对文章进行了全新的改版和完善，增加了大约一倍内容，并在华东师范大学出版社顾晓清主任的帮助下正式出版。

这本书分为 10 讲，大致可以分为如何正确看待在线教育、如何有效开展在线教育、如何提升在线教育的质量、如何超越在线教育四个主题。

具体而言，在**第一讲**，主要考虑到在线教育对于部分人来说，可能还比较陌生，所以我把在线教育的前世和今生做了一个比较详细的梳理，从最早的函授教育、电化教育，一直讲到现代远程教育、互联网教育。从这个过程中，我们就可以看出**在线教育的"爆发"是必然趋势**，只是时间早晚问题。不过，因为新冠疫情是突如其来的，2 亿多学生一起上网课，必然会给网络基础设施、教师带来挑战，出一些问题也在所难免。但是我们必须认识到，在线教育不是"用不用"的问题，而是我们要从需要出发，结合学段、学科、教学目标、学生特点、当地条件等因素,选择合适的在线教育方式。

第二讲相对具体一些,主要讲解如何有效开展在线教育的措施。首先讲解了直播、录播、在线自主学习几种教学方式,然后根据教学方式讲解了如何选择在线教学平台,并讨论了学校(机构)、教师应该做哪些准备工作。最后介绍了一些疫情期间有效开展在线教学的典型案例,并就如何提升在线教育质量提出四条建议:注重多媒体认知原则、教师呈现、游戏化设计、学习者用户体验。

第三讲着重探讨了直播、录播课堂中常用的视频课件的价值。我相信,**"如果有条件,学习者一定希望跟着最好的老师学习"**,而视频课件确实是达成这一目标,并快速促进优质资源共享的一种方式。所以,我首先从自己的切身体会讲解了我所经历过的几个案例,包括农远工程、成都七中那块屏等,通过这些案例,我深切地体会到视频课件不仅可以解决"有没有"的问题,似乎也能解决"好不好"的问题。在此基础上,我又研读了大量文献,综合各位学者的研究成果,论述了慕课、翻转课堂、直播课的成效。然后,借助哈佛大学克里斯坦森提出的**"破坏式创新理论"**分析了视频课件在促进教学创新、教育组织变革方面的价值。最后从加大投入、采用新技术、创新应用和加强研究方面提出了提升视频课件质量的建议。

第四讲在第三讲的基础上围绕如何看待在线教育中教师的形象进行了专门讨论。在疫情期间的教学中,很多老师对要不要"露脸"很纠结,我就以这个为开头,首先讨论了自己在教学中关于"露脸"的体会,然后结合实证研究文献探讨了露脸对于在线学习的重要性。实际上,对于露脸到底能不能促进学习,学术上还是有争议的,不过我个人认为最好的做法就是根据需要动态呈现课件内容或者教师形象,但是如果没有条件动态切换,还是露脸更好一些。在这一讲后面,我又探讨了声音对于学习的作用。希望将来可以用美颜、美声、虚拟形象、合成声音等技术塑造更好的教师的形象。

我在微信上发布完第四讲以后，一些老师给我来信，建议我谈谈在线教育中的互动。互动确实很重要，所以我在**第五讲**就围绕互动进行了专门讨论。我以前在给本科生上公选课的时候还真研究过一段时间互动，所以这一讲就从生活中的互动开始谈起，然后系统讨论了在线教学中的互动形式及其优缺点，并重点针对如何增强互动提了几条建议：包括提前了解平台的互动功能、综合使用提问、测试、讨论等互动方式、注重教学态度和教学语言、注重学习者和内容互动等。希望在线教学能够让互动更便捷、更广泛、更深入、更有效。

讲完教师，自然也得讲讲学生，所以我在**第六讲**专门探讨了在线教育中的学生角色。首先介绍了自己做过的一个印象比较深刻的游戏化学习研究，重点介绍了其中几个典型同学的在线学习行为，我认为这项研究不仅对了解在线学习行为有意义，同时对了解学生的线下学习行为也有参考意义。然后，我又结合各位专家学者及我们自己的实证研究讨论了学生在线学习行为特征。最后从学生、教师、家长三个角度探讨了如何促进学生发展。

到**第七讲**，我想应该谈一下如何让在线教学更科学了。其实，这些年各行各业都更加注重科学，包括我们喂养儿童，现在很多家庭都很强调要科学喂养，在教学方面当然也要更科学，所以这些年**学习科学**（Learning Sciences）发展特别快，它主要就是研究**"人究竟是如何学习的，如何促进有效的学习"**。学习科学在在线教育中当然也很重要，课件到底怎么制作，教师到底要不要露脸，学生在线学习行为到底效果如何等，都需要更加科学的分析。所以，在本讲，我简要介绍了学习科学的概念、起源和发展，并重点探讨了基于在线学习的学习分析研究，然后提出了**基于学习科学的在线教育八建议**。

一件事情只有科学还不够，还要有快乐才能发展得更好，所以我在**第八**

讲就探讨了如何让在线教学更快乐。游戏化学习是我的主要研究方向,我坚信利用游戏,可以让学习更有趣,从而激发学生的学习动机,并有助于培养能力、情感、态度和价值观。在这一讲,我首先简要探讨了自己提出的三层价值理论,然后探讨了在线教育中应用游戏化学习的案例、研究,最后也提出了**基于游戏化学习的在线教育八建议**,希望游戏化学习能够重塑学习方式,让学习回归教育本质。

在这些年的教育信息化教学、研究、管理工作中,我深深地感受到教育信息化要想可持续发展,必须坚持产学研合作。所以我在**第九讲**专门探讨了如何促进在线教育(其实泛化到了教育信息化)的产学研合作。简言之,就是我们一定要克服心中可能存在的对企业的偏见,要大力促进产学研合作的良性发展。之后,我又对产业发展、企业发展、研究发展提出了一些建议。希望通过产学研合作,推动在线教育的可持续发展。

最后是**第十讲**,因为听到有人在讨论,说疫情快结束了,终于可以不用在线教育了,所以我决定在这一讲专门讨论如何超越在线教育。我认为**疫情的结束只是在线教育发展的新起点**,未来在线教育的深度、广度都将会发生变化,将不会拘泥于直播、录播和在线研讨等形式,以在线教育为代表的教育信息化将进一步融入教育的每一个角落、每一个环节,促进教育教学创新,促进优质教育资源共享,推动教育组织变革,重塑教育流程,打造未来教育,从而促进以教育信息化带动教育现代化的基本战略的实现。在这一讲的最后,应读者要求,我也给出了一些针对教育各领域的具体建议,仅供参考。

以上就是这本书的主要内容。为了对大家更有帮助,我在这本书中还补充了一些资源。

(1)尽管本书不是传统意义上非常严谨的学术专著,但我还是在脚注中加入了大量参考文献和其他资源。这些文献大部分都是我们团队在研究中关注过的文献,可能对读者有比较高的参考价值。

（2）在每一讲末,我还特别推荐了若干篇文章或其他资源,主要是和这一讲有关系的文献,希望帮助大家更全面更深入地了解相关主题,大家可以扫码展开阅读（如果打不开,也可以在百度或微信中搜索）,相信对大家会有帮助。

（3）在每一讲末,我还附加了几篇读者的读后感,主要是希望这本书能成为动态变化的"立体图书"。未来各位读者也可以扫码留言,参加讨论,希望通过讨论,大家能够对在线教育有更加客观和全面的认识。

需要说明的是,本书并不是对在线教育进行系统论述的教材,因而可能存在着方方面面的缺陷。不过本书是我在多年研究基础上,并在学生和合作者的帮助和支持下完成的,希望对关心在线教育的各方面人士都能有启发。另外,这些年,不管是教学还是写作,我都一直努力想做到**"有理有据有观点,有趣有用有意义"**,希望让大家既能看（听）得开心,还能有收获,仔细想想又觉得很有意义。在这本书中我也是这样做的。

最后再次衷心感谢大家,如果大家对本书有任何意见和建议,敬请在微信公众号"俊杰在线"指出,或者来信指正（jjshang@pku.edu.cn）。

北京大学基础教育研究中心副主任
中国教育技术协会教育游戏专委会理事长
北京大学教育学院学习科学实验室执行主任
中国人工智能学会智能教育技术专委会副理事长

2020 年 5 月 4 日于北大燕园

目录

————

第一讲 如何正确看待在线教育[*]

———————

2020 年初,受到疫情的影响,学校无法正常开学。全国各地的大中小学为了实现"停课不停学",纷纷开展了各种各样的在线教学,而各种各样的线下培训机构,也纷纷将教室搬到了互联网上。在这个过程中,有一些单位在线教育做得挺好的,比如北京大学新学期全部课程于 2 月 17 日准时开课,基本上很顺利。而我们北大教育学院,早在寒假期间,就已经利用 ClassIn 在线直播平台圆满完成了给教育博士(EdD)上课的教学任务,我本人也亲自上了一门课程,自我感觉良好,学生的反应也不错。但是有一些单位的在线教育出现了较多的问题,比如,系统崩溃,老师不适应在线教学等,一时间,在线教育成了一个新的社会热点,几乎吸引了所有人的目光,大家都在热烈讨论,有热捧,也有质疑,那么在线教育到底是什么呢?

其实,在线教育不是一个新事物,或者说不是一个新问题,只要看看技术在人类社会发展中的作用,看看最近几十年来信息技术对社会各领域的推动,深入研究一下人类教育发展现状及存在的问题,就会看到在线教育的"爆发"只是时间早晚的问题。下面我们就先来看看在线教育的前世和今生。

———————

* 本讲得到了中央电化教育馆副研究员蒋宇的帮助。

一、在线教育的前世：函授教育和电化教育

关于在线教育,狭义上的在线教育一般指的是 20 世纪 90 年代中期以来利用互联网开展的教育。广义上的在线教育则泛指区别于面对面教学的各种形式的教育。在学术领域,目前一般用**远程教育**泛指这种非面对面的教学形式。如果采用广义的概念,我们会看到在线教育在中国也已经有上百年历史了,只不过,在不同的时期用了不同的概念,如函授教育、视听教育、电化教育(电视大学)、现代远程教育、网络教育、互联网教育等。为了让大家更好地理解在线教育,本书就从最初的函授教育开始讲起。

在国际上,对于教育技术与远程教育和代际分期一般有三代和五代两种理论。其中比较流行的三代理论以托尼·贝茨为代表:第一代指的是邮政通信和印刷技术支持的函授远程教育;第二代指的是广播、电视、录音、录像和计算机单机媒体支持的广播电视远程教育;第三代指的是网络(计算机、电信和卫星通信)和多媒体技术支持的网络远程教育。①

在我国,曾任中央广播电视大学远程教育研究所所长的丁兴富教授将 2000 年以前的远程教育分成了"萌芽和准备期"、"创建、起步和中断期"、"恢复、繁荣和调整期"、"战略革新和起飞期"四个阶段。② 下面我们就结合丁教授及其他学者的研究成果来梳理一下在线教育(远程教育)的前世和今生。

---

① 丁新.透视我国第二代远程教育发展实践历程[J].现代远程教育研究,2010,(05):12-22.
② 丁兴富.我国远程教育的萌芽、创建和起步——中国远程教育的历史发展和分期(1)[J].现代远距离教育,2001,(01):6-10.

（一）萌芽和准备期：早期函授教育和电化教育出现

20 世纪初到 40 年代末是我国远程教育的萌芽和准备期。当时我国虽然还很贫弱，但是一批有识之士已经希望借助这种方式更快速地提升国民素质。1902 年，蔡元培等人在上海创办了中国教育会，采用通信的方式开展函授教育，这成为我国函授教育的起始。1915 年，商务印书馆创办了"函授学社"，这是我国最早的函授学校。之后又有 50 多所函授学校陆续成立，到"五四运动"前，这些学校陆续培养了将近 20 000 人，其中商务印书馆函授学社培养了 3 000 多人。①

此外，陶行知先生自 20 年代起就大力提倡开展电化教育，提倡利用幻灯片、无线收音机和电影开展教学。他在 1917 年从美国留学回国的船上谈回国意愿时曾说，**"我要使全中国人都受到教育"**，后来他全身心投入电化教育，从教育理论到社会实践，从培养师资人才到制作设备和软件，他都做了大量的、积极的、有意义的工作，为中国电化教育早期发展做出了卓越的贡献。② 后来，当时的教育主管部门还先后成立了电影教育委员会和播音教育委员会，并在 1940 年将二者整合为电化教育委员会，全面负责电化教育事业的准进。只不过限于当时的国力和时局，电化教育委员会没能做太多事情。③

（二）创建、起步和中断期：函授教育和电视大学兴起

20 世纪 50 年代到 70 年代末期是我国远程教育的创建、起步和中断期。

---

① 蒋健民.中国函授教育产生与发展历程[J].浙江教育学院学报,2008,(03)：69-76.
② 裴治.我国早期的电化教育开拓者陶行知先生[J].电化教育研究,1989,(01)：76-80.
③ 吴在扬.中国电化教育简史[M].北京：高等教育出版社,1994.

我国第一代和第二代大学层次的远程教育均创建于这一时期。

新中国成立后,几乎是一穷二白,为了快速提高当时干部和工农群众的理论、文化和专业水平,快速培养社会经济建设需要的大批专业人才,普通高校开办函授教育被当作了重要手段。因此,50 年代初,中国人民大学和东北师范大学率先建立了函授部和函授学院。到 1955 年,共有 7 所高校开办了函授教育,注册学生共有 4 390 名;到 1965 年,已有 123 所普通高校开办了函授教育,注册学生达 189 000 名,相当于当年普通高校在校生的28%。从 1955 年到 1965 年,全国共有函授毕业生80 000名。①

除函授以外,20 世纪 60 年代初,随着各地电视台的建立,在北京、上海、广州、沈阳、长春、哈尔滨等主要城市,电视大学也应运而生。1960 年 2月,北京电视大学成立,当时的北京市副市长吴晗任校长,主要为在职教师和职工提供进修机会。从 1960 年到 1966 年,北京电视大学共培养毕业生8 000多名,另有 50 000 人单科结业。其他城市电视大学也取得了很大的成绩。这几所电视大学的创办使中国成为世界上最早将广播电视手段运用于高等教育的国家之一。②

不过,从 1966 年开始,函授高等教育和城市电视大学的探索都中断了。

(三)恢复、繁荣和调整期:全国广播电视大学成立

20 世纪 70 年代末到 90 年代中期,是中国远程教育的恢复、繁荣和调整期。

"文化大革命"结束后,高等函授教育得以逐步恢复。1980 年 9 月,国

---

① 丁兴富.我国远程教育的萌芽、创建和起步——中国远程教育的历史发展和分期(1)[J].现代远距离教育,2001,(01):6-10.
② 丁新.透视我国第二代远程教育发展实践历程[J].现代远程教育研究,2010,(05):12-22.

务院批转了教育部《关于大力发展高等学校函授教育和夜大学的意见》,其中要求充分发挥高等函授教育和夜大学的作用。1980 年,已有 69 所普通高校重建了函授教育,注册学生达 162 134 名;到 1986 年,共有 371 所普通高校开办了函授教育,开设专业达 286 个,共有注册学生 414 685 名;1996—1997 学年注册学生达 896 300 名。1997—1998 学年,共有 635 所高校开办了高等函授教育,另有 4 所独立函授学院。①

　　除了函授教育外,同期的电视大学也有了新的发展。到 20 世纪 70 年代末,覆盖全国绝大多数地区的彩色电视网已经建成,这使得创办面向全国的电视大学的条件基本成熟了。1977 年 10 月 19 日,邓小平在会见英国前首相希思时提到了人才缺乏的问题,希思介绍了英国开放大学的成功案例,邓小平非常感兴趣,表示要用电视手段加快教育事业的发展。当年 12 月,教育部和中央广播事业局联合举办的面向全国的电视教育讲座(英语、数学和电子技术)就在北京电视台(中央电视台前身)开播了。1978 年 2 月,邓小平亲自批准了教育部和中央广播事业局《关于筹备电视大学的请示报告》,同意创办面向全国的广播电视大学。1979 年 1 月,中央广播电视大学正式成立,同时除了西藏和台湾外的全国 28 个省、直辖市、自治区都建立了省级广播电视大学,当月就招收了第一批正式学生 322 500 名,其中全科生 97 800 余名,单双科生 224 700 余名,还有大量的自学视听生。② 1979年 2 月 6 日,中央广播电视大学举行开学典礼,王任重副总理代表正在美国访问的邓小平出席开学典礼。同年 2 月 8 日,中央电视台正式播出电大课

---

①　丁兴富.我国远程教育的萌芽、创建和起步——中国远程教育的历史发展和分期(1)[J].现代远距离教育,2001,(01):6-10.
②　丁兴富.我国远程教育的萌芽、创建和起步——中国远程教育的历史发展和分期(1)[J].现代远距离教育,2001,(01):6-10.

程,由中国科学院院士华罗庚教授主讲第一课。① 中央广播电视大学的成立标志着我国远程高等教育进入了一个新时期。

70年代末到80年代中(1979—1985),全国广播电视大学得到了飞速的发展。1979年开设时,学校最初主要面向在职职工和中学教师,实行全脱产和半脱产组班学习,开设电子类、机械类和师范类专业,后来逐渐增设了经济管理等其他专业类。1982年起,部分省级广播电视大学还开设了中专教育。到1985年,电大招收的全科专科生达273 000名,比1979年增加了3倍。该年度共有注册全科专科生674 000名,相当于中国所有在校本专科学生中,每5人中就有1名是电大学生。此外还有大量的单科生和自学视听生。此外,中国广播电视大学也已经发展成为一个由中央广播电视大学、省级广播电视大学、地市级分校、县级工作站、基层教学班组成的体系完整的,规模庞大的全国性远程教育系统,拥有24 754名专职教职工(其中专职教师11 229名)和15 795名兼职辅导教师。② 可以说,这是中国广播电视大学发展最为迅速、最辉煌的阶段。

从80年代中期开始,我国远程教育进入了相对平稳的发展时期。从80年代后半期开始,因为种种原因,广播电视大学高等专科教育受到了比较严格的控制和限制。在这样的情况下,中国广播电视大学的高等专科学历教育开始走向萎缩,注册学生数从1985年的673 600名下降到1992年的330 400名。在80年代中期,中国在校本专科生每5人中就有1名电大学生,到90年代初,每13人中才有1名电大学生。1994年,原国家教委批发了《关于广播电视大学贯彻〈中国教育改革和发展纲要〉的意见》,文件要求

---

① 丁新.透视我国第二代远程教育发展实践历程[J].现代远程教育研究,2010,(05):12-22.
② 丁兴富.我国远程教育的繁荣、发展和调整——中国远程教育的历史发展和分期(2)[J].现代远距离教育,2001,(02):6-9.

中国广播电视大学要在 21 世纪初初步建成具有中国特色的远程教育开放大学。这为下一个时期的战略革新和起飞奠定了基础。①

二、在线教育的今生：现代远程教育和互联网教育

上一节主要讲的是广义上的在线教育，这一节专门探讨狭义上的在线教育，也就是大家熟知的现代远程教育和互联网教育。

（一）战略革新和起飞期：现代远程教育蓬勃发展

自 90 年代下半期起，中国远程教育进入了战略革新和起飞期，开启了以双向交互卫星电视和计算机网络为技术基础的现代远程教育的辉煌历程。当然，这背后的原因也比较简单，主要是信息技术的发展和知识经济社会的来临，让大家意识到了人才培养和终身学习的重要性，而**现代远程教育是一种多、快、好、省地发展学校教育和终身教育的形式**。

1996 年 2 月，清华大学原校长王大中教授提出了开展远程教育的设想，清华大学随后开始筹建由天网（卫星电视网）和地网（中国教育科研网，基地在清华）组成的双向交互远程教育系统。② 随后浙江大学、湖南大学、北京邮电大学也开始试点。

与此同时，中国广播电视大学系统也在力争实现由第二代多媒体教学的巨型大学向第三代双向交互现代远程教育的转变，加快教育信息化、现代化的进程，中国广播电视大学先后开通了双向视频教学系统，助推了各类课

① 丁兴富.我国远程教育的繁荣、发展和调整——中国远程教育的历史发展和分期(2)[J].现代远距离教育,2001,(02)：6－9.
② 胡东成,刁庆军,孙学伟,严继昌.清华大学现代远程教育的实践与思考[J].中国远程教育,2002,(01)：35－37＋60－78.

程的多媒体软件和课件的设计、开发和制作。另外,中国广播电视大学开始和普通高校联合办学,本科开放教育由广播电视大学和普通高校联合开办,专科开放教育由广播电视大学自己开办。到 2005 年,开放教育年度招收本科生 15 万名,专科生 30 万名。① 此外,各地电大也对教学资源建设和教学过程进行了探索,比如上海电大提出的"四种教学媒体七种学习辅导手段"的远程教育模式就很有意义,其中四种媒体是指综合使用文字教材、音像教材、CD‐ROM 光盘和网上教材发送教学内容;七种学习辅导手段是指通过面授辅导、双向视频、电子邮件、语音信箱、BBS 网上讨论、电话答疑、《上海电大信息》为学生提供学习支持服务。②

　　1994 年,中国正式加入了互联网,随着以互联网技术为代表的信息技术的高速发展,现代远程教育引起了全社会的关注,有关部门也越来越重视。1997 年 12 月,原国家教委下发了《关于高等学校开展远程教育有关问题的看法》,文件明确支持发展远程教育。1998 年 5 月,教育部党组通过了《关于发展我国现代远程教育的意见》。6 月 5 日,教育部部长陈至立在《中国教育报》上发表了《应用现代教育技术推动教育教学》一文。7 月 10 日,李岚清副总理批示:远程教育是利用信息技术,发展高素质教育的一种教育方式,是一件很大的事。1998 年 10 月 28 日,朱镕基总理在中南海主持召开国家教育科技领导小组第二次会议,审议通过了教育部制订的《面向 21世纪教育振兴行动计划》(草案)(以下简称《行动计划》),1999 年 1 月 13 日,国务院正式批转了这个《行动计划》,其中明确提出了"实施'现代远程教育工程',形成开放式教育网络,构建终身学习体系"的任务。1999 年 6 月,在

---

① 丁兴富.我国组织实施跨世纪的现代远程教育工程——中国远程教育的历史发展和分期(3)[J].现代远距离教育,2001,(03):7‐12.
② 薛伟.理念、机制、服务——上海电大资源建设与应用探索及实践[J].现代远程教育研究,2005,(04):34‐37+72.

第三次全国教育工作会议上，《中共中央 国务院关于深化教育改革全面推进素质教育的决定》发布，其中再次强调要大力发展现代远程教育，逐渐完善终身学习体系。①

　　在这样的背景下，1998 年 9 月，教育部指定清华大学、浙江大学、北京邮电大学、湖南大学 4 所普通高校进行现代远程教育试点。截止到 2012 年，教育部已经批准了北京大学等 68 所普通高校和中央广播电视大学开展网上远程教育。在这个阶段，教育部还启动了新世纪网络课程建设工程，重点支持网络教育学院的网络课程建设和应用。当时，各个网络教育学院纷纷采用三分屏课件（屏幕上分成三块，一块是教师视频，一块是教学内容，一块是大纲）②，极大地推动了网络教育学院的发展。虽然大家对当时的远程教育质量颇有微词，但是不可否认的是这些试点院校确实培养了大批人才，并且对在线教育的教学模式、教学策略、组织管理方法等进行了有益的探索。

　　在这个时期，现代远程教育的主体是 68 所普通高校和中央广播电视大学开展的现代远程教育，基础教育阶段也开展了现代远程教育的探索，最出名的当属"农村中小学现代远程教育工程"（简称"农远工程"）。2003—2007年，教育部在全国开展了声势浩大的"农远工程"，采用配备光盘播放设备和成套教学光盘、卫星教学收视设备、计算机教室"三种模式"，在全国所有农村中小学开展远程教育。③④ "农远工程"总计投入资金达 111 亿元，在中西部地区的 23 个省、自治区、直辖市以及新疆建设兵团配备了教学光盘播放

①　丁兴富.我国组织实施跨世纪的现代远程教育工程——中国远程教育的历史发展和分期（3）[J].现代远距离教育,2001,(03)：7-12.
②　任翔,任博.论三分屏课件的合理性及其缺陷[J].现代教育技术,2009,19(05)：133-135+118.
③　曾祥翾.我国农村中小学现代远程教育工程述评[J].中国电化教育,2011,(01)：30-35.
④　汪基德,冯永华."农远工程"的发展对我国基础教育信息化的启示[J].教育研究,2012,33(02)：65-73.

设备440 142套,卫星教学收视设备264 905套,计算机教室40 858间,覆盖了全国95%以上的农村中小学校,发放教育光盘资源超过6 500万张,参加国家级、省、市县级培训的教师和技术人员达80多万人,占农村义务教育教师的1/5,超额完成了工程培训规划目标。①"农远工程"虽然存在资源利用率不高等问题,但是正如中央电化教育馆原馆长王珠珠所言,"农远工程"初步实现了农村学校与城市学校共享优质资源;农村学校的教育教学质量正在提高,教育变革正在悄然发生;一支技术支持队伍开始活跃在农村学校,为远程教育"面向学生、进入课堂、用于教学"提供了基本保障。农村中小学自身的变化,使其在新农村建设中发挥着越来越重要的作用。工程显示了"奠基农村教育未来的战略决策"的重大意义,成为了"惠及农村亿万孩子的民心工程"。② 关于"农远工程",我在2010年和中央电化教育馆陈庆贵主任、轩兴平处长等人去新疆考察的时候,亲眼看到了孩子们看着东部老师的课程视频上音乐课的场景,我觉得很好。我也看过"农远工程"的一些视频,真的非常感动。个人认为,"农远工程"对后来的互联网教育的发展也起到了重要的奠基作用。

(二)爆发期:互联网教育如火如荼

2010年前后,可汗学院、翻转课堂、MOOC开始在中国流行,在线教育逐渐进入爆发期,此时用的概念主要变成了"互联网教育"。

1. MOOC、微课、翻转课堂

其实,美国人萨尔曼·可汗是在2004年左右开始尝试教亲戚的孩子学

① 全国农村中小学现代远程教育办公室.架起通向未来的桥梁[M].北京:人民教育出版社,2008.
② 王珠珠.对农村中小学现代远程教育工程存在问题的分析[J].中国远程教育,2009,(08):61-65+80.

数学的,2006 年左右开始录制并在网上发布教学视频,到 2009 年开始正式全职进行在线教学,后来在线教学不断发展壮大,其由此创办了可汗学院(Khan Academy：https：//www.khanacademy.org),受到了比尔·盖茨等各界人士的高度好评,并先后获得微软教育奖和谷歌的资助。① 可汗用的技术其实很简单,就是一台电脑加手写板,录制的视频也很简陋,就是在屏幕上手写讲解,但是可汗应该算是数学天才、教学天才,他对数学学习的理解比较深刻,所以他录制的教学视频确实能够让孩子们对数学理解得更清楚,另外,他还开发了个性化自适应学习系统,能够更容易地发现学生的知识缺陷并给予个性化的支持,所以他成功了。

2007 年,美国科罗拉多州落基山林地公园高中的两位化学教师——乔纳森·伯尔曼(Jon Bergmann)和亚伦·萨姆斯(Aaron Sams),为了让学生在家里也能正常学习课程,就用 PPT 配声音的方式录制了一些教学视频,让学生回家看,到教室以后,就可以做作业或与老师讨论问题,于是,一个新名词——翻转课堂(FlippedClass Model,也称反转课堂或颠倒课堂)诞生了。② 翻转课堂从技术上来说并不新,但是这个理念很重要,最重要的是其似乎能解决传统教育面临的最大问题——个性化学习的问题：回家里看视频,看得懂的快点儿看,看不懂的慢点儿看,反复看；老师到课堂上也有更多的时间和同学交流,这些都有助于个性化学习。所以迅速在全世界开始流行起来。③

如果说之前的现代远程教育主要是对成人教育、继续教育和高等教育产生了比较大的影响,那么在这个时期,以可汗学院和翻转课堂这种形式为

① ［美］萨尔曼·可汗.翻转课堂的可汗学院[M].刘婧译.杭州：浙江人民出版社,2014.
② 何克抗.从"翻转课堂"的本质,看"翻转课堂"在我国的未来发展[J].电化教育研究,2014,35(07)：5 - 16.
③ 尚俊杰.未来教育重塑研究[M].上海：华东师范大学出版社,2020：28 - 29.

主的在线教育则是对中国基础教育产生了广泛的、重要的影响,很多中小学老师都开始接受或尝试在线教育了。当然,这也是因为教育信息化的不断深入发展,技术装备在不断改善,师生的信息素养在不断提高。

　　大约在 2010 年,一批翻译欧美影视剧字幕的志愿者开始转而关注美国大学公开课,比如哈佛大学的《公正》等课程,配上中文字幕后,这些课程迅速在中国流行起来,产生了非常大的影响。一些大学生自己的课不上,窝在宿舍看这些课。一开始只是听听公开课,但是后来又加上了作业、讨论和考试,通过考试还给一个学分证书,大规模在线开放课程(Massive Open Online Courses,简称 MOOC)就开始流行起来了。2011 年秋,来自世界各地的 16 万余人注册了斯坦福大学两位教授联合开设的《人工智能导论》免费课程,最后有 2 万余人通过了考试,这件事情震惊了全世界,有什么课程可以一下子让 16 万多人一起学习呢? 随后,MOOC 就进入了发展的高潮。美国斯坦福大学教授创办了 Coursera 平台(https://www.coursera.org),同斯坦福、普林斯顿等大学合作,提供免费的在线网络公开课程。该项目成立第一年就吸引了来自全球 190 多个国家和地区的 130 万名学生。哈佛大学和麻省理工学院宣布推出 MOOC 网站 edx(https://www.edx.org),北京大学等众多世界名校都纷纷加入。在我国,高教社牵头推出了"中国大学MOOC"(https://www.icourse163.org),清华大学牵头推出了 MOOC 平台"学堂在线"(http://www.xuetangx.com),北京大学也牵头推出了 MOOC平台"华文慕课"(http://www.chinesemooc.org)。① 2013—2016 年,教育部分四批共批准了 2 911 门"国家级精品资源共享课"(包括教师教育、本科教育、高职教育、网络教育四块课程)立项建设,建设课程陆续在"爱课程"网

---

① 尚俊杰.未来教育重塑研究[M].上海:华东师范大学出版社,2020:29-31.

免费向社会开放。此外，2018 年，教育部开始认定"国家精品资源在线开放课程"，首批认定了 801 门课程。① 除了高校以外，许多互联网相关的大型企业也非常看好 MOOC，比如腾讯、百度、网易、新浪等公司也都纷纷开始参与 MOOC 的建设。

　　总而言之，一时间，世界上从东到西，从南到北，几乎所有的大学校长都在谈论这件事情，大部分都说好。斯坦福大学校长约翰·亨尼斯认为，在教育史上，这是一场史无前例的"数字海啸"；北京大学原校长周其凤在卸任感言中讲到：这个事情（MOOC）既能提高我们的教育质量，也能提高北京大学的国际影响力。可见 MOOC 确实给教育带来很多机遇。在 2012 年，美国《时代周刊》发表了一篇文章，题目为《大学已死，大学永存》，这篇文章讲的是 MOOC 对传统大学的影响，虽然这篇文章中可能有比较偏颇的部分，但是其中有一句话非常好："**将世界上最优质的教育资源，传播到地球最偏远的角落。**"这个目标似乎真的已经实现了。② 在今天，任何人只要真的想学习，基本上都能在网上找到优质的在线开放教育资源。

　　谈到开放教育资源，我们需要回顾一下 2001 年麻省理工学院发起的开放课件项目（Open Course Ware, OCW）。2001 年 4 月 4 日，麻省理工学院宣布启动开放课件项目，计划用几年时间将麻省理工学院的全部教学材料（含教学大纲、课件、活动材料、补充材料等）都放到网上，免费向社会公众开放。当年 12 月，其已经发布了 2 080 门课程，涉及全部五大学院 35 个学科。③ 这件事情在全世界产生了巨大影响，推动了其他高校开

---

① http://www.moe.gov.cn/s78/A08/A08_gggs/s8468/201812/t20181217_363767.html.
② 尚俊杰.未来教育重塑研究[M].上海：华东师范大学出版社,2020：30 - 31.
③ 王爱华,汪琼,姜海标.麻省理工学院怎样做开放课程[J].开放教育研究,2012,18(03)：9 - 19.

放教学资源。2002 年,联合国教科文组织举行专题论坛,将开放课件发展到开放教育资源(Open Educational Resources,OER)。所谓开放教育资源,是指通过信息与传播技术来建立教育资源的开放供给,用户为了非商业的目的可以参考、使用和修改这些资源。以 MOOC 为代表的开放教育资源运动极大地推动了全球优质教育资源的共享,为教育教学变革带来了新的契机。

目前,MOOC 已经过将近 10 年的发展,虽然中间经历了热捧和冷质疑,但是现实中用得确实越来越多,并且逐渐发展出了小规模限制性在线课程(Small Private Online Course,简称 SPOC),这最早是由加州大学伯克利分校的阿曼德·福克斯教授提出和使用的,主要强调入读人数和入读条件,以私人化、小规模在线课程为特征,仍然是开放和免费的。① 在国际高等教育中,当前的 SPOC 形式主要有两种:一种是针对在校大学生开展的,结合了课堂教学与在线教学的混合式教学模式。一种是针对非在校生开展的。根据设定的申请条件,从全球的申请者中选取一定规模的学习者纳入 SPOC 课程。入选者必须保证学习时间和学习强度,参与在线讨论,完成规定的作业和考试等,通过者将获得课程完成证书。②

由上述可以看出,MOOC、微课、翻转课堂确实对基础教育和高等教育的发展产生了重要的影响。当然,这个影响与教育部等有关部门的推动和措施是分不开的,2010 年,教育部发布了《国家中长期教育改革和发展规划纲要(2010—2020 年)》(以下简称《纲要》),《纲要》中明确指出,信息技术对教育发展具有革命性影响,必须高度重视。2011 年,教育部发布《教育信息

---

① 朱永新.未来学校:重新定义教育[M].北京:中信出版集团,2020.
② 康叶钦.在线教育的"后 MOOC 时代"——SPOC 解析[J].清华大学教育研究,2014,35(01):85-93.

化十年发展规划(2011—2020 年)》(以下简称《规划》),其中也明确提出,用十年左右的时间初步建成具有中国特色的教育信息化体系,使我国教育信息化整体上接近国际先进水平。此外,教育部还先后推出了"三通两平台"、"一师一优课"、"教学点数字教育资源全覆盖①"等工程,这些规划文件和工程对于推动互联网教育的发展也起到了关键的作用。

另外需要说明的是,之前的在线教育,中央广播电视大学似乎占据了中心,前面几小节的论述都是主要围绕中央广播电视大学系统论述的,而在本小节,我们重点论述的是基础教育、高等教育以及以企业为主的互联网教育,主要是这些机构的在线教育在蓬勃发展,而事实上中央广播电视大学也依然在不断发展中,到 2019 年 6 月 21 日,中央广播电视大学更名为国家开放大学,旨在打造以现代信息技术为支撑,学历教育与非学历教育并举,实施远程开放教育的新型高等学校,目前在继续教育、成人教育、社区教育等领域依然发挥着重要的不可替代的作用。

2. 互联网教育

以上我们谈的主要是以 MOOC、微课、翻转课堂为主的在线教育对高等教育和基础教育产生的影响,其实谈到互联网教育,我们更多的时候是在谈企业面向社会公众开展的在线教育。

事实上,在现代远程教育的发展过程中,企业很早就参与了。比如在基础教育领域,1996 年 9 月,有企业与北京 101 中学合作创办了我国第一个基础教育远程教育网——"101 远程教育教学网"(www.chinaedu.com)。② 随后,又有北京五中、北京四中、实验中学、北京师大附中、北大附中等学校陆

---

① 池塘.教育部要求全面启动实施"教学点数字教育资源全覆盖"项目[J].中国远程教育,2012,(12):20.
② 绍涛,李学梅.101 中率先开通远程教育网[N].北京日报,1997－04－14.

续开办网校。这一类网校一般都是提供中小学课外补习,通常由学校提供课程,企业提供技术平台和资金,然后企业和学校学费分成。① 应该说,2000 年左右,互联网实际上进入了一个低潮期,看着很热闹,但是找不到清晰的盈利模式,所以很多网站都被迫关闭了,但是这一类面向中小学课外的补习的网校由于是硬需求,又有名校提供品牌和课程资源,盈利模式比较清晰,所以虽然有的企业碰到了困难,但是也有的企业在悄悄地踏踏实实地赚钱。只不过,当时社会整体的信息化程度还比较低,所以互联网教育的整体市场份额和现在不可相提并论。

以上算是早期的校企合作,后来当教育部批准几十所高校举办网络教育学院后,更多的企业开始和这些网络教育学院合作。因为可以颁发正式文凭,并且拥有稳定的生源,所以盈利模式比之前的中小学网校更加清晰,规模更加庞大。比如,1999 年,弘成教育和 40 多家高校合作,为学生提供高等教育学历服务。2007 年,弘成教育在美国上市,提升了社会关注度。《财经》杂志 2000 年 8 月号刊登了该刊记者江渝报道的长篇文章"网上大学商海放行",其中描述了当时产业资本和 31 家网络教育学院合作的盛景。② 到了今天,很多学校已经开始反思和企业的合作,但毋庸置疑的是,当时企业的介入为高校远程教育的开展提供了宝贵的资金和技术支持,极大地促进了高等现代远程教育的发展。

以上是校企合作,当然,也有企业在独立自主地面向 K12 等领域开展校外在线培训教育。比如 2000 年,"新东方在线"正式上线运行,标志着传统线下培训机构开始进入在线教育市场。同年,"华夏大地教育网"开通,

① 江渝.网上大学商海放行[EB/OL].(2000 - 08 - 05)[2020 - 04 - 06]. http://magazine.caixin.com/2000 - 08 - 05/100079829.html.
② 江渝.网上大学商海放行[EB/OL].(2000 - 08 - 05)[2020 - 04 - 06]. http://magazine.caixin.com/2000 - 08 - 05/100079829.html.

"中华会计网校"推出,安博教育集团也成立了,此后陆续有更多的企业独自或者和学校合作开办在线教育。[①] 只不过,自从2001年互联网进入低潮期后,以企业网校为代表的互联网教育也开始衰退。2003年"非典"爆发后,企业网校得到短暂恢复,但是仍然很艰难,在这期间,一些线下培训机构只是将在线教育作为补充或者宣传平台,并没有将其当作盈利的重点。

　　2010年以后,随着移动互联网的快速发展,加上VR/AR、人工智能、大数据等技术的发展,在线教育形式越来越多元化,发展速度也越来越快。到2013年,以企业为主的互联网教育进入了"疯狂"状态,这体现在以下几个方面:第一、大量初创企业加入。据统计,在2013年,平均每天有2.6家互联网教育公司诞生。第二、互联网巨头也纷纷涉足。以往教育信息化类企业都比较小,但是近年来互联网巨头纷纷加入,百度、阿里巴巴、网易等都先后涉足在线教育。第三、传统机构纷纷转型。这方面主要有两部分机构,一部分是传统的培训机构,比如新东方积极推进在线英语学习。另一部分是出版社,很多出版社纷纷成立数字出版中心,谋求从出版到教学应用的一条龙服务。第四、涉及金额巨大,市场前景无限。据说仅2013年一年,互联网教育企业就得到了30多笔风险投资,金额达数亿美元。[②] 艾瑞咨询报告显示,2013年中国在线教育市场规模已经达到了839.7亿元,增长率为19.9%。用户数为6720.0万人,增长率为13.8%。[③] 智研咨询2020年发布的在线教育报告显示,2018年中国在线教育用户数达到了2.03亿人,2019年达到了2.55亿人,预计2020年会达到2.96亿人,2年复合增长率达21%。2018年国内网络教育市场规模为1249亿元,2019年达到了

① 顾凤佳.我国互联网教育的历史、问题和建议[J].云南开放大学学报,2019,21(02):7-13+31.
② 尚俊杰,庄绍勇,陈高伟.学习科学:推动教育的深层变革[J].中国电化教育,2015,(01):6-13.
③ 艾瑞咨询.2013—2014年中国在线教育行业发展报告[R].上海:艾瑞咨询集团,2014.

1 600 亿元,预计 2022 年将达到 3 120 亿元,2017—2022 年复合增长率达 26%。[1]

在这波热潮中,出现了大批在线教育类机构和产品,比如网易推出了网易公开课、网易云课堂和有道词典;百度推出了作业帮;腾讯推出了腾讯课堂、智慧校园;阿里推出了淘宝教育。此外,在 K12 领域,还有学而思网校、新东方在线、跟谁学、猿辅导、沪江网校、掌门一对一等机构;在高等教育领域,有中国大学公开课、网易公开课、华文慕课、学堂在线等;在语言培训领域,有 VIPKID、51Talk、英语流利说、百词斩、疯狂英语等;在编程教育领域,有编程猫、智能火花、核桃编程、编玩边学等;在职业培训领域,有中公教育、尚德机构、中华会计网校等。此外,还有洋葱数学、美术宝、弹琴吧等专业性在线教育机构,另外还有得到、樊登读书、凯叔讲故事等大量的非正式学习机构和产品。

在众多机构中,值得特别提一下的是,2014 年,高中就辍学的米雯娟创办了 VIPKID,随后三四年,VIPKID 开始了突飞猛进发展的神话,2018 年,VIPKID 营收突破了 50 亿,到 2019 年 8 月,学员规模超过 70 万人,北美外教数量超过 9 万人。[2] 商业上的成功还不是最主要的,最主要的是让年轻的爸爸妈妈发现原来孩子可以坐在电脑前面,跟着美国老师学英语,而且效果似乎还不错,很多孩子每天迫不及待地主动要求上课。随着在线语言教育的火爆发展,在线数学思维、在线学科教育、在线编程教育等此起彼伏,学而思网校、火花思维、洋葱数学、编程猫等企业在市场上颇受欢迎。在这个时期,我们可以注意到,在线教育对广大家长,尤其是一线城市的家长产生

---

[1] 智研咨询.2020—2026 年中国在线教育行业市场消费调查及发展前景分析报告[R].智研咨询集团,2020. http://www.chyxx.com/research/201909/786289.html.

[2] http://finance.sina.com.cn/chanjing/gsnews/2019 - 10 - 11/doc-iicezzrr1524038.shtml.

了巨大的影响。

2016 年前后，在线教育的发展达到了高潮，并逐渐开始回落，主要是因为众多的在线教育机构在广告和市场营销上花费大量费用，获客成本很高，所以很多机构都在亏损，靠风险投资烧钱活着。当投资趋向理性时，有些企业就会活得很艰难。比如，2014 年初，YY（欢聚时代）收购了多个团队，大举进入在线教育，并且喊出了"颠覆新东方"的口号，但是实际上进展过程却比较艰难。事实上，也有不少互联网教育机构关闭或转行。

不过，互联网教育作为一种先进技术，仍然在不断地以螺旋式上升的方式发展。到 2018 年底，"成都七中那块屏"真的刷屏了。其实自 2002 年起，成都七中就已经开始与企业合作，利用卫星传输技术，将成都七中的全日制课程直播到其他学校，到 2018 年，已经辐射了四川、云南、贵州、甘肃、陕西、江西、青海等省的 239 所高中学校，每天 7 000 多名教师、7 万多名学生与成都七中异地同堂上课。[1] 教育部部长陈宝生在 2019 年两会期间回答记者提问时都说："这个事非常好！"[2]这件事情当时不仅仅在教育界，而且在媒体界也产生了很大的影响，因而引发了整个社会对在线教育的关注。

2019 年 9 月 30 日，教育部等十一部门联合印发《关于促进在线教育健康发展的指导意见》，其中指出在线教育是教育服务的重要组成部分。发展在线教育，有利于构建网络化、数字化、个性化、终身化的教育体系，有利于建设"人人皆学、处处能学、时时可学"的学习型社会。[3] 该文件对推动在线教育的发展具有重要的意义。

---

[1]　易国栋,亢文芳,李晓东."互联网＋"时代百年名校的责任与担当——成都七中全日制远程直播教学的实践探索[J].中小学数字化教学,2018,(04)：83-85.

[2]　钟茜妮.教育部部长陈宝生谈成都七中那块屏：这个事非常好！[EB/OL].（2019-03-06）[2020-04-08] http://sc.sina.com.cn/news/b/2019-03-06/detail-ihrfqzkc1475898.shtml.

[3]　本刊.十一部门联合印发《关于促进在线教育健康发展的指导意见》[J].浙江教育科学,2019,(05)：12.

到了 2020 年,新冠肺炎疫情的蔓延导致学校无法正常开学,全国几乎所有学校、所有学生都在尝试各类在线教育,借此实现"停课不停学",开展了人类有史以来最大规模的在线教育实验,引发了全社会乃至全世界的关注。西班牙《国家报》网站 2 月 19 日的报道指出,"新冠肺炎疫情临时让中国变成了一个大规模的测试平台,在实践中检验近几十年来有关在线教学突破传统学校模式的许多理论,它将最大程度检验在线教育模式的可行性";《俄罗斯报》3 月 2 日的报道称,"中国正在进行一项世界上规模最大的教育实验,这一景象史无前例"。①

当然,我相信没有任何企业希望疫情发生,但是客观上疫情确实给互联网教育企业带来了无限的发展空间。在这次疫情中,最受关注的自然是腾讯会议、阿里钉钉、ClassIn、Zoom、雨课堂、学习通、CCTalk 等在线直播教学支持平台,虽然还存在这样那样的问题,但是它们支撑了广大大中小学教学的基本正常开展。其次,像学而思、猿辅导、编程猫、智能火花等机构向社会提供了大量的免费学习资源,在线教育的用户终于从几十万到 2019 年的几百万到现在的几千万甚至几亿,客观上大大促进了各互联网教育机构的发展。其实在 2003 年"非典"的时候,一些地方就利用互联网开展了空中课堂的学习,只不过当时影响面比较小,另外,当时互联网的发展还没有达到现在的水平,没有产生像今天这样的影响力。

(三) 小结:中国在线教育的发展历程及特点

通过梳理在线教育这些年的发展历程,我们可以看出,中国的在线教育发展具有以下特点:

---

① 刘利民.这是一次世界上规模最大的"教育实验"[EB/OL]. (2020 - 03 - 25) [2020 - 04 - 06]. http://www.cppcc.gov.cn/zxww/2020/03/25/ARTI1585097054540195.shtml.

1. 中国在线教育的发展走过了函授教育、视听教育、电视大学、现代远程教育、网络教育、互联网教育几个阶段。并且,按照基础教育、高等教育、继续教育(成人教育)、校外教育、非正式教育大致呈现出五条发展线,但是各领域彼此之间相互影响,共同发展。

2. 在线教育一步步在继续教育、基础教育、高等教育(职业教育)、校外教育、非正式教育中产生了重要的影响,先后影响了专业相关人士、教育界人士、社会公众的认知。

3. 中国在线教育的发展一直是由政府、学校和企业共同推动的。政府高度重视,从邓小平开始,历届党和国家领导人对在线教育(包括教育信息化)都非常重视。中央广播电视大学和各普通高校、中小学等也都在努力发展。企业也非常积极地参加,在不同阶段为在线教育的发展做出了不同的贡献。

4. 中国在线教育和教育信息化的发展是分不开的,以互联网技术为代表的信息技术对推动在线教育的发展做出了卓越贡献,目前,以人工智能、大数据为代表的信息技术为未来的在线教育展示了无穷的想象空间。

5. 中国在线教育最初主要是为了弥补高等教育的不足,但是目前主要是为了促进教学创新,促进优质资源共享,提升教学质量,拓展教育服务,打造终身学习型社会。

6. 中国在线教育虽然还存在盈利模式不清晰、学习成果一时难以被社会广泛认可、课程和平台无法满足学习者要求、激烈竞争加剧了企业风险等问题,但是一直在不断发展壮大中。

总而言之,广义上的在线教育在中国教育领域应用越来越广泛、越来越深入、越来越多元、越来越先进、越来越重要,根据这个发展趋势,虽然"肺炎疫情"加速了在线教育的发展,但是在线教育的"爆发"是必然的,只是时间早晚问题。

三、在线教育的几个重要问题

讲到这里,有人可能会想,既然在线教育已经在蓬勃发展,那么为什么疫情期间还会出问题呢,疫情过后还要不要用呢?下面我就结合自己的心得体会回答一下几个重要的问题。

(一)在线教育出问题很正常

在这次疫情中,各地学校纷纷仓促上马在线教育系统,虽然有很多人叫好,但是也不可避免地出现了系统崩溃、支持不够等各种问题,因此引来了一些人的"冷嘲热讽"。每当有人跟我讨论在线教育存在的问题时,我就会想起春运火车票的故事。

在 90 年代我读大学的时候,那时候春节回家真是一个痛苦的经历,要买火车票可能要排一晚上队,要上车还得用力挤,一直到 21 世纪初,这个现象都一直存在。我记得 2011 年左右,京沪高铁开通以后,在一次新闻发布会上,铁道部的一位官员说,等到我们的几条高铁线路修好后,就基本可以解决春运火车票"一票难求"的问题了。可是今天我们国家开通的高铁已经突破 3.5 万公里,并且连成了网络,情况确实比当年好了很多,但是似乎春运时候的火车票仍然"一票难求"。道理其实很简单,再富的国家也不可能按照春运高峰期的需求去修高铁,否则过了春运那些高铁干什么用呢?

在线教育也是如此,这些年从教育部到地方教育部门再到学校,应该说都投入了大量资金来进行教育信息化基础设施和教育资源建设工作,成效也非常显著。可是大家都没想到有一天全国 2 亿多大中小学生要一起上网课，所以当所有学生一拥而上的时候，系统崩溃、视频卡顿是非常正常的事情。

其实，电子商务也是如此，就如阿里这样的特大型企业，最初开展双 11 购物节的时候，我们在前台买东西很痛快，他们技术支持人员在后台很痛苦，战战兢兢、如履薄冰，小心翼翼地应对全国几亿人的购物狂潮。只不过经过这几年慢慢发展，他们的系统才越来越稳定。再如微信，大家可能会觉得人家 10 多亿人在用，用户体验还很好啊。其实微信也是一步步发展起来的，如果真让他们一下子应对 2 亿人在线开视频会议，我相信微信可能也会出问题。

除了技术因素以外，教师也是重要的影响因素。就以我自己来说，因为从事教育技术专业，又经常录制视频类课件，所以我觉得我是比较适应在线教育的老师了，但是当我面对镜头录课的时候，也经常大脑一片空白，不知所措。想想也是，我们这些没有经过专门表演训练的普通老师，如果能够面对镜头想哭就哭、想笑就笑，那还要电影学院和戏剧学院干什么呢？

总而言之，今天在线教育出问题是非常正常的事情，如果不出问题，倒反而是一个奇迹了。大部分事情都是以螺旋式上升的方式发展的，在线教育发展的过程中一定也会经历曲折。当然，因为网络设施的投入可能比高铁要相对便宜一些，相信之后中国教育信息化的基础设施和教师在线教学素养应该会快速提升，未来问题应该会越来越少。

（二）在线教育不是用不用的问题

有人说，既然在线教育现在还有很多问题，咱们就先别用了吧，我说这根本不是用不用的问题。为什么呢？我们看看技术在人类发展史上的作用就可以发现，任何新技术最初可能都存在各种各样的问题，但是人类不能抛弃它，只能全身心地拥抱新技术。当然，也有反面典型，柯达当年发明出数码相机以后，没有全身心拥抱它，而是继续维护胶卷的核心地位，结果最后到了要破产的地步。① 谷歌创始人最初想把搜索引擎技术以几十万美元的价格卖给雅虎，雅虎不要，结果今天谷歌成了世界上最大的互联网公司之一，雅虎却没了。② 在我们的生活中也是如此，尽管很多人都觉得手机严重影响了自己的视力、自己和家人的生活、自己的工作效率，但是似乎每个人都没有抛弃手机。

大家都知道，以互联网技术为代表的信息技术是人类有史以来影响力最大的技术，互联网、移动互联网、物联网、云计算、人工智能、大数据、VR/AR 等这些新技术正在使各行各业产生天翻地覆式的变化。当然，教育可能是一个变化相对比较慢的行业，但是从上一节我们也可以看出，在 20 世纪 90 年代中期开始兴起的互联网教育仅用了短短的 25 年时间，就给我们创造了一个 25 年前很难想象的教育行业。想想 1991—1996 年我在北大力学系读本科的时候，我们每天看的报纸、听的收音机、用笔写的作业、到北大小南门外买的商品，和今天的北大学生每天使用的笔记本、手机、在线学习平台、网上购物，简直就像发生在两个世纪的事情。目前，互联网产业在技术和资本的推动下，仍然在加速发展中，再给它 25 年时间，到 21 世纪中叶，谁能预测出来那时候的大学究竟会是什么样子的，那时候的大学生又会用什么设备，在什么地方听课、写作业呢？

---

① 尚俊杰,汪旸,樊青丽,聂欢.看不见的领导——信息时代的领导力[M].北京：北京交通大学出版社,2017.
② https://www.sohu.com/a/278245894_100182377.

正是因为意识到互联网技术的价值,所以很多专家领导学者之前都一再强调互联网技术对教育的意义。比如北京师范大学副校长陈丽教授团队对互联网教育进行了长期全面系统的研究,他们认为要以互联网为基础设施和创新要素,创新教育的组织模式、服务模式、教学模式等,进而构建数字时代的新型教育生态体系。[①] 华东师范大学教育学部主任袁振国教授也认为在泛在教育的概念下,国家和世界的教育系统必然要重构,学校的布局必然要重组,教师的素质必然会有新的提升,教和学的方式必然会发生变革。面向教育 2030,摒弃线性的、事业发展规划的思维方式,理应成为教育人以及全社会的共识。未来教育手段的变化对教育的影响绝不仅仅是提高教育效率和教育质量这么简单,而是会开创教育的新纪元。[②]

总而言之,虽然在线教育确实还存在这样那样的问题,但是它基本上应该可以被看作是一种代表先进技术的教育形式,现在它来到我们身边,我们不能拒绝它。再退一步来说,面对 2020 年这样的特殊情况,如果疫情能够在短时间内平息,那当然可以让孩子们休息一两周再正常上课,但是如果需要坚持几个月,不用在线教育,你准备让孩子们在家里干什么呢?

有人说,那就用微信给孩子们发一些资料,发一些学习要求,让孩子们在家里自己看就好了。这个答案听起来有道理,但是仔细思考一下也有问题,微信是不是信息技术,发的资料是不是电子的,这样的模式叫不叫在线教育呢?有谁说过在线教育一定等于视频直播或者视频录播呢?这就引出

---

① 陈丽,林世员,郑勤华."互联网+"时代中国远程教育的机遇和挑战[J].现代远程教育研究,2016,(01):3 - 10.
② 袁振国:教育正在悄悄发生的三大变化[EB/OL]. (2017 - 08 - 18) [2019 - 06 - 08]. https://www.sohu.com/a/165584069_414933.

了下一个问题。

（三）在线教育是怎么用的问题

不论是从狭义还是广义来说，在线教育都不等于视频直播或者录播，在线教育有多种形式，就是只放些文字在网上让大家看看，应该说也属于在线教育。

我记得 2006 年左右，我们系郭文革等老师开发了中小学教师教育技术能力建设计划（初级）网络培训课程，先后培训了全国各地的上百万名老师。当时很多类似的课程用的就是在线录播的方式，老师上去以后就看视频课件。不过郭老师牵头设计的这个课程不是这样的，课程提供了视频、文字等多种资料，学员在助教的引导和帮助下学习资料、完成作业、参加讨论。① 我也有一个亲身案例，在 2001 年，我出版了一本教材——《网络程序设计——ASP》，全国有数百所高校将其作为了教材，后来我就用个人网站上的 BBS 讨论区辅导、帮助学生学习，那几年 BBS 特别活跃，很多学习者都反映受益良多。

由此可见，在线教育可以有视频直播、视频录播，也可以有其他形式。比如这一次疫情期间北大附小就给孩子们发了一个一周的学习包，其中列明了要完成的学习任务，比如写字、背诗、做图表、体育活动、音乐艺术、手工等，同时海淀区教育主管部门也开通了空中课堂，其中有天文、地理、历史等学科丰富的课内和课外资料，孩子们可以自由选择观看。我觉得这种形式就非常好。还有像河北邢台郭守敬小学的刘文英老师也采取了一种游戏化的教学方式，她用微信录制了一段小视频，告诉学生怎么玩，然后让学生自

---

① 郭文革.从一门网络培训课程到"虚拟"教师培训学院——北京大学教育技术能力建设计划（初级）网络培训课程的设计与实施[J].中国电化教育,2009,(07)：24-28.

己用纸折正方体,然后拼搭。这样既可以给学生减压,又可以让学生学习长方体、正方体的知识,也很受欢迎。

　　由以上案例可见,开展在线教育其实可以采用多种技术、多种形式,不一定都要用最酷的技术。其实在教育信息化的发展历史上,人们一直在争论"技术到底能否改变教育",似乎双方各有道理,但是杨浩和郑旭东教授在系统分析后说,自 1928 年至今,一直有研究发现:不同的技术手段在对教育与学习结果的影响上没有显著差异,这被称为"非显著性差异现象",它像一朵乌云一样一直笼罩在教育信息化的上方。① 为什么会出现这样的情况呢? 著名教育心理学家、教育技术专家梅耶曾经讲过:其根本原因在于研究者的取向,以技术为中心的研究取向,是以研究(多媒体)技术的实用功能为根本的,即研究在设计多媒体呈现时应该怎样将这些功能使用起来,因此持这一取向的研究者们往往紧跟(多媒体)技术的最新发展动向,试图通过比较来得出哪种多媒体技术在呈现学习内容上更有助于学习,比如比较通过看视频学习和在真实课堂学习哪个效果更好。然而,这一取向的研究常常开始很令人兴奋——因为又有前沿新媒体/技术的加入,但结局常常被证明是无效或微效的,所以没能让"技术有用"这一口号在教育领域站稳脚跟。与之相对应的是以学习者为中心的取向,该取向不是迫使学习者去适应这些新技术的要求,相反,其主张的是以理解人类大脑如何工作为出发点,并基于此来考虑如何利用技术帮助人们更有效地学习,即让技术适应学习者的需要,从而实现"技术有用"。②

　　当然,以上论述不一定严谨,但是总的来说,我们当前不必争论用不

① 杨浩,郑旭东,朱莎.技术扩散视角下信息技术与学校教育融合的若干思考[J].中国电化教育,2015,(04):1-6+19.
② [美]理查德·E.迈耶著.多媒体学习[M].牛勇,邱香译.严正,傅小兰审校.北京:商务印书馆,2006:10-16.

用在线教育的问题,也不一定要选择最新最酷的技术,而是要从需要出发,结合学段、学科、教学目标、学生特点、当地条件等因素,选择合适的在线教育方式,像中学、大学的大课可能比较适合视频直播或录播的方式,而研究生的小型研讨课可采用视频会议的方式,小学的课程可能比较适合上面提到的北大附小的学习方式。当然,如果我们眼光再放远一点,结合人本主义学习理论,全面考虑一下人的发展,或许可以利用这个时期更多地开展一些爱国教育、亲子教育、环境教育、生命教育、卫生教育等教学活动,比如结合疫情进行爱国、生命和卫生教育,也许会发现学生的收获会更大。

本讲结语:善待在线教育,促进教育创新

在本讲中,我们系统回顾了广义的在线教育,包括函授教育、电视大学、现代远程教育、互联网教育等阶段,可以看出在线教育的爆发是必然的趋势。当然,虽然在线教育有美好的前景,但在发展过程中必然有各种各样的曲折。不过,就如大家所说的"改革开放比不改革开放碰到的问题还要多,但是不应该停止改革开放,而应该进一步深化改革,来解决改革中碰到的问题"。照着这句话,我们也可以说,"应用在线教育比不应用碰到的问题还要多,但是不应该停止应用,而是应该进一步深化应用,来解决应用中碰到的问题"。[1]

最后,衷心希望疫情早日结束,希望疫情永远不要再来,但是我也希望并相信在线教育在疫情之后仍然会发挥重要的作用,善用在线教育,促进教

---

[1] 尚俊杰.未来教育重塑研究[M].上海:华东师范大学出版社,2020:235.

育创新,推动教育变革,让学习更科学、更快乐、更有效,让教师更幸福,让祖国更强大,让世界更美好。

展 开 阅 读

[1]　丁兴富.我国远程教育的萌芽、创建和起步——中国远程教育的历史发展和分期(1)[J].现代远距离教育,2001,(01):6-10.　

[2]　丁兴富.我国远程教育的繁荣、发展和调整——中国远程教育的历史发展和分期(2)[J].现代远距离教育,2001,(02):6-9.　

[3]　丁兴富.我国组织实施跨世纪的现代远程教育工程——中国远程教育的历史发展和分期(3)[J].现代远距离教育,2001,(03):7-12.　

[4]　丁兴富.我国高等教育大众化和远程教育基础设施的建设——中国远程教育的历史发展和分期(4)[J].现代远距离教育,2001,(04):7-12.　

这4篇文章对于中国远程教育自20世纪20年代到2000年的发展历程进行了全面和细致的介绍。

[5]　丁新.透视我国第二代远程教育发展实践历程[J].现代远程教育研究,2010,(05):12-22.　

这篇文章对我国第二代远程教育尤其是中央广播电视大学的发展进行了比较详细的介绍和全面的总结。

［6］ 曾祥翊.我国农村中小学现代远程教育工程述评［J］.中国
电化教育,2011,(01):30-35.

这篇文章对文中提到的"农远工程"的具体措施、取得成效
进行了全面介绍。

［7］ 陈丽,林世员,郑勤华."互联网＋"时代中国远程教育的机
遇和挑战［J］.现代远程教育研究,2016,(01):3-10.

这篇文章对于了解互联网＋时代远程教育的发展趋势有重
要的意义。

［8］ 祝智庭,郭绍青,吴砥,刘三女牙."停课不停学"政策解读、
关键问题与应对举措［J］.中国电化教育,2020,(04):
1-7.

这篇文章的四位作者分别从不同角度对如何看待在线教育、如何开展
"停课不停学"进行了详细的探讨,并就有效开展在线教学提出了具体策略。

在 线 讨 论

下面是一些读者发表的读后感,大家如果对本讲有任何意
见和建议,也可以扫描右侧二维码参与讨论。

尚老师这篇文章详细地回顾了我国在线教育的起步与发展
过程,用买火车票、双十一网购等生动形象的案例做类比解释了在线教育当
前的一些不足,最后提出了深化应用在线教育推动教育变革的倡议,为社会
全面认识在线教育的价值提供了重要的参考。

　　说实话,此次在线教育对于中国教育系统来说确实是一场"大考",平时
"锦上添花"的在线教学转眼间成为"中流砥柱",完全替代了线下教学,以互
联网技术为核心的在线教育在中国发展时间也就 20 多年,尚没有完全做好
应对 2 亿多学生、数千万名教师同时开展"线上教学"的准备。另一方面,也
是一次"互联网＋教育"成果的"匆匆"展示,集中反映了各地各校在国家互
联网＋教育的战略引领下,多年来大力推进教育信息化取得的成果。正是
有了这些成果作为工作基础,教育部才能在一周左右的时间里协调免费开
放几万门在线课程、协调地方和有关产业部门搭建一个能够支持 5 000 万
人同时访问的资源平台来进行兜底,各地才有条件去"因地制宜",做到"一
校一策",最大限度地保障了学生学习的延续性。

　　"疫情"终将过去,"明天"也必将到来。学校复课后,我们更应该进一步
认识到运用信息化手段推进教育教学改革的重大意义,思考并处理好在线
教育和学校教育的关系,合理配置教师和学生的软硬件资源,逐步探索出适
合本校、本人的线上教学和线下教学相混合的模式,充分利用大数据、云计
算、人工智能技术,推进教学方式、资源供给、评价手段、学习方式的现代化,
促进教育更平衡更充分地发展,让每一位学生都能够获得全面而又个性、科
学而又自由的发展。

——中央电化教育馆副研究员　蒋　宇

第二讲　如何有效开展在线教育[*]

_____

　　上一讲我们谈了如何正确看待在线教育,并提到了在线教育有多种形式,那么具体怎样开展在线教育呢? 事实上,在 2020 年疫情前后全中国的教育技术学者们已经在网上奉献了很多篇如何开展在线教育的文章①②、讲座和视频报告,讲得非常全面,也非常好。本讲我就结合大家的观念以及我自己多年的教学研究的心得体会谈谈如何有效开展在线教育。

一、确定在线教学方式

　　在线教学有多种形式,教师需要因地制宜地结合自己学校、机构的实际情况,根据学段、学科、教学目标、学生特点、当地条件等因素分析和选择适合的在线教学方式。

　　关于当前的在线教学方式,我认为可以大致分为三种模式。

_____

＊　本讲得到了浙江广播电视大学曲茜美老师、北京大学教育学院学习科学实验室硕士生曾嘉灵的支持和帮助。
① 祝智庭,郭绍青,吴砥,刘三女牙."停课不停学"政策解读、关键问题与应对举措[J/OL].中国电化教育:1－7[2020－04－10]. http://kns. cnki. net/kcms/detail/11. 3792. g4. 20200317. 1105.002.html.
② 付卫东,周洪宇.新冠肺炎疫情给我国在线教育带来的挑战及应对策略[J].河北师范大学学报:教育科学版,2020(02):14－18.

（一）直播课堂

这里说的直播课堂指的是直接将教师的讲课过程、课件等资源发送出去，学生在线观看。2016 年起，直播技术开始逐渐兴起，其从最初的竞赛直播、游戏直播、文体娱乐直播发展到后来的全民直播。① 至 2020 年初，在新冠肺炎疫情"停课不停学"期间，通过直播开展的教学也进入井喷式发展。与其他在线教学方式相比，直播课堂在时效性、仪式感、互动性、个性化和真实感等方面优势性明显，当然，对教师的在线教学能力、课堂把控能力要求也较高。优秀的教师可以在直播过程中对知识点信手拈来、旁征博引，同时还可以通过恰到好处的互动不断吸引学生的注意力。

对于直播课堂，根据参与直播人数的多少，互动的程度大体上可以分为以下三类。

1. 大班直播课堂

这一类直播课堂通常有成百上千人在线听课，通常适合本科生、高中生或初中生教学或大班培训课。比如北京大学在疫情期间部分面向本科生的大课就采用了这种方式，教师可以到专门的教室中面对镜头讲课，数十甚至上百名学生同时在线听课。② 再如，由复旦大学、上海交通大学、中国人民大学等 13 所高校共建的《思想道德修养与法律基础》，该课程采用了跨校直播的方式进行，单次参与学生数多达 9 万名，受到了学生的好评。③

在基础教育领域，前面提到的成都七中长期以来就是利用卫星电视将课

① 李秀晗，朱启华.直播技术在高校混合式教学中的新应用——基于香港大学同步混合教学模式的行动研究[J].现代教育技术，2019(02)：80 - 86.
② 佚名.疫情无法阻止知识分享，北京大学顺利线上开学！[EB/OL].（2020 - 02 - 21）[2020 - 04 -10] https://baijiahao.baidu.com/s? id=1659121631416129528&wfr=spider&for=pc.
③ 腾讯网.一堂向 9 万人直播的大学思政课引中学生发问人生意义[EB/OL].（2016 - 12 - 11）[2020 - 04 - 05].http://sh.qq.com/a/20161211/006190.htm.

程直播到其他几百所学校的。疫情期间,北京、河南、浙江等很多省份也都开通了直播课堂,邀请名师授课。还有许多老师利用 CCtalk、抖音、快手等平台开通了直播教学,比如河南焦作一位高中三年级的语文老师在 1 月 30 日给学生开直播讲课时,有 800 人在线听课,第一天就获得了 2 万多个赞。[①]

除了学校,一些课外教育机构也采用了直播课堂的方式来开展在线教育,例如,早教机构七田真,针对新冠肺炎期间孩子无法去早教中心的问题,开始使用抖音 APP 开设直播课,每天三个时间点,每次 20 分钟,带领孩子开展英语启蒙、学习闪卡和音乐律动等活动。其实很多校外培训结构在疫情以前就已经开始了直播讲课,比如"跟谁学"在 2015 年就已经开展过了 3 000 人的直播大课。

这类直播课的优势是能保证时效性和仪式感,另外,在国内的偏远地区,由教育部门提供地区性的直播大课,可以大大减轻基层学校的压力。[②]缺点是人数比较多,所以一般难以交流互动,老师通常会在课程结束前几分钟集中回答一些具有代表性的问题。

2. 同步互动直播课堂(小班直播课堂)

这里说的同步互动课堂和直播课堂差不多,但是一般指的是小班课,教师和学生可以进行比较充分的研讨(也有人叫小班直播课)。通常适合研究生、本科生或小班培训课堂。比如我们北大教育学院的课程主要采用的就是这种方式,使用的平台主要是 ClassIn。上课的时候,大家可以看着老师的课件听课,也可以看到每一位老师或学生(如果学生多的话,会轮流出现在屏幕上方),教师可以提问某位学生,学生也可以自己主动要求发言。

---

① 佚名.停课不停学! 疫情期间河南一高三老师直播讲课,800 人在线学习[EB/OL]. (2020 - 01 - 31) [2020 - 04 - 10] https://www.ithome.com/0/470/697.htm.
② 浙江在线."习惯在线",在线教育大潮下的微观故事[EB/OL]. (2020 - 03 - 24) [2020 - 04 - 05]. https://tech.chinadaily.com.cn/a/202003/24/WS5e797cbba3107bb6b57a8639.html.

3. 一对一同步互动直播课堂（一对一直播课堂）

这里指的是一名教师给一名同学在线讲课。通常适合培训机构。比如VIPKID 等在线教学机构采用的就是这种方式,学生看着老师的课件听课,同时师生也可以互相看到彼此的视频。

（二）录播课堂

录播指的是事先录好课程视频,然后再通过社交软件、课程平台发布,或者通过电视转播。① 网络录播和网络直播类似,只不过是教师提前把讲课视频录好,然后让学生到时间点播。这种方式的互动性更弱一些,学生的临场感也差一些,但是也有许多好处:1. 可以采用专用录播室或设备精心录制和编辑,课件质量比较高;2. 可以把过去录制的资源重复利用;3. 录播教学可以让教师把更多的精力集中在教学组织和学习支持的服务上;4. 学生可以反复观看,直到完全掌握知识为止;5. 可以避免直播时多人在线造成卡顿、掉线等网络问题对教学秩序带来的负面影响。②

（三）在线自主学习

这种方式比较自由,教师可以让学生上网看视频、看资料,也可以将学习资源包发送给学生,然后让学生按照要求学习。比如,北京大学附属小学现在所采用的就是这种方式,教师每周会给学生发一个学习包,包含学习安排和各种形式的资源。学生需要按时做作业,并在微信群中上传分享。同时,为了增强效果,班主任教师和其他学科教师每周还会和学生在微信群中

---

① 王运武,王宇茹,李炎鑫,李丹.疫情防控期间提升在线教育质量的对策与建议[J].中国医学教育技术,2020,34(02): 119-124+128.

② 黄荣怀,张慕华,沈阳,田阳,曾海军.超大规模互联网教育组织的核心要素研究——在线教育有效支撑"停课不停学"案例分析[J].电化教育研究,2020,41(03): 10-19.

进行视频或文字交流,检查学生作业,指导学生学习。

当然,可能有人会觉得这种方式不适合正式学习新课,但是我觉得也是可以的。大学生自主学习能力比较强,网上也有比较丰富的课程资源,开展自主学习比较容易。比如爱课程网、学堂在线、华文慕课、Coursera、Edx 等 MOOC 网站上都有大量的优质的课程资源。联合国教科文组织发布的《缓解新冠肺炎疫情学校停课的远程学习解决方案》中推荐了几款软件,其中爱课程网就榜上有名。[①] 我个人觉得,大学老师就自己要讲的课程,找到一门或几门讲得比较好的在线课程,让学生依托这些课程自主学习,然后再给予一定的辅导,应该是可以的。实际上,我自己近两年来就在自己的课程中探索这种教学模式。对于中小学生来说,虽然网上现在也有大量的课程资源,但是因为中小学生的自学能力相对比较弱,可能会麻烦一些,但是我个人觉得自学能力对于一个人来说真的很重要,这次疫情或许也在提醒我们以后要更注重培养中小学生的自主学习能力。

(四)选择在线教学方式的依据

以上是大致的分类,并不是绝对的,在实际中会有交叉和重合的情况。事实上,将几种在线教育的方式融合起来使用,通常具有更好的效果。比如,崔裕静等人的研究发现,将直播作为慕课教学的支持方式可以提高学习绩效。[②] 杭州市江干区推行了"八个一"政策,将多种学习资源进行有效整合。"八个一"是指:一份教学内容及进度安排表;一份教材资源链接;一套教学资

---

① 中国日报网.三家中国远程教育平台获联合国教科文组织推荐[EB/OL].(2020-03-15)[2020-04-05]. https://cn.chinadaily.com.cn/a/202003/15/WS5e6e249ba3107bb6b57a6a56.html.

② 崔裕静,马宗兵,马凡.网络直播作为慕课学习支持服务的模式及应用[J].现代教育技术,2019,(12):110-115.

料包(包含课件、教学设计、微课)；一份空中学习和辅导要求；一套每日预习手册；一套每日作业手册；一份俱佳活动要求；一份家长学校的课程资源表。①

　　在决定选择哪种在线教育方式时，还应该充分考虑学科的内容，例如，以高中数学为例，对于导数等比较抽象、对思维水平要求较高的内容，可以采用录播＋直播的方式；对于概念、法则和公式应用类以及习题课等教学内容，可以探索翻转课堂的形式。② 这里所说的"翻转课堂"，是一种"**在线翻转课堂**"。翻转课堂是一种教学模式，是指通过现代技术手段，将传统课堂上老师需要讲授的知识作为学习资源、以作业的形式提供给学生，学生在课下完成资源的学习，课堂时间则用来开展答疑解惑、互动以及进一步的知识应用和拓展。③ 而在疫情期间，部分学校采用了"在线翻转课堂"的形式，学生在课下通过教师提供的视频和文本等内容进行自主学习，通过直播课堂开展答疑和互动。

　　另外，由于学生的在线学习往往发生在家庭环境中，与学校学习环境相比，缺乏约束感、临场感和参与度，因此在各种在线教学方式中，一般都需要结合在线讨论、在线答疑、在线辅导等形式，共同发挥作用，加强和学生的互动，保障教学的有效开展。

二、选择在线教学支持平台

　　确定完在线教学方式后，就需要根据方式选择技术支持平台，有的领导

---

① 王小平.线上学习一个月之后，深度反思文章来了.[EB/OL].（2020－03－25）［2020－04－05］.
https://mp.weixin.qq.com/s/x8fyioA7IPoUl47gg4xVJg.
② 王小平.线上教学一个月之后，深度反思文章来了[EB/OL].（2020－03－25）［2020－04－05］.
https://mp.weixin.qq.com/s/x8fyioA7IPoUl47gg4xVJg.
③ 曲吉美，缪蓉.翻转课堂教学模式中的学习策略研究——以小学课外英语教学为例[J].中国电化教育，2016，(03)：114－119＋130.

和老师很纠结,但其实不用纠结,教育信息化已经过多年的发展,市场上已经有多种技术支持平台。事实上,很多地区、学校已经有自己长期的合作技术平台,比如全国有数百所高校采用了"清华教育在线"平台,依托这类的平台即可比较容易地开展在线教育。在中小学领域,发达地区的学校就不用说了,例如中部地区河南叶县和河南天业仁和信息科技有限公司采用PPP(Public-Private Partnership)模式整体建设县域教育信息化平台,也很好地支持了疫情期间的教学工作。再如网龙"网教通"为福州市提供课程直播服务。

如果地区或学校还没有自己的平台,或许可以在下列平台中进行选择(这里主要介绍一些比较流行、简便易用的平台和技术)。

(一)针对直播课堂

西南大学邓晖将当前主流的直播平台分为三种,即时通讯软件类、专业视频会议类和专门的直播教学平台类。① 结合邓老师的建议和我的体会,在这里将直播平台大致分为以下几类。

1. 即时通讯类

这一类平台技术门槛较低,容易上手;文件分享容易;方便课后交流;有的还可以回放,便于重复学习。常见的平台有钉钉、微信、QQ、飞书等。

疫情之前几乎每个班级都存在微信群、QQ 群或者钉钉群,疫情期间直接在群内开展直播十分便利。当前国内大量大学、中小学都选择了采用钉钉进行直播,联合国教科文组织推荐的"开放教育应用程序和平台"中也有钉钉。②

① 邓晖.直播教学小贴士 [EB/OL].(2020 - 03 - 26)[2020 - 04 - 05]. http://sei.swu.edu.cn/s/sei/cgzs/20200326/4065191.html.
② 中国日报网.三家中国远程教育平台获联合国教科文组织推荐.[EB/OL].(2020 - 03 - 15)[2020 -04 - 05]. https://cn.chinadaily.com.cn/a/202003/15/WS5e6e249ba3107bb6b57a6a56.html.

钉钉在疫情期间供用户免费使用，最多可支持 302 人同时在线。使用钉钉开展直播，可以在群聊中一键开播，还可以多群联播，还支持查看回放。微信是大家平时经常使用的社交软件，其可以支持 9 人以下的视频或音频会议，也有老师就用语音分享的方式进行语音直播教学。QQ 则可以支持更大规模的音视频会议。飞书与钉钉类似，支持即时沟通，以及音视频直播，网络条件较好的情况下，最多可以支持百万量级观众参与直播，直播视频支持回放，云文档功能可以帮助多人实时协同在线编辑。

2. 专业视频会议类

这一类平台视频会议功能比较强大，在教学功能方面可能略有欠缺，不过目前它们也在努力提升教学功能。常见的平台有腾讯会议、ZOOM、小鱼易连等。

腾讯会议在新冠肺炎疫情期间限时免费开放，具有与微信无缝衔接、音视频智能降噪、表情弹幕互动和美颜、虚拟背景四项功能，而且不限制观看人数，全终端都可以收看。同时还支持在线文档协作，对于教师在线集体教研十分有益。可以通过微信小程序使用，不需要额外下载插件或者客户端，①腾讯会议不具有回放的功能，确有此需求的话，可以通过手机录屏的方式保存。ZOOM 也是一款移动视频会议工具，最多可支持 1 000 名视频参会者或 10 000 名观看者同时使用，在疫情期间免费开放。② 该平台支持在线录制和视频回放，目前也在努力增加教学功能。

3. 教学软件类

这一类平台在支持直播教学的同时，一般都还有比较丰富的教学功能。常见的平台有 ClassIn、雨课堂、腾讯课堂、CCtalk 等。

---

① 腾讯会议官方网站.[EB/OL]. [2020 - 04 - 05]. https://meeting.tencent.com/index.html.
② ZOOM 官方网站[EB/OL]. [2020 - 04 - 05]. https://zoom.com.cn.

北京大学在疫情期间主要选择使用的是 ClassIn,所以我比较熟悉。ClassIn 除了具备直播功能外,还具备作业提交、课堂笔记、云盘分享、双向屏幕风向、文档协同编辑以及 IM 即时通讯等功能。雨课堂,是由清华大学在线教育办公室组织研发的,具有投票、测试、发弹幕等功能,方便师生互动,教师在课前可将课件内容发送到学生微信,方便学生预习。

以上这些平台目前也在提供或努力增加互动白板、答题器、抢答器等教学互动工具,如"一起教育科技"正在努力打通学豆奖励功能,让学生在在线学习的过程中获得奖励,兑换学习礼物,这种游戏化的方式将会提高学生的积极性。教师也可以配合使用"问卷星"等工具,让学生扫码回答问题,与学生开展互动。

4. 广播电视类

此外值得一提的是,不能有了互联网,就忘了广播电视网,这一类平台虽然互动性差,但是技术门槛低,可以覆盖偏远农村地区。

事实上,疫情期间通过广播电视开展直播的地区也不在少数。相比手机、电脑和平板等终端,通过电视收看教学直播,干扰因素比较少;而且偏远农村地区网络信号较差,电视直播也是比较好的补充。为了配合做好新冠肺炎的防控工作,教育部在疫情期间利用"国家中小学网络云平台"和中国教育电视台向师生提供优质的学习资源,中国教育电视台 CETV4 周一至周五每天上午直播小学课程,下午直播中学课程。北京等很多省市也在同步利用有线电视网和互联网直播中小学课程。

(二)针对录播课

教师可以选取一些录播课平台直接开展录播教学,如超星学习通,教师可以上传录播视频,按照课前预习、课上讨论、课后辅导及测试的方式开展全流程教学。

教师也可以通过一些主流的录播软件进行课程视频录制、剪辑等,如EV 录屏和优酷录屏大师。在这里,我还要推荐一款手机视频编辑APP——剪映(抖音官方视频编辑工具),比较适合"对图讲解类"微课,比如语文或英语的朗诵、绘本故事、德育故事和历史故事等,但剪映中没有激光笔指示和线条勾画功能,所以不太适合数理逻辑类微课。①

Camtasia 这款软件,也深受教师喜爱。早在 2010 年,来自美国底特律的克林顿戴尔(Clintondale)高中的老师就已经开始使用这款软件制作视频,提前提供给学生学习,开展翻转课堂了。

教师如果不需要出镜,还有更简单的方式,我们常用的 PowerPoint 软件(2016 版以上)就可以直接录制屏幕。步骤很简单:打开 PowerPoint,在【插入】工具栏最右侧找到【屏幕录制】按钮(图 2-1),就可以按照提示开始录制了。录制的时候可以选择录制某一个软件界面,也可以录制整个桌面,录制完的视频会嵌入 PPT 中,对准刚录制的视频单击右键,在右键菜单中选择【将媒体另存为】就可以将其保存成独立的视频文件了。

图 2-1　在 PowerPoint 中录制屏幕

当然,如果只是用 PPT 讲课,还可以更简单,只要在 PowerPoint 中录制旁白就可以了。具体步骤为:打开 PowerPoint,在【幻灯放映】工具栏中

---

① 王钰.网红教师教你:"图片+语音讲解"类微课的王者——剪映[EB/OL].(2020-03-01)[2020-04-05]. https://mp.weixin.qq.com/s/AZGIvc_ZmmuhxZeId2EJMQ.

选择【录制幻灯片演示】按钮，然后就可以开始录制，可以保存成 PPT 格式，随后如果需要，也可以保存成视频格式。大家不要小看 PPT 配旁白的做法，我当年就录过一个学习程序设计语言的 PPT 配音课件《ASP 程序设计》，在网上很受欢迎，很多读者说看着我写的教材，听着我的有声课件，效果与面授相当。

图 2 - 2　录制幻灯片旁白

（三）针对在线自主学习

教师可以利用自己地区或学校提供的平台开展在线自主教学，比如北京师范大学利用"畅课互动教学平台"，教师会将自己录制的视频、文本资料等传到网上，学生可以按照自己的时间和节奏开展学习，也可以配合每周一次的 QQ 群答疑，形成"在线翻转课堂"；再比如浙江广播电视大学利用"浙江学习网"平台，学生可以学习视频、文本等资料，完成测试、作业、练习等，教师也可以在后台获取学生的各项成绩和互动情况。

中央电化教育馆提供了"国家中小学网络云平台"，各个学校都可以使用。市场上类似的产品还有很多，如腾讯校园、天仕博智慧教育云平台、睿易教学平台、学乐云、乐教乐学等。当然，如果学校暂时还没有安装整体的教学支持平台，教师还可以采用建微信群、发邮件和上传网盘等方式，将学习任务和资源发给学生，然后利用微信、QQ 等通信工具与学生定期交流。

（四）选择教学平台的判断标准

对于教学平台的选择，主要可以参考以下三个判断标准：

1. 符合教师教学的一般要求

在线教学平台应符合教师教学的一般要求，包括具有 PPT 播放和控制、音视频、实时互动、资料共享、视频回放等功能。需要特别注意的是：疫情期间，学生的在线学习往往是发生在家庭环境中，缺乏学校学习的约束感、临场感和参与度，学生注意力容易分散，因此推荐教师尽量选择具有互动功能的教学平台。

2. 运行稳定，保证课堂质量

教学平台的运行应处于较为稳定的状态，如不稳定会在一定程度上影响课堂质量。在开展正式教学前，教师应根据参与学生的数量考察平台所支持的流量，避免卡顿等情况影响教学效果。

3. 操作简单，降低技术门槛

许多老师和学生都是初次接触在线教学，所以应选取操作较为简单明了的教学平台，一方面降低老师教学的准入门槛，另一方面方便学生进入课堂和参与课堂活动。

三、需要做什么准备

北京师范大学余胜泉教授认为，没有完美的模式和工具，适合自己的就是最好的。最重要的不是工具，而是基于活动实现多要素联结、多角色（学生、教师、家长和管理者）联动，这样才能更好地带动在线学习运转起来。那么，确定教学方式，选定技术支持平台以后，学校和教师需要做哪些准备工作才能让在线学习运转起来呢?

(一)学校需要做什么准备

从学校(包括其他校外机构等)的角度,我有如下建议:

1. 给予教师政策支持

有些普通教师存在困惑,如果疫情结束之后,教学将完全回归传统课堂,那么疫情期间还需要大张旗鼓地学习、设计在线教学吗? 这方面,学校领导需要给予一定的政策导向支持,校领导需以教学改革的长远眼光思考这个问题。疫情期间对于在线教学的深入实践与研究,将会为今后步入正轨之后的混合式学习带来大量的经验。

2. 开展"互联网+教研"协同备课

学校应按照学段、年级、学科建立授课团队,制定课时安排,通过"互联网+教研"的方式,开展协同备课。各团队可以根据条件和活动需求选择在线备课平台和软件,以支持在线备课活动的开展,如视频会议平台、云备课平台、社交媒体(如 QQ 群)等,使得教师在移动泛在、云计算、大数据和智能技术支持的环境中,提升高阶教学创新设计能力。① 学校通过开展协同备课,一方面能适当减轻教师的负担,另一方面也可提高教师制作课件的质量。

3. 按照学段、年级、学科建立授课团队

校方应按照学段、年级、学科建立授课团队,安排课时,协同备课。各团队可以根据条件和活动需求选择在线备课平台和软件,以支持在线备课活动的开展,如视频会议平台、云备课平台、社交媒体(如 QQ 群)等。

大家仔细想一想,这其实是在线教育带给我们的好处,同一年级多名老

---

① 胡小勇,徐欢云."互联网+教研"形态研究:内涵、特征与趋势[J].电化教育研究,2020,(02):10-16,31.

师一起制作教学资源包,学生一起学习,一方面教师省力,另一方面质量也会更高。

4. 对教师进行在线教学平台和工具使用的培训

不是每位老师都能迅速掌握在线教学平台的使用方法,学校应对教师进行在线教学平台和工具使用的培训,保证教师在授课前了解所有教学流程和操作,做足准备。

随时通过线上培训的方式帮助教师补充在线教学方面的技能,可以使用钉钉等平台进行直播,系统讲解内容,也可以随时将其他学校、其他教师的经验、技巧分享的文章发送到 QQ 群、微信群和钉钉群中,教师们可以利用碎片化时间随时随地为自己充电,不断提高在线教学能力。

5. 如有可能,给教师配备助教

很多人有一种错觉,开展在线教育似乎可以省钱。我一直认为,在线教育在某些方面可以省钱,但在某些方面需要更大的投入。比如如果真的想提升教学成效的话,最好给老师们配备适当数量的助教,协助教师做好技术等层面的工作。

设置助教的目的就是让专业的人做专业的事,才可以更好地提升效率和质量。大家想一想,演员在舞台上表演的时候,如果一会儿自己去开一下音响,一会儿自己去拿一下道具,观众会有什么感受呢? 现在老师在网上讲课,一会儿去找一个文件,一会儿维护一下软件,学生又会有什么感受呢?[1]

6. 开展在线教学质量跟踪监测与评估

学校应规划开展实时在线教学质量跟踪监测与评估,帮助老师及时调整在线教学策略,并在此过程中探索出适合自己学校的经验策略,并加以广

---

[1] 关于这一点,如果想了解更多,可以阅读"俊杰在线"公众号中的随笔文章——《分工》。

泛应用。某种程度上,在线教学比传统教学更容易监测和评估,因为师生的行为大部分都被记录下来了,可以使用人工智能和大数据技术实现自动或者半自动的分析,从而实现自动监测。

另外,部分地区的家庭可能会存在没有网络或者没有智能设备等情况,学校可以对这些情况进行收集,然后提供相应的帮助,或者帮助家庭向政府部门申请帮助。

(二)教师需要做什么准备

有人说,在线教育既是天堂,也是地狱。讲得好,自己会很有成就感;讲得不好,自己会很受打击。这句话可能有点夸张,不过开展在线教育,并不是简单地将以往面授时的教学内容搬到网上,按照以往的课堂教学模式开展在线教学是行不通的,教师需要做好更充分的准备。

1. 深刻认识到在线教学与课堂教学是不同的

首先,教师要认识到在线教学与课堂教学的本质是不同的,在课堂教学环境下,眼神交流是互动的重要方式,这一点在网络环境下就行不通了。如何拉近与学生的距离、吸引学生的注意力、评估学生的进度,都需要换一种方式来进行。① 在线教学时,教师需要更关注在线教学的技巧,例如可以通过在线答题的环节帮助学生将注意力集中于课堂上,也可以利用好很多直播平台的"连麦"功能,巧妙地实现点名。

其次,在线教学的过程涉及很多自学的内容,关于平台的使用、技巧等,线上线下教学存在着很大的不同,从教学的方法、艺术到技巧都需要教师重新琢磨。例如,初中阶段的线上授课,国家要求每课时时长不超过 25 分钟,

---

① 浙江在线."习惯在线",在线教育大潮下的微观故事[EB/OL].(2020 - 03 - 24)[2020 -04 -05]. https://tech.chinadaily.com.cn/a/202003/24/WS5e797cbba3107bb6b57a8639.html.

因此教师就需要对课堂节奏和重难点的出现方式进行调整。

另外,在在线教学的过程中,除了要"脚踏实地",也要"仰望星空"。教师需要脚踏实地地制作课件、直播与录播,同时也要意识到,网络上已有一些精美的教育资源可供利用,在海量的在线开放资源中,找到适合学生的内容,在保证教学效果的同时,也可以减轻自己的工作量。

2. 配置基本硬件设备

负责讲授的教师需要确认做好基础设施准备,配置终端设备(如计算机)、网络直播/录播系统、摄像头、麦克风、扬声器等基本设备,这是开展在线教学的硬件基础。

大家不要小看这件事,寒假期间我为了让自己的画面更简洁,不出现那么多线,同时又能保证声音的良好效果,尝试了好几种耳机和麦克风。

3. 选择适合的授课环境

教师在选择授课环境时,以光线明亮,无明显噪音,背景美观的环境为佳。如遇光线较暗的情况,可以配置补光灯优化。

另外,要保证网络带宽,确保教学的流畅性。例如大多数网络直播平台的带宽要求在 80 M—100 M 范围内。不过我在实践中发现,像微信会议、ClassIn、ZOOM 等用 4G 信号也可以基本实现流畅使用。

4. 科学备课

在进行在线教学资源开发时,老师们应根据教学设计方案开发教学资源:如授课课件、音视频资源、文本资源、图画展示、实物展示(例如实验操作步骤、手工课等)、课前导学、课堂练习、课后作业以及问卷反馈等。教学资源应尽量做到：简单、明了、内容突出。

在制作授课课件时,可以注意以下三点以提高信息传达的准确性：(1) 每一张 PPT 上的文字内容不宜太多。PPT 上内容尽量简洁,突出教学重点,不宜安排过多文字或装饰,注意图文结合;(2)选择简洁的背景。合理使用背景图案,避免分散学生的注意力;(3)如果是录播课程,注意配音要流畅、清晰、有感情。避免噪音对于录播课质量的影响,并且适当穿插动画。如果有时间,可以去看看梅耶的多媒体学习理论,其中详细讲解了课件设计的一些原则和策略。①

在设计在线教学活动时,为提高学生临场感和参与度,老师们需要采用有效的教学策略以增强课堂交互,从而保证教学质量。

5. 课前阶段

教师在课前需要重视学生的预习,可以提前在班级群中发布教学大纲,针对每次授课内容发布针对性的预习任务,吸引同学注意。对于在线自主学习,教师可以为学生提供学习单,帮助学生进行知识建构。

如果是直播,建议教师在课前准备几个小游戏或者小测试题,穿插在直播授课的过程中。学生在屏幕前进行线上学习的时候,注意力比较容易分散,可以通过几个简单的小游戏或小测试,将学生的注意力重新聚焦到课堂中,利于教学的进一步开展。这里的小游戏可以分为相关性和非相关性两种:(1)非相关性,例如,教师给出两张图片,让学生找不同;(2)相关性小游戏,例如,设置几个简单的小测试,让学生抢答,学生们真的会关注自己是第几个答对的,这将大大提高学生的学习积极性和专注度。

教师还可以提前做一些游戏化设计(随后会专门讲解),例如在 ClassIn 当中通过奖励系统的虚拟奖杯鼓励学生,提高学生的学习动力。

6. 授课阶段

如果是直播课堂,教师至少要提前 15 分钟进入课堂,准备好各种设备、

---

① [美]理查德·E.迈耶著,多媒体学习[M].牛勇,邱香译,严正,傅小兰审校.北京:商务印书馆,2006.

资料等，并注意自己的仪容仪表；在讲课过程中应尽可能多开展一些多样化的互动活动：比如开展在线讨论、互动调查、学生互评、观点分享、在线答题、互动白板等活动，以增强吸引力；如果有可能，可以同时使用班级群、微信群及其他交流工具保证联系通畅。另外，在开展直播课堂的时候，教师需要避免信息传递节奏过快导致学生认知负荷过重，影响学生认知加工成效，可采用复述、内容结构化、回顾、小结等策略调控信息传递节奏。

直播过程中，可以通过游戏化元素激发学生的学习动机，如设置学生参与互动的加分规则，每次直播结束后，及时更新积分的排行榜；如果是面向大学生和研究生，则可以将积分与期末成绩挂钩。

7. 课后阶段

教师在课后要给学生布置作业，如北京大学教育学院陈向明教授在上直播课时，要求每位同学课后在微信群中发表几百字的听课感想。这个任务一方面有助于学生在直播过程中保持思考和专注、总结所学知识、同伴之间相互学习，另一方面有助于教师改进教学。相比传统课堂，这一点也体现了在线教学及时、便捷的优势。

王钰推荐使用图形组织(Graphic Organizers)教学策略，让学生通过关系图表、锚图、思维导图和思考图等方式来总结所学内容，在创作的过程中，学生思维的主动性可以得到充分调动，知识之间的关系和知识的情境可以得到理清。如果希望研究这些感受，通过量化手段得出更加科学可靠的结论，可以使用"词云"，对于学生提交上来的感受，运用互联网云技术，在文本中提取关键词，通过词频分析，绘制出词云图[①]。如图 2-3 是创作知识图表作业的感受，通过这张图，就能了解到感受中最明显的成分是整理，说明学

[①] 王钰.疫情期间，布置这种作业最合适！效果极好、学生还喜欢！［EB/OL］.（2020 - 03 - 26）［2020 - 04 - 05］. https://mp.weixin.qq.com/s/L0eaMZ01X5cB3gNXe3X68Q.

生的思维得到梳理；其次是关系，说明学生认为通过创作知识图表，感受到了知识之间的关系；第三是清晰，说明学生认为经过思维整理之后，本来比较模糊的知识，变得更加清晰；还有记忆、结构、有趣，都是学生常提到的词汇。

图 2-3 词云图示例

这些重要的数据可以为教师开展研究提供便利，研究成果也更能促进教学，一举两得。

如果平台能记录和回放，可以让错过的同学补听，查漏补缺，做好总结。例如钉钉直播上课之后，系统会自动记录已观看学生和未观看学生，教师可以单独联系未观看学生通过回放进行学习。

（三）家长和学生需要做什么准备

在线教学的主要对象是学生，对于大学生来说自然不用担心，但是对于中小学生来说，则需要家长的大力支持和配合。我们知道，家庭环境当中的干扰因素比较多，气氛相对轻松，学生可能学一会儿就想吃东西，或者去床上躺一会儿。有时候因为并未开放摄像头，教师也不知道屏幕另一端的学生是以何种状态进行学习的。因此，建议家长和学生做好以下准备：

1. 打造良好学习环境

学生在线学习环境的打造十分重要。首先，要选择家中网络信号最好的房间，如果有条件，建议连接网线。如果家人看视频，也会影响到学生上课的网速，也请家人在学生上网课的时间段尽量不要观看电视等；第二，建议保持桌面干净清爽，不要放置水果等食物；第三，学生在学习的过程中保持专注，家长尽量不要打扰。

2. 平衡学习和生活

平衡好学习和身体健康，网络上有很多指导健身的视频，可供使用，例如，"国家中小学网络云平台"上提供了小学生课间操《七彩阳光》、《希望风帆》和中学生课间操《放飞理想》、《舞动青春》以及眼保健操，可以在家中跟随视频一起健身。

大学生可以通过 KEEP 等软件所提供的健身视频，跟随练习，并通过社区分享，同伴互相督促共同坚持。

3. 加强在家学习的自主管理

学生在家学习的过程中，由于缺少了在校期间教师和学校的督促，需要更强的自律性，可以借助一些 APP 更好地提高学习效率。

建议早上起床之后不要立即看手机，而是列出任务清单（To Do List），将一天所需要完成的课程、作业等学习任务安排好。可以通过纸笔，也可以通过"滴答清单"等 APP 来完成。（我自己是使用 Outlook 统一管理我的邮件、联系人、日程表、任务清单的，感觉比较好，尤其是看着任务清单上的任务一条条被消去时，非常开心。）

需要集中精力完成作业或者论文时，设置好一段埋头实干的时间，家长也不可以打扰。例如在一个番茄工作单位[①]的时间内（25 分钟），专注所学内容，中途不允许做与该任务无关的事情，25 分钟后休息一次，可以利用

---

① 参考百度百科：番茄工作法。

"番茄 ToDo"等 APP。

4. 探索适合自己的在线学习策略

学习策略是影响学生学习效率的重要因素。易立梅曾经对 10 位英语水平优秀的非英语母语学习者进行了调查研究,总结了他们在英语学习中所采用的最有效、最常用的策略,分别是:计划、自我评估、记笔记、联想和情感策略。[①] 奥马利(O'Malley)与查莫特(Chamot)在其专著中对于学习策略进行了具体的分类,其中"认知策略"包含了"重复、分组、总结、记笔记"等维度。[②]

重视记笔记,新冠肺炎疫情期间网上流传很多清华学子、浙大学子记笔记的文章,从中可以看出,这些优秀的学生十分重视记笔记。记笔记是重要的学习策略,学生可以使用纸笔进行笔记,也可以使用电子版笔记软件,(如 Processon、Mindmanager 等)。在线学习时,时间如果来不及,也可以先截屏保存,随后再进行整理。保持记笔记的习惯,不仅有助于在听课的同时保持专注,对随后的复习来说也是重要的抓手。

建议学生通过记笔记的方式保持自己的专注力,并且通过思维导图等手段,将所学知识点"图式"化,有研究表明,这些手段有利于提高学习效果。

即使疫情结束,在线教育的比例下降,但是在终身学习型社会的兴起中,在线教育依旧是提升自我的极为方便的手段,形成一定的在线学习策略将是可以受益终身的,所以我建议读者继续阅读专门书籍,进一步丰富自己的在线学习策略。

---

① 易立梅.英语专业新闻听力策略[J].考试周刊,2007,32(62):15-16.
② O'Malley, J.M. Chamot, A.U. *Learning Strategies in Second Language Acquisition* [M]. Cambridge:Cambridge University Press, 1990:3-6.

四、疫情期间在线教育典型案例

2020 年初的疫情,确实对全世界的教育造成了影响,截止到 2020 年 3 月 30 日,联合国教科文组织(UNESCO)统计新冠肺炎已导致全球 15.3 亿学生停课,占在校学生的 87.6%。① 可以说,这场疫情,给各国教育都带来了不小的挑战,但同时也是探索教育形式、推进教育改革的重要机遇和契机。

上一讲我们已经讲了疫情之前的 MOOC、微课、翻转课堂等在线教育案例,其实海外也有一些典型案例,比如美国斯坦福在线高中(Stanford Online High School: https://ohs.stanford.edu),全部课程内容都是采用在线的方式进行(学生学业成绩也十分优异,名列加利福尼亚州第一、全美第三),其总部设在斯坦福大学校园的一栋建筑内,学生需要收听教师的讲课视频并完成在线写作,也会通过视频实时与教师在线讨论交流;只在暑假有两周的时间,学生会从全美与世界各地来到斯坦福大学校园,从事学术研究与专题讨论。② 下面再简单介绍一下一些疫情期间出现的在线教育案例。

(一)高等教育领域

因为大学生比较容易适应网上学习,所以高等教育的在线教育可能更容易开展,事实上,在疫情期间我国高等教育领域的在线教育开展得非常好。教育部高教司吴岩司长在 2020 年 4 月 10 日召开的"高校在线教学国

① 全球 15.3 亿学生停课!疫情之下,各国教育如何开展? 又有何反思? [EB/OL]. (2020 - 04 - 02) [2020 - 04 - 05]. https://mp.weixin.qq.com/s/AZGIvc_ZmmuhxZeId2EJMQ.
② 朱永新.未来学校:重新定义教育[M].北京:中信出版社,2019:31 - 45.

际平台课程建设工作视频会"中报告说,教育部等有关部门组织了 37 家基础好、实力强的在线课程平台,带动 110 家社会和高校平台主动参与,面向全国高校免费开放 4.1 万门慕课和虚拟仿真实验等在线课程。在疫情期间,新上线的慕课有 5 000 门,平台培训师资人次新增 394 万。截止到 4 月 3 日,全国高校学生在线学习人次已达 11.8 亿。①

　　具体到各个高校,也都在努力创新教学方式。早在寒假期间,**北京大学**教育学院就利用 ClassIn 确保了教育博士寒假课程顺利进行,正式开学后则在全校推行 5＋N 种可供选择的在线教学方式,利用北大教学网、在线课堂 ClassIn、Canvas、腾讯会议等教学平台,采用直播授课、录播授课、慕课授课、研讨授课、教室授课 5 种方式,确保了全校 4 000 多门课程正常开课,2 000 多名教师,20 000 多名学生在线学习。② **清华大学**也通过"雨课堂"、各类会议软件和慕课等多种方式开展了在线教学;体育老师开发了室内健身课程,线上推送,并通过举办线上竞赛,鼓励同学强身健体。美术学院付志勇老师摸索出了实践课程(《交互设计》)开展在线教育,通过"雨课堂"、采用"直播＋录播"的方式进行授课,通过"弹幕、发问、随机点名、即时反馈"等方式互动;学生分小组,通过"ZOOM"对小组要设计的作品进行在线讨论,教师利用在线工具和微信群等支持协同工作;作品展示方面,通过物联网数据模拟平台代替传统课堂中的实物原型制作,取得了良好的教学反馈。③ 再如 **西藏大学**针对不同课程特点,分类安排了不同的在线教学模式,如表2－1所示。同时,针对网络信号不好的偏远农牧区,学校采用了"混合式学习"的方

---

① https://www.sohu.com/a/387051132_323819.
② 佚名.疫情无法阻止知识分享,北京大学顺利线上开学![EB/OL].（2020－02－21）[2020－04－10] https://baijiahao.baidu.com/s? id=1659121631416129528&wfr=spider&for=pc.
③ 清华大学美术学院.美术学院付志勇老师:实践课程如何组织线上教学?"交互设计 1"顺利结课 [EB/OL].（2020－04－01）[2020－04－05]. https://mp.weixin.qq.com/s/jqlGyktDDRCdqywgWCnJmQ.

式：（1）线上：将课件视频和 PPT 等内容发送到邮箱，学生可以在信号较好时下载学习；（2）线下：向家庭住址特别偏远的 106 名学生邮寄了教材和辅导书，供学生线下自主学习。①

表 2-1　西藏大学在线教学模式

课程类型	在 线 教 育 方 式
通识选修课	主要选用第三方在线教育平台，完成师生数据、选课信息的对接
理论类课程	教师自主选择网络平台，通过音视频直播开展在线讲授；或利用优质在线资源组织学生开展在线自主学习
实践类课程	教师准备视频资料，教师在线讲授要点，学生课后自主实践并上传视频
实验类课程	线上虚拟仿真

还有一些学校联合起来共同上课，比如，西北师范大学张筱兰教授和广州大学杜玉霞教授积极探索校际在线协同教学，两校学生共上《教学设计与绩效技术》课程；清华大学和华中科技大学两校学习云端同上《固体理论》等课程；在华南地区，粤港澳合作探索了疫情时期高校在线教学"湾区教学平台—湾区课程资源—湾区教学形式—湾区保障机制"的"湾区模式"。②

简而言之，在我国长城内外、大江南北，几乎所有的高校都在努力创新应用在线教育，就如吴岩司长所言，这次大规模在线教学实践意义深远，改变了教师的教，改变了学生的学，改变了学校的管，改变了教育的形态，将会掀起一场高等教育领域的"学习革命"。③

---

① 西藏大学.西藏大学扎实推进线上教学工作［EB/OL］.（2020-04-03）［2020-04-04］. http://www.moe.gov.cn/jyb_xwfb/s6192/s222/moe_1758/202004/t20200403_437843.html.
② 邹园园，李成军，谢幼如.疫情时期高校在线教学"湾区模式"的构建与实施［J］.中国电化教育，2020，（04）：1-7.
③ https://www.sohu.com/a/387051132_323819.

（二）基础教育领域

在基础教育领域,教育部及各省市教育主管部门也做了大量的工作。首先,**教育部**利用国家中小学网络云平台和中国教育电视台提供了优质的学习资源,平台中的资源包括:防疫教育、品德教育、课程学习、生命与安全教育、心理健康教育、家庭教育、经典阅读、研学教育、影视教育、电子教材等资源,周一至周五每天上午直播小学课程,下午直播中学课程,考虑到一些只能通过广播电视等方式在线上课偏远农村地区的需求。

北京、天津、浙江等各省市也利用有线电视网、互联网提供了许多直播或录播学习资源。其中**北京市**从 4 月 13 日开始全面启动线上学科教学,市级学科课程通过歌华有线电视平台、北京数字学校官网和多家互联网平台分批次上线。采取"一课一包"的形式为学生提供教案、PPT、学习任务单、作业和作业指导等丰富的学习资料。各区和学校可以直接安排学生观看,由教师辅导答疑;也可以录制示范课,用于区校开展教研。同学们可以通过多种方式学习市级在线课程,根据自己的情况选择利用电视、电脑或者移动终端进行学习。① 河南省的"名校同步课堂"2 月 10 日就通过有线电视网、互联网免费开播了。他们根据国家课程规划,结合本省实情制定课程表,小学、初中和高中全学科全学段覆盖,由河南省实验中学、郑州一中、郑州外国语中学、河南省实验小学、郑州市金水区部分小学的优秀教师主讲。其他各个学校可以作为开展远程同步教学的主要渠道,也可作为现有网上教学活动的重要补充。事实上,很多学校就让学生在家里看着这个直播课开始学

---

① 佚名.下周一北京全面启动线上学科教学！送您一份市级课程使用指南[EB/OL].（2020 - 04 - 11）[2020 - 04 - 12] http://education.news.cn/2020 - 04/11/c_1210553744.htm.

习新课,据家长们反映,效果也不错。①

　　除了教育部和地市的积极应对,不同的学校也逐渐摸索出了适合自己的在线教育形式。各地中小学也在努力进行教学创新。比如**厦门实验小学**的在线课程中没有教授新课内容,而是结合当前疫情的大背景、采用项目式学习的方式,以主题化的形式打破书本知识和现实世界的边界,例如语文学科当中开展了《阅读"非连"文本,知疫情学防疫》,数学学科组织讨论了《疫情中的曲线》。同时,学校还差异化编排一到六年级学生的课程表,每天有三节课和一节居家运动课,每节课不超过 30 分钟。在技术手段上,从一直使用的 QQ 群入手,保证家校沟通顺畅,然后逐步鼓励师生通过国家教育数字资源网等其他平台来获得更多的优质资源,并且要求每个班级使用统一的平台,避免技术问题给师生带来不必要的混乱。学校还要求教师通过"结构化任务图示、概念图、表格"等脚手架,灵活安排好学生的物理空间和时间框架,推进学生的自主探究学习和个性化发展。② **宁夏银川市兴庆区回民第二小学**通过宁夏教育云平台、教育云直播系统等,构建了"教师教、学生学、家长参与"的直播课堂环路;利用"智慧课堂模型",形成了"课前微课预习、课上互动反馈、课后辅导答疑"的在线教学形式,组织了教学、技术和服务保障团队,取得了较好的教学成果。

　　当然,除了高等教育、基础教育领域外,在职业教育、学前教育、校外教育、社区教育、非正式教育等领域还有很多优秀的教学案例。北京师范大学陈丽副校长团队,远程教育研究中心微信公众号"e 时代的远程教育"、华南

①　启明.王倩.河南:"名校同步课堂"保证学生"停课不停学"[EB/OL].（2020－02－09）[2020－04－10] https://new.qq.com/omn/20200209/20200209A0NCI600.

②　杨金勇,裴文云,刘胜峰,张东淑,张湘,姜卉,姜莉杰,于瑞利.疫情期间在线教学实践与经验[J].中国电化教育,2020,(04)：28－41.

师范大学教育信息技术学院焦建利教授的公众号"EduTech 自留地"和胡小勇教授的公众号"信息化教学创新"都展示了大量的海内外在线教育案例，有兴趣的读者可以在文末展开阅读。

需要说明的是，本次疫情期间能够顺利开展在线教育的地区和学校，与前期的积累是分不开的。例如北京市密云区从 2016 年开始建设密云区教育云平台，可以为中学生开展在线直播课程，这一举措积累了充分的在线教育的经验。因此，2020 年初，在国家"停学不停教"的政策号召下，密云区得以有序地安排线上课程的辅导，选择了 300 余名骨干教师，对 24 所中学的学生进行线上辅导。① 所以，在线教育，并不是新生事物，也不会是疫情期间的昙花一现，平时的准备以及对线上教育、混合式学习开放式的态度是重要的保障。

五、如何确保或提升在线教学质量

确定了在线教学的方式和平台后，如何才能确保或者进一步提升在线教育质量呢？ 西蒙斯教授曾经对开展在线教育提出过 7 条建议：（1）在线课程需要为学生与学生、学生与学习内容的交互提供良好的支持；（2）这些互动需要包括共同合作、协作性学习；（3）在线课程中，最为常见的用来巩固互动性的方法是有组织的在线讨论；（4）教师在讨论中的促进者角色非常重要；（5）教师应为每个学生提供及时的、形成性的反馈；（6）教学框架应根据学生需求进行调整和应用；（7）课程内容呈现应在视觉上做到吸引学生并具有互动性。结合西蒙斯及其他学者的观点，

---

① 张学虎.中小学在线教育平台 助力教育战"疫"引发的思考[J].中国现代教育装备,2020,(04)：1-3.

在这里我总结了几条建议。

（一）注重多媒体认知原则和策略

当我们开展在线教育时，大部分时候都涉及多媒体课件、教学软件等，我们是否希望设计得更加漂亮一点、科学一点呢？其实早在 20 世纪 70 年代，梅耶就提出了**多媒体认知理论**，该理论认为"按照人的心理工作方式设计的多媒体信息比没有按照人的心理工作方式设计的多媒体信息更可能引发有意义学习"①。基于此认识，梅耶提出了多媒体认知的三种假设：双通道假设、容量有限假设、主动加工假设。其中双通道假设认为，人拥有加工语言材料和图示材料的单独通道。所以一般来说综合使用图文，学生学习效果会好一些。此外，他列举了多媒体设计的 12 个原则。大家可以仔细参考，精心设计教学课件。

另外，在面授课堂中，为了使坐在后面的同学能看清楚，课件字体一般比较大。但是在线教育中，所有的同学都坐到了"第一排"，教师应重新考虑排版。当然，究竟应该怎样设计课件，还需要更多的研究。考虑到有很多学生是通过智能手机在线学习的，因此 PPT 的字体不宜过小，内容不宜过多，建议加强颜色对比，突出重点内容。

（二）注重在线教学中教师的呈现

在线教学中，教师要不要"露脸（出镜）"？有大量研究表明，教师的形象与声音会对在线学习者的学习过程与学习效果产生重要影响，是影响在线教学质量的重要因素。根据美国心理学家梅拉比安的观点，面部表情占信

---

① ［美］理查德·E.迈耶著，多媒体学习［M］.牛勇，邱香译，严正，傅小兰审校.北京：商务印书馆，2006.

息交流总效果的 55%,而音调和言语分别占 38% 和 7%。① 程雪姣在研究中比较了教师出镜和不出镜两种模式对教学效果的影响,结果发现,在两种直播模式下,被试自评的教学效果没有显著差异,但他评结果显示出镜的教学模式效果更好。② 阿布杜哈迪在关于在线教学视频的调查研究中,收集分析了 2 300 多条在线学习者关于对各项教学视频做出"赞(Like)"或"踩(Dislike)"评价的深层次原因。结果发现,在影响学习者对教学视频的感知与评价的影响因素中,主讲人的声音是非常重要的一项。③ 另外,还有研究者认为,在网络课堂中,通过展示教师和教学内容,可以在教师可信度和即时性之间建立一种平衡。④

不过,关于是否要在在线教学中"露脸",学术界也存在一定的争议,有学者认为教师在屏幕上出现会增加学生的认知负荷。不过综合已有的研究以及实践经验,个人认为,如果有可能,师生可适当"露脸",一方面这有助于增强临场感,更好地增强互动性,有利于增加教师讲课和学生听课的投入程度;另一方面也有助于形成一种外在的督促,增强仪式感。

可能有人会说,著名的可汗好像就没有出镜啊,只是手写黑板讲课就红遍全球。这个有一定道理,说明在线教育中内容还是最重要的,不过,我经常想,如果可汗同时录一份出镜的视频,并进行严谨的实证比较研究,结果会怎样呢?

① 杨国威.课堂录播技术的变革[J].中国教育信息化,2007,(15):74-76.
② 程雪姣,皮忠玲,洪建中,等.网络直播模式对教学效果的影响——以"职业规划课程"为例[J].现代教育技术,2020,(02):85-90.
③ Abdulhadi, S. What motivates university students to like or dislike an educational online video? A sentimental framework [J]. Computers & Education, 2019, (134): 132-144.
④ Ramlatchan, M. Watson, G. S. Enhancing instructor credibility and immediacy in online multimedia designs [J]. Education Tech Research Dev, 2020, (68): 511-528.

（三）注重游戏化教学设计原则和策略

所谓游戏化，是将游戏或游戏元素、机制应用到一些非游戏情境中，比如，在市场营销或者教育培训等领域应用游戏或者游戏元素。①

游戏化近年来在企业界备受重视，在教育领域也越来越被关注。比如MOOC 中的学习动机一直饱受人诟病，为了提升 MOOC 中的学习动机，我们团队在中国大学 MOOC 平台的"游戏化教学法"课程中，基于 MDA 游戏设计框架，并选择以真人手绘背景、增加故事元素、增加角色扮演等方式，对MOOC 课程视频进行游戏化设计。研究发现学习者在学习行为、学习效果、课程评价以及入学率方面都有显著提升，效果良好。②③ 香港中文大学李浩文等人则把《三国演义》等传统故事开发成教育游戏融入离散数学中，在 Coursera 平台上推出了 MOOC《离散优化建模基础篇》和《离散优化建模高阶篇》两门课程。有学者曾经比较了 150 名管理专业一年级学生在四个学期的游戏化和非游戏化运筹学课程的体验，与非游戏化组相比，游戏化组在统计学上显示出更高的平均分数和及格率，参与率也同步增长。④

现在的青少年是在互联网、游戏中长大的一代，谈游戏色变的时代已经过去，游戏宜疏不宜堵。因此建议老师们将游戏或游戏的元素、机制恰当应用到在线教学中，可以设置游戏化的答题情境，让学生在竞争和合作中学习；可以在教学过程中使用点数、徽章、排行榜等游戏元素，记录学生学习情

① 尚俊杰，曲茜美.游戏化教学法[M]北京：高等教育出版社，2019：32.
② 朱云，裴蕾丝，尚俊杰.游戏化与 MOOC 课程视频的整合途径研究——以《游戏化教学法》MOOC 为例[J].远程教育杂志，2017，35(06)：95 - 103.
③ 由茜美，曾嘉灵，尚俊杰.情境故事视角下的 MOOC 游戏化设计模型研究[J].中国远程教育，2019，(12)：24 - 33，92 - 93.
④ Joana, D. Teaching operations research to undergraduate management students: The role of gamification [J]. International Journal of Management Education，2017，(01)：98 - 111.

况,激发学生探究动力;还可以将教学活动设计成游戏,如闯关游戏等。

（四）注重学习者用户体验

所谓用户体验（User Experience）,指的是人们对于使用或期望使用的产品、系统或者服务的纯主观感受,包括情感、信仰、喜好、认知印象、生理和心理反应、行为和成就等各个方面,通俗来讲就是"这个东西好不好用,用起来方不方便"。① 近年来,在企业尤其是互联网企业领域,特别强调以用户为中心、以人为本,一定要给用户最好的"用户体验"。最典型的就是微信,它只是通过市场推动,凭借简单易用等优点,在 2018 年用户数就破了 10亿。而我们有一些教育类产品,需要各级有关部门发文强调,但是推广效果仍然不如人意。当然,这背后的原因可能很多,个人觉得,"用户体验"在其中是关键因素,有时候需要多按几次键可能就把人们的兴趣给弄没了。

事实上,学习效果不仅仅包括学业成绩,我们同样需要关注学习者的学习体验和满意度等因素。这些年远程教育、互联网教育领域,都比较重视"用户体验",有许多文章都在谈学习支持、学习服务和学习体验。比如黄璐和裴新宁教授等人曾经对 MOOC 课程质量影响因素进行了实证研究,结果表明:学习支持服务对课程质量的影响较大。② 在基础教育、高等教育领域,虽然我们也一直在讲以学生为中心,但是过去可能更多的是关注教学、研究,在后勤支持服务等方面考虑的或许相对少一点,但是目前从大规模在线教育暴露的问题可以看出,"用户体验"也很重要,至少要保证学生有良好的网络条件,能够轻松地访问学习资源、收看直播课程。

① 百度百科: https://baike.baidu.com/item/用户体验/1994.
② 黄璐,裴新宁,朱莹希.MOOCs 课程质量影响因素的实证研究[J].现代远程教育研究,2017,(05): 78 - 86.

除了以上策略以外，在线教育中还要注重互动、注重及时反馈，要注意让学生注重平衡学习与生活等。当然，在这些背后，领导、教师和学生的信息素养需要进一步提高，至少要能够轻松自如在线管理、教学和学习的需要。具体内容后面章节会再详细讲解。

本讲结语：上好网课不是梦

本讲我们比较详细地介绍了如何确定在线教学方式、选择教学支持平台，如何备课、讲课等，也举了若干疫情期间的在线教育典型案例。希望能够帮助大家快速、有效地开展在线教育，相信只要学校和老师们精心准备，上好网课不是梦。

我们也相信，如此大规模的在线教育实验，一定会为在线教学积累丰富的经验和案例，促进在线教学研究的发展。在教育领域比较流行的《地平线报告》2020年教学版也指出，在线教育日益被视为可扩展的方式，教师必须为在线、混合和面对面模式教学做好准备。疫情期间正是学习、练习、准备在线教育的好时机，要抓住机会为步入正轨之后的混合式学习做好准备，希望各个地区、各位老师都能抓住这个机遇。

展 开 阅 读

[1] 黄荣怀,张慕华,沈阳,田阳,曾海军.超大规模互联网教育组织的核心要素研究——在线教育有效支撑"停课不停学"案例分析[J].电化教育研究,2020,41(03)：10-19.
这篇文章从超大规模互联网教育组织的视角出发，围绕流畅的通信平

台、适切的数字资源、便利的学习工具、多样的学习方式、灵活的教学组织、有效的支持服务、密切的政企校协同七个要素,论述了在线教育如何有效支撑"停课不停学"。

[2] 谢幼如,邱艺,黄瑜玲,王芹磊.疫情防控期间"停课不停学"在线教学方式的特征、问题与创新[J].电化教育研究,2020,41(03):20-28.

这篇文章对来自全国各地的"停课不停学"教学案例进行系统分析,总结形成了在线同步直播教学、在线课程异步教学、在线双师协同教学和在线混合多元教学四类典型在线教学方式,同时指出了其主要特征。

[3] 杨金勇,裴文云,刘胜峰,张东淑,张湘,姜卉,姜莉杰,于瑞利.疫情期间在线教学实践与经验[J].中国电化教育,2020,(04):28-41.

这篇文章征集了来自不同学段、不同地域的相关在线教学实践案例。

[4] 尚俊杰,蒋宇.云计算与数字校园[J].中小学信息技术教育,2015,(01):27-30.

各位校长如果希望建设数字校园,最好看看这篇文章,总的来说,一定要采用云计算的理念,能交给上级部门或企业的功能(服务器)就交出去,学校只要能够用好就可以了。

[5] 微信公众号"e时代的远程教育"

这是北京师范大学陈丽副校长团队,远程教育研究中心开办的微信公

众号。其中展示了大量在线教育案例,该团队的学生在疫情期
间每个人都在家乡进行案例研究,其中呈现了许多精彩的案例。

[6]　微信公众号"EduTech 自留地"(ET2018A)

这是华南师范大学教育信息技术学院焦建利教授的个人学
术微信公众号(ET2018A)。在过去几年里,几乎每一天,焦建
利教授都会将全球"新鲜、热辣、接地气的教育科技资讯"以及自己的学习和
思考分享给每一位教育工作者。其中有不少海外的在线教育典型案例。

[7]　微信公众号"信息化教学创新"

这是华南师范大学教育信息技术学院胡小勇教授开办的公
众号。其中有许多促进在线教学和开展信息化教学的文章和资
源工具。

[8]　微信公众号"MOOC"

这是室联网理论的提出者王涛博士创办的公众号,在教育
信息化领域影响比较大,其中有大量的教育信息化相关的文章、
资讯。在疫情期间,该公众号也发表了大量关于在线教育的文章。

在 线 讨 论

下面是一位读者发表的读后感,大家如果对本讲有任何意
见和建议,也可以扫描右侧二维码参与讨论。

作为一名高校一线教师,今年疫情期间,也体验了一把"十

八线女主播"的感觉。正如尚老师所说，全民开展教学实验，"在线翻转课堂"随着实践的需要，轻盈地走进我的生活，课下让学生通过"在线自主学习"的方式学习新知识，直播的时候也有精力做一些现场测试和答疑解惑。有的学生在面授课堂中还有些害羞内向，但是到了直播现场，也发挥了一把数字原著民的优势，刷起弹幕也毫不迟疑，做老师的对于此番互动也甚是欣慰。

文中提到了多种直播平台，例如雨课堂，其实在疫情之前也早有耳闻，但也没有应用。经尚老师提醒，再看雨课堂，发现"课前预习—课上互动—课后复习"的模式，形成完整的闭环，而且也十分适合面授课堂，毕竟学生课前在雨课堂轻点一个"不懂"，我就可以轻松了解面授课堂的重点；不用安装软件，推送微信小程序给学生，也免去 APP 繁多的苦恼。我更加期待疫情结束，再体验雨课堂在面授课堂的另一面。

尚老师谈到"家长和学生应该做的准备"，其实在当下学习型社会，每个人都是"学生"，都要不断学习新知，居家学习更加需要做好自我管理，文中提到的番茄时间，是时间管理的一种方式，效果因人而异，还有其他方式可以使用；除了时间管理，还有能量管理，在自己的能量高峰去学难度最大的知识、啃最难啃的那块骨头。

我想，经过这次疫情，我们也都成长了，对于教学、对于学习，还有对于自我的探索。

——浙江广播电视大学　曲茜美

第三讲 如何看待在线教育中视频课件的价值

————

上一讲提到,在线教育可以有直播课堂、录播课堂、在线自主学习等多种教学方式。但不论是哪一种形式,视频教学都是我们绕不开的一个话题,视频类课件(包括 MOOC、微课、直播、录播等)到底行不行呢?

之前给老师们讲课的时候,有老师说:光看视频、没有面对面的交流和互动,效果真的不行!我回答说:我也知道效果可能有问题,但是您能告诉我在您的课堂中,究竟有多少学生,有多少时间在和您面对面地交流和活动,又有多少学生多少时间在看着您讲课,看着您和别人互动呢?他就不说话了。大家想一想:对于一位病人来说,如果有条件,他是否希望请中国乃至世界上最好的医生给他看病呢?如果这个答案是肯定的,那么对于一位学习者来说,如果有条件,他是否希望跟着中国乃至世界上最好的教师学习呢?① 那么现在视频课件②是否算是**"有条件"**了呢?

我之所以一直很关注视频课件,主要是我发自肺腑地认为:要想快速实现优质资源共享、促进教育均衡发展,最可能的依靠就是视频课件了。2014 年,普林斯顿大学原校长威廉•鲍恩(William G. Bowen)在《数字时代的大学》一书中谈到:教育相对于别的行业来说越来越贵;不差钱的学

————

① 尚俊杰.MOOC:能否颠覆教育流程?［N］光明日报,2013 - 11 - 18(16).
② 这里说的视频类课件泛指录播、直播、MOOC、微课等各类和视频有关的课件。

校会让差钱的学校日子更难过；你没有什么好办法能够让所有学校一夜之间均衡，可能的方法就是利用信息技术让普通学校的学生也尽可能学习到优质教学资源。① 远程教育对边远地区的孩子享受到优质的教育资源会有很大的作用。② 其实也有不少海内外学者围绕视频课件的学习动机、学习行为和学习成效开展了大量的实证研究。下面我就结合自己的切身体会和其他学者的研究成果来谈谈视频课件的价值、成效和力量。

一、屏幕的价值：切身体会

屏幕真的有这样神奇的作用吗？其实这个问题在我的脑海中萦绕了快 20 年了。

大约在 2002 年的时候，我们教育技术系当时的系主任汪琼教授就和北大在线讨论合作共建在线硕士研究生课程，我当时也参与录制了两门课程。那时候正是现代远程教育刚刚蓬勃兴起的时候，大部分网络教育学院采用的都是三分屏课件，录制设备和条件也比较简陋。我记得就是在一个小屋子里，有一个摄像机，一个摄像师坐在我面前，我就面对着他讲课。虽然我当时是很卖力地准备课程，也努力声情并茂地去讲，但是摄像师有时候还能睡着，这有点儿打击我，当时就有点儿怀疑，这样的课程"行"吗？后来摄像师告诉我，其实我讲得还不错，只是他每天从早到晚地录，实在太累了。

2004 年开始，我就到香港中文大学去读博士了。2007 年，我跟从导师李芳乐教授参加了汪基德博士（现任河南大学教授）、王陆博士（现任首都师

---

① ［美］威廉·鲍恩.数字时代的大学［M］.欧阳淑铭，石雨晴译.北京：中信出版社，2014.
② 钟茜妮.教育部部长陈宝生谈成都七中那块屏：这个事非常好！［EB/OL］.（2019 - 03 - 06）［2019 - 06 - 26］. http://sc.sina.com.cn/news/b/2019 - 03 - 06/detail-ihrfqzkc1475898-p2.shtml.

大教授)等人倡议组织的"两岸三地教育技术博士西部行"活动,我被分在西南组,跟随我们教育技术界前辈西北师大杨改学教授等人去云南考察教育技术,就在某知名地级市第一中学看到两个班,每天一上课就打开大电视,说是和成都七中同步上课。仔细了解了一下才知道,2002 年开始成都七中就与企业合作,利用卫星传输技术,将成都七中的全日制课程直播到其他学校。我当时非常惊讶,就问校长教学效果到底怎么样?校长当时说:这两个班的成绩和其他班没有显著差异,心理等方面不清楚。我当时虽然有点儿激动,但是对直播课程的价值认识还不够深刻,认为它或许会像某些教育技术创新一样,过几年就不了了之。没想到他们居然坚持到了现在,而且越做越大,辐射了四川、云南、贵州、甘肃、陕西、江西、青海等省的 200 多所高中学校,每天 7 000 多名教师、7 万余名学生与成都七中异地同堂上课。①这件事情自 2018 年底刷屏以后,网上各种各样的声音都有,而且很多当年亲身参与学习的同学也现身说法,有人认为那块屏幕改变了自己的命运,也有人认为对自己有负面影响,但是总体上大家觉得确实有助于促进优质教育资源共享。

2010 年,中央电化教育馆组织评估现代农村远程教育工程,我和郭文革教授、当时的硕士生蒋宇(现任中央电化教育馆副研究员)跟随中央电化教育馆陈庆贵主任和轩兴平处长等人到新疆考察教育信息化发展,在一个乡村小学看到孩子们正在看着电视,跟着东部地区老师的课堂录像上音乐课,似乎孩子们学得也很开心。当时虽然已经有成都七中案例的铺垫了,我还是有疑问,就问校长,这样上课效果真的好吗?校长回答说:其实我们也不太清楚这样的效果究竟怎样,但是如果不用这种方式上课,我们学校就开

---

① 易国栋,亢文芳,李晓东."互联网+"时代百年名校的责任与担当——成都七中全日制远程直播教学的实践探索[J].中小学数字化教学,2018,(04):83-85.

不出或者开不好音乐和英语课程。我当时马上就意识到,信息技术促进教育变革,"好不好"是一回事,"有没有"是另一回事,这种视频类课程似乎至少能解决"有没有"的问题。

关于"有没有"的问题,在我后来做《游戏化教学法》MOOC 的时候有了更多体会,因为我自从 2004 年起,就师从香港中文大学李芳乐、李浩文、林智中教授研究教育游戏和游戏化学习,算是这个领域比较早的研究者之一。承蒙大家厚爱,经常有地区和学校希望邀请我去讲一讲,但是我自己的教学研究服务工作压力极大,很难满足所有地区和学校的要求。大约在 2015 年,在我们系汪琼教授和高教社的高瑜珊等领导的支持下,我在中国大学MOOC 上建设了《游戏化教学法》MOOC①。对于这个课程,我们投入是比较大的,我们团队精心设计了内容,并且精心录制和编辑了视频课件。从 2016 年开始,迄今已经开展了 7 轮,大约有 66 568 人选修过,还被评为了首届国家级精品在线开放课程。在开这门课的过程中,我进一步体会到了视频课程的价值,虽然最后拿到证书的学员是少数,但是还有什么课堂能够让几万人都能快速了解游戏化学习呢,如果要我一个学校一个学校讲过去,得讲到哪一年呢? 而且,我和上海戏剧学院的朱云老师、浙江广播电视大学的曲茜美老师等人基于后台数据进行过研究②③,可以看到 MOOC 确实可以给那些真正想学习的人提供了很好的机会。

还是在 2015 年,我受联合国儿童基金会教育处官员李涛女士和中央电化教育馆郑大伟处长等领导邀请,参加了联合国儿童基金会的"SMILE"项

① https://www.icourse163.org/course/icourse-1001554013.
② 朱云,裴蕾丝,尚俊杰.游戏化与 MOOC 课程视频的整合途径研究——以《游戏化教学法》MOOC 为例[J].远程教育杂志,2017,35(06):95-103.
③ 曲茜美,曾嘉灵,尚俊杰.情境故事视角下的 MOOC 游戏化设计模型研究[J].中国远程教育,2019,40(12):24-33+92-93.

目,并在其中负责游戏化学习部分。有一次我们在四川某地举行了两期面向小学数学教师的游戏化教学培训项目,每期两天。在这个为期两天的培训中,其中有一个环节是观课。以往一般是请一位教师上示范课,参训老师现场观课。不过在这次培训中,因为示范课教师赵艳辉因事不能全程参加,只参加了一期,所以我们只好一期实地上示范课,一期就观看录制好的视频课件。说实话,我当时心里忐忑不安,非常担心视频观课的效果。不过,后来发现效果出奇地好。当老师们用心去观看视频的时候,大家会发现甚至比现场观课还好,因为没有机器故障,没有口误,而且师生的操作细节都可以看得清清楚楚。而且,大家观看时由当时的硕士研究生肖海明(现任教育游戏专委会秘书长)引导大家一起看,适当穿插讲解。这次我逐渐感觉到视频课程不仅可以解决"有没有"的问题,似乎也可以解决"好不好"的问题。

2013 年左右,我开始参与北大张海霞教授牵头的《创新工程实践》课程,张老师是一位非常优秀的教授,她自己本身的微纳米研究做得非常好,同时又非常鼓励同学们创新,而且从来不怕困难,勇于尝试。于是,在 2016 年,我们在张老师的带领下勇敢地在智慧树平台推出了《创新工程实践》MOOC。为什么说"勇敢"呢?因为这门课程是每周三晚上同一时间,全国高校同步上课 3 小时,在第一期推出时,就有来自 172 所高校的 4 万余名学生选修,2019 年春季学期则有 219 所高校的将近 6 万名学生选修。我第一次上直播课的时候,尽管是教育技术系的老师,有前面项目的铺垫,也已经有比较丰富的录播直播经验了,但是我心里仍然有一些忐忑,这样的课程效果真的好吗?但是当屏幕里传来其他大学课堂画面的时候,我突然感觉似乎比传统线下课程的互动感还要好。而且后来课程分析效果也不错,一直坚持到现在,每期都有将近 200 所高校的几万名学生参加。所以,我再次感觉视频课程不仅可以解决"有没有"的问题,也可以解决"**好不好**"的问题。

2017 年开始，我给女儿报了 VIPKID 在线英语课程，自此就更加关注这一类在线课程的发展。其实，在世纪佳缘创始人龚海燕创办 91 外教网的时候，我就体验过，感觉这类课程一定有前途。后来 VIPKID 等在线课程给了我更深刻的感受，因为不止一位家长给我讲过，每次上课之前，孩子们就早早地搬凳子坐在电脑前，说要等着上课，这是孩子们上线下培训班几乎没有出现过的现象。我就想，如果能把孩子们这样的学习动机一直保持到大学，"好不好"还是问题吗？而且，更让我感到惊讶的是，当我回到老家县城的时候，我发现县城有的孩子也在利用在线方式跟着外国老师学英语。我顿时想到，我们一直在讲要促进教育均衡发展，但是现实中却比较困难，你可以看看发达地区和不发达地区招聘的师资水平就知道难度了，那么有什么方法才能快速让偏远地区的孩子和大城市的孩子尽可能享受同样的教育资源呢，这类在线课程难道不就是提供了一种可能性吗？开篇我们就提过，威廉·鲍恩（William G. Bowen）也认为信息技术可能是比较有效的促进优质教育资源共享的方法。①

在北大工作的这些年，我曾经牵头或协助组织了很多会议，我特别希望能够让想来开会的人都参加，但是会场确实容纳不下所有人，而且，大部分人也没有时间和条件随时来北大开会。随着互联网直播技术的发展，在 2017 年我们学院举行首届北京大学基础教育论坛时，我当时想做一个小实验，所以就和几位校长商量，请他们组织教师们坐在大报告厅统一收看利用"小鱼易连"平台开展的高清直播。我的高中母校河南林州一中的元付宏校长认真组织了一批教师在会议室集体收看，事后老师们反映效果挺好。还有一个学校的校长跟我说，甚至有老师看完了都不知道是直播，因为他们

---

① ［美］威廉·鲍恩.数字时代的大学[M].欧阳淑铭，石雨晴译.北京：中信出版社，2014.

是在学校的报告厅用大屏幕直播的，从后面远远看过去就像真的一样。自从这次会议之后，我们的会议基本上都提供了直播，受到了社会各界的赞扬。这一次疫情期间，更多的学术会议改成了纯在线会议，也许这是未来学术会议的一个趋势吧。

除了以上案例以外，我这些年一直在坚定地探索视频课件的作用。比如在北大研究生 2019 年秋季学期《学习科学》课程中，我和缪蓉老师探索使用翻转课堂的方式进行，缪老师在泰国提前录制好她负责部分的课件，我在北京组织同学们收看和讨论。此外，我们团队的学术讨论会议、日常工作会议基本上也都放在了网上进行。2020 年以来，当然就用得更多了，基本上一直是在网上讲课。通过这一些案例，我个人确实切身感受到了视频课件的价值。

不过，可能还是有人会讲：尚老师，不能光是切身体会，得有严谨的学术证据。下面我们就来看一些实证研究结果。

二、屏幕的成效：研究证据

就视频类课程来说，之前有不少学者分别从 MOOC、微课、翻转课堂、混合式学习等多种角度做过研究。

（一）关于 MOOC 的成效

有学者曾经针对准备进入加州大学欧文分校的学生做过研究，他们开发了一门生物学入门 MOOC，帮助那些已经被欧文分校录取但是准备不足的学生获得技能和知识，以便增加他们在大一生物学主干课程中成功的可能性。研究结果表明：MOOC 可以帮助学生在进入大学之前就学习到相关知识,为大学学习做好准备。①

当然,MOOC 确实具有高辍学率、低完成率等问题,②约瑟夫(Joseph)曾经综述了近年来关于在传统课堂上整合 MOOC 的混合式学习有效性的实验研究,结果发现,将 MOOC 纳入传统课堂教学,对学习效果几乎没有影响,或者仅有轻微积极影响。不过,也没有研究证据显示 MOOC 对学生学习存在明显的负面影响。③

由以上研究可以看出,MOOC 是否能够起到作用,关键还是要看课程的质量和使用方式。我们系贾积有教授等人曾经针对北京大学 6 门 MOOC 课程的 82 352 位注册学员的学习行为数据进行了分析,研究结果表明,取得了期末成绩的学员的学业成绩与在线时间、观看视频次数、观看网页次数、浏览和下载讲义次数、平时测验成绩之和、论坛参与程度(发帖、回帖)呈正相关关系。④

(二)关于翻转课堂的成效

关于翻转课堂,克林顿戴尔(Clintondale)高中在 2010 年对 140 名学生进行了翻转课堂教学改革试验,经过一个学期的学习,学生的学业成绩得到了大幅提高,各课程的不及格率(原先一直在 50% 以上)分别降低为:英语语言艺术 33%、数学 31%、科学 22%、社会研究 19%;两年后,校长格雷

---

① Jiang, S., Williams, A.E., Warschauer M., et al. Influence of Incentives on Performance in a Pre-College Biology MOOC [J]. International Review of Research in Open & Distance Learning, 2014, 15(5): 99-112.
② 汪基德,冯莹莹,汪滢.MOOC 热背后的冷思考[J].教育研究,2014,35(09): 104-111.
③ Joseph, I. M. Effectiveness of Integrating MOOCs in Traditional Classrooms for Undergraduate Students [J]. The International Review of Research in Open and Distributed Learning, 2015, 16(5): 102-117.
④ 贾积有,缪静敏,汪琼.MOOC 学习行为及效果的大数据分析——以北大 6 门 MOOC 为例[J].工业和信息化教育,2014,(09): 23-29.

格·格林在全校范围内推广了翻转教学模式。① 在中国，也有翻转课堂做得比较好的学校，比如山东昌乐第一中学，这个学校几乎所有的课程都在进行常态翻转教学，就连体育课也在努力进行翻转教学。② 而且，据说翻转课堂做得太好了，居然带动了饭店酒店的发展，因为来参观的人实在是太多了。在大学层面，卡迪瑞（Ghadiri）等人曾经结合麻省理工学院的电路MOOC 课程在大学开展翻转课堂教学，研究结果表明，混合使用高质量的MOOC 内容和适合的课堂教学方法，可以显著提升学习成效，2012 年秋季混合课程的学生通过率跃升至 91％，而 2011 年传统的面对面授课的通过率为 59％。③

兰州大学柳春艳老师等人采用元分析的方法，检索分析了 2007 年 1 月至 2018 年 7 月中外文大型数据库（ERIC、Teacher Reference Center、Education Research Complete、Web of Science、中国知网、维普和万方等）以及在线研究平台（Cochrane Collaboration Library、Campbell Collaboration Library、EPPI、WWC、System for Information on Grey Literature in Europe（OpenSIGLE）等）中关于 SPOC 翻转课堂与传统课堂教学比较的量化研究。结果显示，SPOC 翻转课堂学生的考试成绩、知识理解能力、知识应用能力、自学能力、自我管理能力、学习动机均高于传统课堂；SPOC 翻转课堂与传统课堂的及格率、优秀率、协作能力均无显著差异；学生对 SPOC

① 克林顿戴尔高中官网：http://www.flippedhighschool.com/ourstory.php.
② 张福涛.用信息技术撬动的课堂——山东省昌乐第一中学的翻转课堂［J］.中国民族教育，2017,（Z1）：80－81.
③ Ghadiri, K., Qayoumi, M. H., Junn, E., Hsu, P., Sujitparapitaya, S. The transformative potential of blended learning using MIT edX's 6.002 x online MOOC content combined with student team-based learning in class［J］. Environment，2013, 8（14）：14－29.

翻转课堂的学习兴趣、认真程度、学习参与度、满意度均较高①。

（三）关于直播课的成效

在疫情前，直播课相对少一些，相关实证研究也不多，在中国知网（www.cnki.net）以"直播课"为主题检索，截止到 2020 年 4 月 12 日，只有 126 条结果。一些企业网校可能开展了直播课，但是很遗憾的是并没有进行严谨的实证研究。

不过，我们学院刚刚进行了一个直播课实证研究，我给大家介绍一下。2020 年寒假期间，我们教育学院的教育博士寒假课程就利用网络照常进行了，随后，丁小浩教授和哈巍副院长牵头，组织学院一批老师开展了"在线直播课程研究"专项课题，采用量化和质性等方法对这些课程的学生满意度和教学成效等进行了系统的研究。②

寒假期间共开设了 10 门课程，每门课程约 8 次在线课，每次课的时长均设定为 3 小时。课程依托的平台为 ClassIn，每位选课同学在每一次课上的学习参与情况都被后台记录，包括出勤、上台和下台、课程时长等，共有 1 432 条行为数据。马利萍教授等人基于这些行为数据和问卷调查的量化研究结果显示：（1）学生对此次在线教学的效果充分肯定，其中 85％的学生认为在线教学优于面授或与面授效果相当，98％的学生认为在线教学的效果高于预期或与预期相当。88％的学生希望疫情之后采用线上线下相结合的教学方式，其中 49％的学生希望以线下为主，39％的学生希望以线上为主。仅有不到 7％的学生希望将来完全采用线下授课的形式；（2）"线上

---

① 柳春艳,李丹,张宝仁,胡晓玲.SPOC 翻转课堂教学有效性的系统评价与元分析[J].开放教育研究,2019,25(01)：82-91+36.
② 该研究课题的系列初步研究结果已经发布在"北京大学教育经济研究所"微信公众号中。

技术平台"、"课程内容"是促进教学质量的主要积极因素；(3)班级规模、是否有课程回放、是否布置课后作业等都会影响学生的满意度；(4)课堂互动频次高、时间长,学生的满意度未必高；(5)学习自律性更强的学生对在线教学的总体满意度更高；(6)学习环境佳有利于提高在线相较于面授和预期的满意度,而网络条件佳的学生更加期望在未来课程中采用以线上为主的授课方式。

　　吴筱萌教授等人负责质性研究部分,通过对授课教师和选课学生的访谈,从"探究共同体(CoI)"理论的三个核心要素认知存在(Cognitive Presence)、社会存在(Social Presence)和教学存在(Teaching Presence)出发,研究在线教学,特别是同步直播教学与面授教学中的师生体验异同,重点关注了批判性思维的形成途径。研究发现:此次疫情期间的直播教学实践,跨越了异步教学的师生无法见面、教与学不能同步进行、交流与反馈延迟、学生学习的孤独感等问题。在教学内容呈现、鼓励参与、建构团体氛围、1对1深化交流等教学存在维度、学生之间的情感支持与学习交流等社会存在维度、学生个体的认知投入与发展等认知存在维度,直播教学过程对学生的批判性思维发展都可以有较好的支持,获得了与课堂面对面教学基本等同的教学效果。但是也存在不少问题,比如使得发展学生批判性思维受到制约。例如,在教学过程中缺乏更加"立体"的呈现,小组讨论与教师巡视还不能支持,即兴与随意的互动还难以实现,以及教学与讨论的安全性和隐私性无法保障等。这些问题既涉及技术壁垒,也涉及教学设计、师生在线教学与学习素养,甚至是制度安排。未来应该努力解决。

　　以上只是列举了部分实证研究案例,但是实际上还有很多类似的研究。著名的乔治·西蒙斯教授曾经联合世界各地的七位著名学者团队,开展了"MOOC研究计划",并于2015年发布了题为《迎接数字大学:纵论远程、混合与在线学习》的研究报告。在报告中，研究者基于系统的文献综述对在线教育研究和实践现状进行了梳理和分析。西蒙斯在报告中指出，**大多数研究都证明了在线学习至少跟面对面学习一样有效**①。

三、屏幕的力量：破坏式创新

通过前面的论述，我们可以看出，利用这种视频类课程，普通学校（或机构）就可以开出以前开不出的课或者开不好的课，或许可以称其为"多、快、好、省"地促进优质教育资源的共享。除了这些以外，视频类课程实际上还可以促进课程教学创新②，促进教学组织变革③，打造未来教育④。接下来本节就从破坏性创新的角度谈谈视频课件的力量。

（一）什么叫破坏性创新

所谓破坏性创新，是哈佛大学克莱顿·克里斯坦森教授在《创新者的窘境》(*The Innovator's Dilemma*)中提出的理论。⑤ 简单地说，创新有两种，一种是延续性创新(Sustaining Innovation)，就是在现有市场中使自己的产品和服务更好、更快、更便宜。比如把胶卷做得越来越好，越来越便宜；一种是破坏性创新(Disruptive Innovation)，是与现有市场发展趋势背道而驰的创新活动。比如不用胶卷了，用数码相机。

---

① 韩锡斌，王玉萍，张铁道，等.迎接数字大学：纵论远程、混合与在线学习——翻译、解读与研究[M].北京：清华大学出版社，2016：68-94.
② 尚俊杰，张优良.破坏性创新：在线课程推动教育变革的可能性途径[J].中国教育政策评论，2018,(00)：258-272.
③ 张魁元，尚俊杰.非核心教学社会化："互联网＋"时代的教学组织结构变革[J].开放教育研究，2018,24(06)：29-38.
④ 尚俊杰.未来教育重塑研究[M].上海：华东师范大学出版社，2020.
⑤ ［美］克莱顿·克里斯坦森.创新者的窘境[M].胡建桥译.北京：中信出版社，2014.

　　破坏性创新理论的核心在于：在延续性创新阶段，市场上的主流企业可以做得很好。比如柯达可以把胶卷做得越来越好；但是进入破坏性创新阶段以后，原有的主流企业就不一定行了，其他新兴企业可能发展起来。比如当大家采用数码相机以后，柯达就不行了，最后沦落到要破产的地步。其实不是柯达不会做数码相机，数码相机就是柯达自己发明的，可以说柯达不缺人、不缺钱，也不缺技术，那为什么还失败了呢？原因比较复杂，但是其中一个比较重要的原因是主流客户不让主流企业做太创新太冒险的东西，最初数码相机质量比较差，大家都不愿意用数码相机，继续要柯达生产胶卷。但是数码相机也慢慢起来了，有一天质量和胶卷差不多了，大家当然就转而选择数码相机了。此时柯达虽然也猛力转产数码相机，但是没有太大用处，因为大家对它定位太深刻了，柯达就是产胶卷的，最后走向破产的边缘。①

　　上面是我们举的一个简单例子，实际上克里斯坦森教授作了大量的实证研究，20 世纪 80—90 年代，硬盘行业变化特别快，所以他就把那几十年的硬盘企业的各种数据都尽量找到了，试图发现这些企业兴衰的原因。最后发现那些磁头改变、存储空间提升等技术基本无法改变企业的市场格局，但是硬盘体积一缩小，一批主流企业可能就倒下去了，一批新兴企业就起来了。基于这些发现，他认为磁头改变、存储空间等属于延续性创新，在延续性阶段，主流企业可以做得很好，但是硬盘体积缩小属于破坏性创新，这个技术本身并不复杂，但是却可能颠覆了主流企业的地位。除了硬盘行业外，他还分析了钢铁行业、摩托车行业，都发现了类似的案例。②

　　破坏性创新理论提出来以后，在世界上产生了很大影响，很多企业都非

①　尚俊杰,汪旸,樊青丽,聂欢.看不见的领导——信息时代的领导力[M].北京：北京交通大学出版社,2017.
②　[美] 克莱顿·克里斯坦森.创新者的窘境[M].胡建桥译.北京：中信出版社,2014.

常重视,尤其是在互联网产业,这样的案例更加明显,今天还是市场巨头的巨大企业,第二天可能就被颠覆了。其实就算是在同一个企业,也可以应用破坏性创新理论,比如苹果推出 iPhone,对于之前的 iPod 来说,就属于破坏性创新;再如腾讯推出的微信,对于 QQ 来说,也相当于破坏性创新。

(二)视频课件的破坏性创新价值

在企业领域如此,在教育领域怎么样呢?其实克里斯坦森等人也用破坏性创新理论分析过 MOOC[①],他们认为 MOOC 属于破坏性创新技术,这种创新会开辟一个新兴教育市场,将原来很昂贵很复杂的教育产品变得便宜和简单,比如,原来听哈佛、北大老师上课不容易,现在利用 MOOC 就很容易实现了。在这个过程中,低成本的、新兴院校、普通院校的运营模式将渗透到更高层次的市场(比如开设研究生课程等),并有机会成为新兴的市场领导者。[②]

当然,克里斯坦森也表示教育是非常复杂的,和企业不太一样:(1)在企业领域,新兴企业可能借助破坏性技术取代主流企业的领先地位,但是在教育领域,新兴院校如果希望借助 MOOC 等破坏性技术取代哈佛等传统精英学校非常困难、也不太可能;(2)新兴学校也不用担心哈佛等名校会借助这个技术抢走你的市场,因为对于学校来说,通常只是希望对排名竞争,并不希望竞争生源。比如对于哈佛来说,从来没想过把所有的人招为自己的学生,给每一个人发一张哈佛毕业证。根据破坏性创新理论,哈佛的主流客户(毕业生)不会让哈佛做太冒险太创新的事情。所以通常名校会给你看看

---

① Christensen, C.M. Horn, M.B., Johnson, C.W. Disrupting class: How disruptive innovation will change the way the world learns [M]. New York: McGraw-Hill, 2008.
② 杨钋.谁参与?谁受益?谁支付?——MOOC 的经济学分析综述[J].工业和信息化教育,2014,(09):13-22+29.

他的课程,主要是为了体现社会责任和扩大影响力,但是不会给你发一张真正的毕业证;(3)新兴院校虽然不能颠覆名校,可以借此让自己变得更好一些或者从名校身上蚕食一点儿市场。比如一个地方学校结合 MOOC 设计一个精致的教师培训课程,地方教育主管部门可能会说,那我以后就不把教师送到北京名校去培训了,就在本地培训,这样就可以从名校身上分得一部分市场。或者有的学校精选各个 MOOC 课程,设计一个崭新的课程,或许能开拓出一个新的市场。

　　其实还有很多学者从不同角度阐述过破坏性创新理论。比如英国教育技术标准和创新中心(Cetis)袁莉博士等人认为 MOOC 具备破坏性创新的一些特征,未来,MOOC 有可能随着时间的发展而不断提升和完善产品的性能和服务,进而开始进入现有高校的传统高端市场——学位授予。如果 MOOC 能够发展到为学习者提供社会认可的学位证书,那么 MOOC 届时将对高等教育的传统市场形成巨大冲击。[1] 我们学院杨钋教授曾经从经济学的视角研究过 MOOC,她认为非精英型高等院校与 MOOC 的可兼容性和替代性高于精英型高校,非精英型高等院校更可能从大规模网络开放课程的消费中受益。MOOC 的发展可能还会影响这些大学的运营方式,迫使它们重新整合自己的商业模式,接纳破坏性创新技术。[2] 北京师范大学副校长陈丽教授认为:"互联网＋教育"内涵和本质特征都充分说明,教育信息化已经进入技术与教育深度融合的阶段,这个阶段的特点是互联网的开放性正在撬动传统学校教育封闭的大门,重构着教育服务体系。随着互联网技术、教育大数据、教育人工智能等现代信息技术的发展,深层次的教

---

① 袁莉,Stephen Powell,马红亮,吴永和.MOOC 对高等教育的影响:破坏性创新理论视角[J].现代远程教育研究,2014,(02):3-9.
② 杨钋.谁参与? 谁受益? 谁支付? ——MOOC 的经济学分析综述[J].工业和信息化教育,2014,(09):13-22+29.

育需求和尖锐的矛盾都将通过创新的服务模式得到解决。**这种创新实践是一种破坏性创新**，会对传统的学校教育体系和管理制度提出挑战，最终的目标应是构建开放的教育服务体系，以满足知识经济时代人们对教育的新需求①。

基于破坏性创新理论，我以前也提出过一个"二中理论"，主要是考虑到在很多地方一中和二中、三中有比较大的差距，那么对于二中、三中来说，靠常规的招聘好老师、吸引好学生等"延续性创新"措施是很难奏效的，那么是否可以采取"破坏性创新"方式实现跨越式发展呢？就让学生跟着名校老师同步上课，或者让学生看这些课件，而本地老师只是辅导呢？之所以叫二中理论，主要是"主流客户（一中家长）不会让主流企业（一中）"做太冒险太创新的事情。② 当然，我的根本目的也不是为了让一中变差，只是希望所有的学校都能均衡发展，都能成为好学校。

四、如何提升视频课件的质量

讲到这里，我们可以得出一个结论：就是视频课件确实有无限的发展潜力，但是仍然需要不断研究、不断提高质量。那么，究竟应该怎样提升视频课件的质量呢？我觉得不外乎以下几个方面。

（一）加大投入

大家想一想，其实人是喜欢看视频的。人们天天看的电影和电视剧不

---

① 陈丽."互联网＋教育"的创新本质与变革趋势[J].远程教育杂志,2016,34(04):3-8.
② 这里没有详细解释,如果感兴趣,可以参见"俊杰在线"微信公众号中的随笔文章《二中理论》展开阅读。

是视频吗？人们不是也可以连着看几小时吗？只是人们不喜欢看录制得不好的视频（包括拍得不好的电影）。而过去的一些视频课件之所以不太吸引人，其实是很容易理解的，吴京拍摄 2 小时的电影《战狼》花了多少钱，我们拍摄 32 课时的视频课件又花了多少钱？导演和演员为了揣摩如何吸引观众花了多少精力，教师为了揣摩如何吸引学生又花了多少精力呢？电影为了效果基本上是以帧和秒为单位剪辑的，视频课件又是以什么时间为单位剪辑的呢？视频课件没有花费足够多的人力、物力和财力，怎么能期望它像电影大片一样吸引人呢？

其实，依我自己看，三分屏的课件不一定是最好的，课堂直播也不一定是最好的，PPT 配声音更不一定是最好的。最好的视频课件确实应该是像电影一样，学生想看到什么就看到什么，该显示教师就显示教师，该显示 PPT 就显示 PPT，该显示细节就显示细节，提到哪个东西就呈现哪个东西，总之，像拍大片一样拍课件。当然，大家会说，课件怎么可能像电影一样投入呢？确实是的，不过，在互联网时代，因为可以让几百万数千万甚至上亿的人来观看同一个视频课件，这样就可以投入巨资去拍摄优质的精品课件，是否就可以达到大片的效果了呢？这样，人们是否就有条件且愿意跟着世界上最好的"老师"学习了呢？至少在某些课程的某些环节上是否可以呢？

几年前在讲课的时候，我曾半开玩笑地说，对于中小学那些知识比较固化的内容，如果请最优秀的教师，最优秀的摄制团队，每学期每门课花上 1 千万（甚至 1 个亿）精心拍出来，之后作为"国家基本资源"，任何人都可以无门槛无条件使用。按当时的估计，中小学的主要课程都拍下来需要 20—30 亿，如果当年的玩笑成真了，今天疫情期的在线教育还是问题吗？当然，我也只是随便说说，其实教育部等各省市已经拍摄了海量的精品课程,也都很好地用在了疫情期间的教学上。我只是想建议,未来要区分情况,对于部分重要的、基础性的、比较固定的内容,或许可以像拍大片一样拍出更加精美的课件。

（二）采用新技术

随着视频技术的进一步发展,还可以将需要学生动手操作的虚拟、仿真、游戏、测试等融入视频课件中,学生在听课的时候还可以即时动手操作,完成作业。比如教师讲到一个知识点,打开一个小游戏,让学生在线体验一会儿,然后再继续讲。另外,还可以辅之以人工智能技术、大数据技术等,还可以根据学生的反馈及时调整后面的授课内容和作业。这样是否就可以更好地实现个性化学习,是否比线下老师讲课还要好呢？

当然,如果随着 VR/AR 技术的发展,学生未来是否可能戴上眼镜,就可以看到老师真的站在自己面前呢？

（三）创新应用

这主要指的是应用方式,比如把视频分成小节,10 多分钟一节。或者结合翻转课堂教学模式,让学生提前在家里或宿舍看,老师到课堂上再和同学们讨论,做作业。

对于翻转课堂,其实中小学是好办的,因为经常考试,用考试可以来测量学生们是否看了。对于大学生、研究生怎么办呢？我在上学期和缪蓉老师合讲的《学习科学》课程中也采用了翻转课堂,让大家回去看视频,到教室后我先给他们 10 道题简单测试,这 10 道题倒不是很难,主要是测试一下学生是否认真看了。我觉得这个很重要,学习多多少少还是需要一些压力的。

（四）加强研究

研究真的很重要，华为现在如日中天，大家可以看看，华为每年投在研发上的费用是多少。对于在线教育来说，也是如此，需要更多领域的专家学者从技术、应用、评估、政策等多个角度对在线教育开展更多更严谨的研究。

我自己近年来对在线教育课件的设计和心理机制研究也很感兴趣，PPT 究竟怎样设计更吸引人？大家常说，看视频真的不如听真人讲，用电话说就是和面对面说不一样，这一点我也承认。那么我们能否采用脑科学等方法做一系列基础的研究，告诉我们究竟是为什么，有没有办法弥补？在这一方面，华中师范大学杨九民教授团队近年来基于眼动技术等做了不少基础研究，很有意义。

除了以上几点以外，提升视频课件质量还包括上次讲的注重教师呈现、注重在线活动、注重情感交互等，疫情期间全国各地的教育技术等领域的专家们发表了很多很好的文章，大家可以自己阅读参考。

本讲结语：利用视频课件实现破坏式创新

本讲结合我自己的切身体会和一些实证研究谈了视频课件（在线课程）的价值和成效，并且着重从破坏性创新的角度探讨了视频课件的价值，同时从加大投入、采用新技术、创新应用、加强研究等角度探讨了如何提升视频课件的价值。

不过，我们确实要承认，教育信息化发展还在路上，还有很多困难需要去克服，目前关于视频课件的实证研究还不够多，研究证据也不够有力，还有待于各位专家和各位老师日后开展更多、更广泛、更长期、更严谨的实证研究。

展 开 阅 读

[1]　尚俊杰.MOOC：能否颠覆教育流程?［N］光明日报，2013－11－18(16).

这篇文章详细探讨了MOOC在促进教育教学创新和组织变革方面的价值。

[2]　郭文革,陈丽,陈庚.互联网基因与新、旧网络教育——从MOOC谈起［J］.北京大学教育评论,2013,11（04）：173－184.

这篇文章分析了这一次网络教育"热潮"的实质及其对网络教育未来发展的影响。

[3]　王颖,张金磊,张宝辉.大规模网络开放课程（MOOC）典型项目特征分析及启示［J］.远程教育杂志,2013,31(04)：67－75.

这篇文章选择七个国外典型的MOOC项目作为分析对象,从组织机制、平台定位、课程组织、课程资源、教学方式和质量认证六个方面进行了详细分析。

[4]　汪基德,冯莹莹,汪滢.MOOC热背后的冷思考［J］.教育研究,

2014,35(09)：104 - 111.

这篇文章指出，既要正视 MOOC 在发展中所遇到的学习
者学习持续性不强、退学率高、交流互动不足等问题，也要将
MOOC 与传统课堂教学和其他新型教学模式结合起来，实现信息技术对教
育发展的革命性影响。

[5]　何克抗.关于 MOOCs 的"热追捧"与"冷思考"[J].北京大
　　学教育评论,2015,13(03)：110 - 129＋191.

这篇文章从 MOOCs 的内涵与特征、MOOCs 的指导理论
与实施方式、关于 MOOCs 的冰与火巅峰对决、关于 MOOCs 的冷静思考与
科学分析以及 MOOCs 在我国的未来发展五个方面对 MOOCs 的本质、特
征、实施方式进行了详细探讨。

[6]　杨钋.谁参与？谁受益？谁支付？——MOOC 的经济学分
　　析综述[J].工业和信息化教育,2014,(09)：13 - 22＋29.

这篇文章对文结合"谁参与？谁受益？谁支付？"这三个问
题,对经济学和管理学相关文献进行了综述分析,对于各类型大学发展
MOOC 具有重要的参考价值。

[7]　康叶钦.在线教育的"后 MOOC 时代"——SPOC 解析[J].
　　清华大学教育研究,2014,35(01)：85 - 93.

这篇文章简要回顾了 MOOC 的成就与问题,解析了 SPOC
的理念及实践,指出了 SPOC 在推动品牌效应、提升教学质量等四个方面的
优势。

[8] 袁莉,斯蒂芬·鲍威尔,比尔·奥利弗,马红亮.后 MOOC 时代：高校在线教育的可持续发展[J].开放教育研究,2014,20(03)：44-52.

这篇文章从三个方面对今后高校在线教育的发展进行了深入剖析：(1) MOOC 催生了在线教学的三个新特征：开放性、营利模式和服务分离；(2) 高校应从技术选择、教学法创新和学习者需求三个角度探索 MOOC 等在线教学的发展；(3) 高校应该积极应对挑战和机遇,调整战略,探索新的商业模式,以促进在线教育的可持续发展。

[9] 汪琼.慕课运动对高等教育的渗透性影响[J].开放教育研究,2016,22(03)：37-43.

这篇文章探讨了 MOOC 对高等教育的影响,包括：翻转课堂教学法开始流行、单门课程可持续发展成为可能、课程模块化促进培养方案个性化、弹性培养方式推动混合教学常态化、高校合作出现更多层次和模式、高等教育生态格局发生变化。

[10] 尚俊杰,张优良.破坏性创新：在线课程推动教育变革的可能性途径[J].中国教育政策评论,2018,(00)：258-272.

这篇文章主要依据克里斯坦森提出的破坏性创新理论分析了在线课程的价值,分析了如何利用破坏式创新促进课程教学变革和教学组织变革。

在 线 讨 论

下面是一位读者发表的读后感,大家如果对本讲有任何意见和建议,也可以扫描右侧二维码参与讨论。

　　我们在2017年曾经组织老师们集体收看了北京大学基础教育论坛,效果良好,后来我们也多次组织类似活动。今年是我校"教研提升年",主题是着力培养老师"研、读、写、讲、种"五种能力。开春以来,我们已多次组织教师网上学习,教师一致反映很好。虽然我们这几年也经常派老师们出去开会、培训,但是采用这种视频直播或点播的方式,我们就可以在更大范围内、更频繁地组织教师学习活动,确实可以"多、快、好、省"地促进我们学校的教师专业发展,提升学校的教学质量。

　　通过这次疫情,我们更感受到了视频课件的价值和力量,希望未来能够更好地利用网络技术促进优质教育资源共享,推动区域教育均衡发展,提升教育质量。

——河南省林州市第一中学校长　元付宏

第四讲　如何看待在线教育中教师的形象*

前几讲中提到，在线教育可以有直播课堂、录播课堂、在线自主学习等多种教学方式。不管哪一种方式，都会牵涉到视频类课件。一旦牵涉到视频类课件，很多老师和同学就犯难了——我究竟应不应该开摄像头呢？我究竟应不应该"露脸"呢？

大家的顾虑也很好理解。毕竟居家办公与现实的教学场景不同，大家的状况与环境会有很大的差别。一旦要开摄像头，大家就不得不费点时间精力收拾收拾仪表，打扫打扫屋子，更重要的是，还得考虑到不适应镜头的问题。最近网上有很多新闻，包括一些知名学府线上开课的过程中，都发生了不少因摄像头引起的有趣故事。既有穿着睡衣本色出镜的同学，也有因不常用视频教学打开美颜相机，美颜过度闹出糗事的老师……总之，近几周来因一个小小的摄像头而引起的尴尬与欢乐故事层出不穷。

一、究竟应不应该露脸：我的经验

2003 年左右，我当时就用 PowerPoint 录制旁白做了一个《ASP 程序设

---

* 本讲得到了北京大学教育学院学习科学实验室硕士研究生原铭泽的帮助。

计》课件，作为教材的配套课件，大约 120 M。当时在网上有很多人转载，大家看着我的教材，再听着这个课件，感觉很好。不过，我是想过要露脸的，只不过当时没有摄制条件。另外，我当时隐隐约约感到真想学习的同学，其实教师露脸不露脸不是很重要。

后来，经过多次直播、录播的过程，我越来越感觉到，露脸还是很重要的。就我和同学们线上召开组会的经验而言，开不开摄像头，效果还真是大有不同。起初我们采用 ClassIn 开组会的时候，都是关闭摄像头，大家用语音分享交流，但是时间一久，我们就发现如果不开摄像头，看不到彼此的面庞，大家一起开组会的那种氛围和互动的感觉就没有了，好像是对着机器在说话。而且，由于不论自己做什么，其他人也都看不到，少了一种被监督的感觉，所以一边开会一边忙东忙西的情况也多了，还经常容易走神。甚至我有几次都是一边开车一边听会的，效果不好，还影响安全。最近，我开始要求大家开组会必须打开摄像头，能明显地感觉到，大家的重视程度和开会的状态有了很大的提升。有同学分享的时候，能看到其他人都在认认真真地听讲，讲到有意思的地方，屏幕外都能感受到一片欢腾热闹的气息，不知不觉大家说话的内容和次数也多了起来。

其实，不仅教师应该露脸，有条件的话，学生也应该露脸。前几天，我应某学校邀请做了一场在线直播，虽然听众能看到我，但是我看不到学生，当时后背真的会流汗。好在自己经验还比较充足，尽量把前面的桌椅板凳想象成张同学、李同学……才勉强应付下来。其实，不管是直播，还是录播，哪怕有 2—3 个同学在场听，效果也会好很多。①

以上这些都是我从自身经验出发所观察到的一些表层的意见。不过，

① 建议企业可以生产一些机器人学生，只需要会点头、摇头、微笑简单对话就可以了。

从教育研究的角度出发,有不少学者对此都展开过严谨细致的研究。其中,最常见的一个问题就是,在各式各样的视频课程中,是否应该呈现教师的形象。华中师范大学杨九民教授曾经对 207 门在线开放课程进行过调查,结果显示,94.7％的视频课程都设计了教师呈现,仅有 11 门课程完全没有教师呈现。[①] 从社会实践来看,呈现教师形象似乎是一种默认的标配。那么,这对于在线学习者的学习究竟有没有用呢?

二、露脸对于在线学习是否有用

一个小小的摄像头所引发的露脸问题,其实在学术界还是有一定分歧的,不同的研究结果可能有所不同。

(一)露脸能够促进学习

目前,一种主流的观点认为,呈现教师形象有助于拉近学生与教师之间的心理距离,产生一种身临其境、真人互动的感觉,即社会临场感。[②] 就像我刚才讲的开组会的例子一样,线上教学不像传统的面对面教学,老师与学生,学生与学生之间看不到彼此,真实感与互动感相应地大大降低,老师的讲课激情、学生的投入程度与学习效果也不免会受到不小影响。多媒体学习的社会代理理论同样也认为,在多媒体教学材料中穿插社会性线索(如教师的形象、手势、眼神、语言等),与学习者进行互动,能够激发学习者相应的社会回应,促使其在学习过程中更加积极主动地选择、组织和整合信息,从

---

① 杨九民.在线视频课程中教师对学习过程与效果的影响[D].华中师范大学,2014.
② 腾艳杨.社会临场感研究综述[J].现代教育技术,2013,(03):66-72.

而有助于学习者知识的建构。① 对此,国内外也有很多实证研究证实,教师
形象的呈现确实能够提升学习者的社会临场感,促进学习效果。② 例如,皮
忠玲在实验中邀请 84 名在校大学生作为被试,观看了四组不同形式的教学
视频(仅有 PPT、PPT 与教师同时呈现、仅有教师、教师与 PPT 课堂实录),
然后进行问卷测量,结果发现学习者学习有教师呈现的视频课程时,社会临
场感与学习效果要显著高于无教师呈现的视频课程。③

此外,也有研究者从视觉注意的角度出发,认为"露脸"对于人们的学习
活动还有着特殊的意义。从心理学角度来看,无论是在面对面的互动中,还
是在照片或视频中,人脸都能够引起人们的视觉注意。④ 更重要的是,对人
脸的这种注意还有着更深层次的社会意义,代表着一种文化规范——保持
眼神接触意味着注意、兴趣和参与。⑤ 因此,在与人交际时,人们往往会倾
向于注视讲话人的面部,从而显示自己在专注与认真地聆听。⑥⑦ 这也解释
了为什么在传统课堂上,学生总是习惯注视老师,而老师也总是会要求学生
将目光集中在自己身上。当教学场景从线下迁移到线上时,这种社会规范
显然不会陡然消失,学习者也不会忽然间就从一种看着老师学习的习惯中

---

① Mayer R.E., Sobko K., Mautone P.D. Social cues in multimedia learning: Role of speaker's voice. Journal of Educational Psychology, 2003, 95(02): 419 - 425.
② Kizilcec R F, Papadopoulos K, Sritanyaratana L. Showing face in video instruction [M]. ACM, 2014.
③ 皮忠玲.视频播客呈现方式对学习效果的影响及其机制的眼动研究[D].2014.华中师范大学.
④ Gullberg, M., & Holmqvist, K. What lecturers do and what addressees look at: visual attention to gestures in human interaction live and on video [J]. Pragmatics & Cognition, 2006, 14(01): 53 - 82.
⑤ Kleinke, & Chris, L. Gaze and eye contact: a research review [J]. Psychological Bulletin, 1986, 100(01): 78 - 100.
⑥ Argyle M., Graham J.A. The Central Europe Experiment: Looking at Persons and Looking at Objects [J]. Environmental Psychology & Nonverbal Behavior, 1976, 1(01): 6 - 16.
⑦ Bavelas J. B, Coates L., Johnson T. Listener Responses as a Collaborative Process: The Role of Gaze [J]. Journal of Communication, 2002, 52(03): 566 - 580.

脱离出来,培养出一种只看教学课件学习的习惯。而且,现在大多数网络课程都是基于幻灯片授课的,每一页幻灯片的内容都是静态的文本,如果不切换的话,学习者在看完以后就不会再投入注意力,而教师形象则是不断变换的,能够不断地刺激学习者的眼球。① 在眼动追踪技术的支持下,国内外一些研究也发现,教师形象的呈现的确能够吸引学习者的注意力,并且在一定程度上有助于学习效果的提升。②③

(二)露脸不一定能够促进学习

露脸对学习的影响也不是绝对的,比如很多学者对此就存在质疑,认为教师呈现在屏幕上的效果不一定优于不呈现在屏幕上,反而可能增加学生的认知负荷,产生注意干扰等。例如,梅耶在多媒体教学原理中就曾提出一种"冗余原则",指出教师的各种表情、手势等只是一种纯粹的单向活动,并不代表教学内容的涵义,其动态变化的信息反而会占据学习者相当大部分的注意力,特别是当这种占据恰好处于关键的知识点时,其势必会对学习者的学习产生不利影响。④ 威尔逊(Wilson)等人也曾经提出过这样一个有趣的现象:教师呈现效应(instructor presence effect):即喜欢并不一定导致学习(liking does not always lead to learning)。他们发现尽管有教师形象的在线课程更加受到学习者的喜欢,被认为是更加有趣、令人享受的,但是

① Kleinke, Chris, L. Gaze and eye contact: a research review [J]. Psychological Bulletin, 1986, 100(01): 78 - 100.
② Van Gog, T., Verveer, I., & Verveer, L. Learning from video modeling examples: Effects of seeing the human model's face [J]. Computers & Education, 2014, 72: 323 - 327.
③ 郑俊,赵欢欢,颜志强,王福兴,马征,张红萍.多媒体视频学习中的教师角色[J].心理研究,2012,5(05):85 - 90.
④ Mayer, R. E. The Cambridge Handbook of Multimedia Learning: Principles for Reducing Extraneous Processing in Multimedia Learning: Coherence, Signaling, Redundancy, Spatial Contiguity, and Temporal Contiguity Principles [J]. Information Design Journal, 2005, 16(01): 81 - 83.

教师形象的呈现却会削弱学习者对学习材料的理解能力,分散注意力,增加走神的情况。① 我们团队的研究生原铭泽也曾设计过一个对照试验,发现学习者对于有教师形象的视频课程的满意度更高,但相较而言,学习者在无教师形象的视频课程中所取得的学习成绩却更优。②

这是什么原因呢? 我们知道,人的认知资源是有限的,如果一项学习活动所需的认知资源超出了我们的总资源,那么就会导致认知超载,影响学习的整体效果与效率。比如,我们可以一边看电视一边聊天,但是却很难一边看电视一边心算高数题。而在视频教学中,教师形象本身其实是一种与学习内容无关的额外信息,当他们同时呈现在多媒体课程界面时,会导致视觉通道的信息冗余,造成学习者工作记忆的认知负荷超载,阻碍学习者对信息进行整合加工,反而干扰学习效果。③ 相关的眼动分析结果也发现,在视频学习中,学习者平均会花费 62.3% 的时间用于注视教师图像(主要集中在教师的面部),用于注视学习内容的时间仅占 37.7%。④ 在这样的情况下,呈现教师形象是否有助于促进学习自然需要打个问号。

(三) 如何露脸才能促进学习

尽管大家对于露脸的成效有争议,但是从我个人的角度来看,教师如果条件允许还是应当尽量选择打开摄像头的。一方面是增加教学互动的感觉,使教师即时便捷地掌握到学生们的听课状态,调整讲课的方式与内

---

① Wilson, K.E., Martinez, M., Mills C., et al. Instructor presence effect: Liking does not always lead to learning [J]. Computers & education, 2018, 122(JUL.): 205 – 220.
② 原铭泽."以貌取人"与"先声夺人":视频课程中教师呈现对学习过程与效果的影响[D].北京大学.2020.
③ Sweller, J. Cognitive load theory, learning difficulty, and instructional design [J]. Learning and Instruction, 1994, 4: 295 – 312.
④ 皮忠玲.视频播客呈现方式对学习效果的影响及其机制的眼动研究[D].华中师范大学.2014.

容,同时还有助于激发教师讲课与学生听课的投入程度;另一方面是形成一种外在的督促,增强仪式感,尽量减少听课时忙东忙西或易走神的状况。

当然,考虑到露脸可能带来的负面影响,在露脸时要注意一定的方法策略,最大化其正面价值,同时避免起到反面作用。例如,研究显示,教师形象占据画面的比例不宜过大,尽量采用较小的呈现比例(约 8.4%);教师在讲课过程中应注重使用身体姿势辅助讲解;教师可以多采用引导型的眼神注视(如注视教学 ppt,通过视线引导学生注意学习材料);教师形象可以根据教学需要,间歇性地呈现而不是持续性地呈现(如需要学习者更多地关注教学内容时则隐去教师形象)。这些方法都有助于改善学习者的注意分配,提高学习效果。①②③④⑤ 需要特别注意的是,不要过于"出奇",要减少不必要的或意外的刺激,避免吸引学生过多的注意力,或是频繁地打断学生的听课状态,特别是对于低年龄段的同学。

在此基础上,或许也不必太过担心,毕竟学生听课是一个长时段的过程,在某一时间段,或许学生注视教师更多一点,但在另一个时间段,学生则会更多地注视学习内容,这其间的分配策略其实是由学生自己把控的,我们也很难断定是否存在一种普适的、一定正确的听课方法。

---

① 杨九民.在线视频课程中教师对学习过程与效果的影响[D].华中师范大学,2014.
② Yang, J., Zhu, F. Guo, P., Pi, Z. Instructors' gestures enhance their teaching experience and performance while recording video lectures [J]. Journal of Computer Assisted Learning, 2020,36(02): 189 – 198.
③ Pi, Z., Xu, K., Liu, C., Yang, J. Instructor presence in video lectures: Eye gaze matters, but not body orientation [J]. Computers & Education, 2020, 144, 103713.
④ Kizilcec, R. F., Papadopoulos, K., Sritanyaratana, L. Showing face in video instruction [M]. ACM, 2014.
⑤ 王红艳,胡卫平,皮忠玲,葛文双,徐益龙,范笑天,梁燕玲.教师行为对教学视频学习效果影响的眼动研究[J].远程教育杂志,2018,36(05): 103 – 112.

三、究竟有多少种露脸的方式

露脸虽然是一个简单的事情,打开摄像头就行了,但是要想露脸有效果,除了上面说的方法策略外,还涉及技术、环境、设备、设计原则等多个方面的因素。对此,近日微信上曾推送出来的北大陈江教授的《直播课程的设计与实施体会》,包括我之前的《如何有效开展在线教育》都有简单涉及。不过,这里我主要讲述的没有那么复杂,而是关于一个小话题——"脸",或者也可以说面孔、容貌、形象等。单就脸来说,其实我们也可以有很多种露的方式。

（一）采用美颜

最简单的,我们在日常生活中总是喜欢用美颜相机拍照,或者是把拍好的照片P一下,把自己变得美美的、帅帅的再发给别人看。在视频教学中,我们能不能也这样呢？事实上,在线教育实践中,已经有不少平台机构和老师同学们在使用美颜功能进行视频教学了。爱美之心,人皆有之。大家都希望自己能够以最好的风貌呈现在他人面前。因此,美颜与教育的结合并不为奇,很容易理解。只不过,多数情况下,我们是将它作为一种"人之常情"来看,并不太重视或思考它对于在线学习的过程与效果究竟可能会有什么影响。事实上,美颜功能改变了人们的"颜值",所谓的"颜值"在心理学中也常被称作面孔吸引力。在心理学看来,面孔作为人们社会交往中首先注意到的外在线索,在人们社会生活的方方面面都发挥着重要的影响。人们对面孔存在特定的偏好,越是具有吸引力的面孔越能够触发人们积极的情绪体验与强烈的接近意愿,并进而影响到人们的态度、判断与行为。① 从这一角度而言,美颜对于人们的学习活动也可能有着重要的影响。

　　首先,美颜可能改变学习者的注意状况。 相关研究表明,人类对面孔吸引力的感知的确是非常快速的,即使是对于一闪而过(约 13 ms)的视觉信息,也能够迅速感知并判断出面孔吸引力的差异②。而随着面孔吸引力的提升,人们将注意定向、维持到目标人物的次数与时间也可能会随之增加。③④⑤⑥ 其次,美颜可能触发学习者的积极情绪,会对学习者的认知活动产生调节效应,促进课堂活动和学生的学习绩效⑦⑧⑨。相关的脑科学研究也发现,具有吸引力的面孔能够作为一种奖赏刺激,激活观察者大脑的奖赏系统,促使多巴胺分泌,使个体产生行为动机与快乐的感觉⑩⑪⑫。最后,美

① Rhodes, G. The evolutionary psychology of facial beauty [J]. Annual Review of Psychology, 2006, 57: 199 – 226.
② Olson, I. R., Marshuetz, C. Facial attractiveness is appraised in a glance [J]. Emotion, 2005, 5: 498 – 502.
③ Lindell, A. K., & Lindell, K. L. Beauty captures the attention of the beholder [J]. Journal of Cognitive Psychology, 2014, 26(07): 768 – 780.
④ Maner, J. K., Gailliot, M. T., DeWall, C. N. Adaptive attentional attunement: Evidence for mating-related perceptual bias [J]. Evolution and Human Behavior, 2007, 28(01): 28 – 36.
⑤ Nakamura, K., Kawabata, H. Attractive faces temporally modulate visual attention [J]. Frontiers in Psychology, 2014, 5: 620.
⑥ Sui, J., Liu, C. H. Can beauty be ignored? Effects of facial attractiveness on covert attention [J]. Psychonomic Bulletin & Review, 2009, 16: 276 – 281.
⑦ Westfall, R., Millar, M., Walsh, M. Effects of instructor attractiveness on learning [J]. Journal of General Psychology, 2016, 143(3): 161 – 171.
⑧ Cubukcu, F. The significance of teachers' academic emotions [J]. Procedia — Social and Behavioral Sciences, 2013, 70: 649 – 653.
⑨ Yang Chen, Ji Luyan, Chen Wenfeng, et al. Positive affective learning improves memory [C]: Springer Verlag, 2014: 293 – 300.
⑩ Cloutier, J., Heatherton, T.F., Whalen, P.J., Kelley, W.M. Are attractive people rewarding? Sex differences in the neural substrates of facial attractiveness [J]. Journal of Cognitive Neuroscience, 2008, 20(06): 941 – 951.
⑪ Kranz, F., Ishai, A. Face perception is modulated by sexual preference [J]. Current Biology, 2006, 16(01): 63 – 68.
⑫ Winston, J., O'Doherty, J., Kilner, J., Perrett, D., Dolan, R. Brain systems for assessing facial attractiveness [J]. Neuropsychology, 2007, 45: 195 – 206.

颜还可能影响学习者对于教师的感知,促进学习动机等。比如,一些教育研究就发现面孔吸引力能够预测学生对于教师魅力、能力等的综合评价,以及听课意愿等。[1][2]

(二)采用虚拟形象

虚拟形象这些年在电影电视广播主持等领域已经得到了比较广泛的应用,比如诞生于 2007 年 8 月 31 日的超萌 16 岁二次元少女"初音未来",凭借《甩葱歌》迅速红遍网络,并且在公司的包装下可以借助全息投影技术和虚拟现实技术举办演唱会。[3] 在 2019 年央视网络春晚,四位主持人——撒贝宁、朱迅、高博、龙洋的个人"人工智能主持人"已登台亮相,全程主持央视网络春晚。同年 5 月 4 日,在中央广播电视总台主题为"我们都是追梦人"的 2019《五月的鲜花》五四晚会上,百度大脑 AI 虚拟主持人小灵亮相。[4]

随着技术的发展,现如今教师也不再像过去那样只能选择真人出镜了,在表情捕捉与虚拟成像等技术的支持下,很多平台或软件已经推出了**虚拟形象的功能**,教师可以在丰富的素材库中可以选择各式各样的虚拟形象来代替自己出镜,2D 的、3D 的、卡通的、人形的等不一而足,并且还能做到跟随教师的表情、动作、嘴型做出相应的动作。在某种程度上可以看作是真人版的动画教学代理。相信随着这些功能的出现和普及,势必会给在线教育的现状带来进一步的革新,比如,教师和同学们形象呈现的方式更加灵活多

---

① 吴艺方,宋璐.人格标签、面孔吸引力对中小学教师魅力影响的实证研究[J].周口师范学院学报,2018,35(05):152－157.

② 王瑞乐,陈国平,胡超.高校教师外貌与学生评教中的刻板印象[J].赤峰学院学报(自然科学版),2013,(17):220－221.

③ http://finance.sina.com.cn/roll/2019－07－21/doc-ihytcitm3601712.shtml.

④ http://finance.sina.com.cn/roll/2019－05－05/doc-ihvhiqax6730015.shtml.

元化了;相较于真人出镜,虚拟出镜的意愿更强了;对录制或直播环境的要求极大降低,甚至不复存在;从真人到虚拟角色的巨大转变,也会对既有的关于教师呈现或面孔偏好的研究结论构成彻底的挑战。当然,目前虚拟形象还是作为一项新鲜功能在部分领域初步应用,还没有正式走进教育领域,但是以其高度的便捷性、灵活性与个性化等优点,相信在未来的在线教育实践中一定会得到广泛的妙用。①

四、声音对于在线学习是否重要

不仅是教师形象的呈现,教师声音的呈现对于在线学习其实也有着重要影响。根据多媒体认知理论的双通道假设,信息加工系统存在视觉通道与听觉通道两个独立的加工通道,这意味着在学习活动中,声音呈现与视觉呈现一样对学习者的学习过程与效果发挥着同样重要的作用。有学者在一项关于在线教学视频的调查中发现,教师的声音会显著影响在线学习者对于教学视频的感知与评价。在调查中,研究者收集分析了2 300多条学习者关于对各项教学视频做出"赞(like)"或"踩(dislike)"评价的深层次原因。结果显示,很多学习者会因为教师的声音"自信""清晰"而喜欢一门教学视频,也可能因为教师的声音"单调""乏味""发音不清"而不喜欢一门教学视频。② 相关的心理学研究也证实,与"颜值"一样,人们对声音也存在着类似的偏好,具有吸引力的声音能够诱发人们的积

---

① 上次去腾讯参观,他们有一个很好的虚拟人技术,可以将普通老师讲课转变为虚拟人讲课,这个技术用于录制课程好极了,希望企业早日将其推广到教育领域中。
② Shoufan, A. What motivates university students to like or dislike an educational online video? A sentimental framework [J]. Computers & education, 2019, 134: 132-144.

极情绪，并产生与之接近的意愿。①②

　　我自己之前对声音也没有过多考虑过，只是感觉看新闻联播的时候播音员的声音特别好听。所以后来我在 2009 年开发一个光盘课件的时候，特别邀请了广播电台的专业播音员帮我们配音，这一下感觉声音确实很重要。这几年我经常和索尼中国原副总裁迟泽准先生一起上课，他对声音效果的要求特别高，为此来教室上课有时会专门带上专业级别的音响设备，教学效果确实不一样。他还讲到一个案例，传统上一般认为人类能听到的声音频率范围为 20 Hz～20 000 Hz，所以通常音频的记录和传输时会忽略 20 000 Hz 以上的声音，反正人类基本听不到，就去掉好了。但是如果仔细比较这个压缩声音和原始声音，感觉还是不一样，原始声音的效果要更好。具体原因还需要今后继续研究证实，但是这说明声音还是非常深奥的，人类还需要不断研究。

　　事实上，也有一些学者基于功能性磁共振成像（fMRI）和脑磁图（MEG）等脑科学的方法和技术开展关于声音对人类影响的研究，比如有学者研究声音的位置、音高、强度和响度对大脑激活的影响，③④⑤还有学者研究不同种类的声音，如噪音、音乐和语言之间的切换对大脑激活的影响。⑥ 由此看

① 　王譞.视听整合下对人吸引力知觉的研究[D].西北师范大学,2012.
② 　Zuckerman, M., Driver, R. E. What sounds beautiful is good: The vocal attractiveness stereotype [J]. Journal of Nonverbal Behavior, 1989, 13(02): 67－82.
③ 　Brunetti, M., Belardinelli, P., Caulo, M., et al. Human brain activation during passive listening to sounds from different locations: An fMRI and MEG study [J]. Human Brain Mapping, 2005, 26(04): 251－261.
④ 　Degerman, A., Rinne, T., Salmi, J., et al. Selective attention to sound location or pitch studied with fMRI [J]. Brain Research, 2006, 1077(01): 123－134.
⑤ 　Langers, D. R. M., Dijk, P. V., Schoenmaker, E. S., et al. fMRI activation in relation to sound intensity and loudness [J]. NeuroImage, 2007, 35(02): 709－718.
⑥ 　Specht, K., Osnes, B., Hugdahl, K. Detection of Differential Speech-Specific Processes in the Temporal Lobe Using fMRI and a Dynamic "Sound Morphing" Technique [J]. Human Brain Mapping, 2009, 30(10): 3436－3444.

来,老师们在线讲课的时候,用耳机自带的麦克风还是用电脑自带的麦克风,表面看起来差不多,但是可能对学生大脑的激活是不一样的,或许会影响学生的学习体验和学习成效。期待未来关于声音的基础研究有所突破,从而帮助我们更好地理解声音的奥妙,并将其应用到线上和线下教学中。

五、如何提升声音的质量

考虑到声音的重要性,所以在录制视频课程的时候,需要注意尽可能地提升声音的质量。例如,采用效果较好的收音设备;教师在讲课时要注意吐字清晰,发音标准,声音洪亮,如果能兼有抑扬顿挫就更好了。

如果力求最佳效果,且条件允许的话,可以尝试采用配音服务。教师只需要提供讲稿,由专业配音人员录制声音即可。这样一来,声音的品质能够得到一定的保障,也可以避免口误、口头禅(如"嗯嗯啊啊")等影响课程的观感,当然,在一定程度上也部分解放了教师的时间精力,使他们可以更加专注于课程内容的设计。

不过,尽管配音服务省时省力,也能保质保量,但是毕竟成本高昂,除非是制作精品课程,在日常实践中我们也很少会采用到。那么,有没有什么既便捷、又低成本的方法呢?下面,我倒是有两种思路。

(一)采用音频处理

可以采用音频处理技术直接对原始声音进行修音、变声、降噪等。例如,如果我们关注一些网络平台(如抖音、B站等)的短视频的话,会经常发现很多人会选择采用变声器,而不是自己的原声来制作视频。一方面可能考虑到隐私的问题,另一方面则是希望让自己的声音更加有趣好玩,更加具有辨识度和吸引力，更加符合听众的偏好。那么，我们在制作教学视频的时候或许也可以借鉴这种方法，仅需要在课程录制完成之后对声音进行统一处理即可。

不过，需要特别注意的一点是，在处理声音前一定要考虑到教学对象的特征与偏好。我们团队在一次实验中，就曾尝试对一则女性教师录制的课程进行了变调处理，略微提升了声音的音调，然后邀请大学生被试分别观看了原始对照组与干预组。我们的假设是，随着女声音调的提升，其声音的吸引力也会随之提升，从而对学习活动产生有益影响。因为，关于声音偏好的心理学研究显示，当声音的基频在一定范围内时（男声不低于 96 Hz，女声不超过 261.9 Hz），音调较低的男声与音调较高的女声更加具有吸引力。①②但是，在随后的访谈中却发现，音调的提高反而使得很多被试认为老师年纪很轻，声音很"嫩"，从而可能对教师的胜任力产生了一定负面影响。因此，我们反思认为对于成熟的学习者而言，采用音调较低的声音或许更为适合，听起来更加沉稳、有力、令人信服。

（二）采用计算机语音合成

也可以采用计算机语音合成技术，即文字语音转换技术（Text to Speech，简称 TTS）。这一技术的好处是，我们可以低成本、快捷地将教学材料转换为语音材料，供学习者聆听，或者进一步加工成视频课程。过去，由于相关技术的不成熟，计算机合成语音的质量与人类声音有着巨大的差异，

---

① Fraccaro P. J., O'Connor J. J. M., Re D. E., et al. Faking it: deliberately altered voice pitch and vocal attractiveness [J]. Animal Behaviour, 2013, 85(01): 127-136.
② Feinberg, D. R., DeBruine, L. M., Jones, B. C., Perrett, D. I. The role of femininity and averageness of voice pitch in aesthetic judgments of women's voices [J]. Perception, 2008, 37: 615-623.

很难让人们接受,更别提从中学习知识了。不过,近几年,随着现代语音引擎的更新迭代,计算机合成语音正在日益贴近真人的声音,并在社会实践中得到了广泛应用。比如,我们有时会接到一些"奇怪的电话",听起来像是真人客服,给你通报一些讯息或推销产品,但是一旦交谈起来,他们的回答又常常答非所问,令人奇怪,那么恭喜你,你接到了 AI 打来的电话!在网络上,我们也常常看到很多机构在制作视频时,也已经开始采用计算机合成语音,特别是在一些新闻类、简介类、教程类的视频中。一些研究者也尝试将其运用到视频课程中,结果发现虽然在声音评价、学习效果等指标上,计算机合成语音还达不到真人声音的效果,但是相较于过去,目前的语音技术已经取得了长足的进步。①②

我们团队在实验中,也曾选择科大讯飞旗下一款比较热门的虚拟主播进行配音,制作了一则视频课程邀请大学生被试观看,结果发现计算机合成语音尽管在声音评价上受到了学习者更低的评价,但是在关于学习过程与效果的各个维度(如社会临场感、学业情绪、学习满意度、学习效果)上与真人语音相比并没有显著的差异。另外,在访谈过程中,只有很少的被试(6.5%)明确提出教师声音像是 AI;多数被试(51.6%)仅仅是略微感到奇怪,如教师个别字词的发音比较异常,但是并不确定或没想到教师并不是真人;其余被试则对此并没有特别的知觉,认为一切正常。这也从侧面表明,尽管在心理上学习者还是倾向于认为真人教师的声音更好,但是在判断上学习者越来越难发觉合成语音与真人声音的区别。因此,随着相关技术的

---

① Craig, S. D., Schroeder, N. L. Reconsidering the voice effect when learning from a virtual human [J]. Computers & Education, 2017, 114: 193 - 205.

② Erin K. Chiou, Noah L. Schroeder, Scotty D. Craig. How we trust, perceive, and learn from virtual humans: The influence of voice quality [J]. Computers & Education, 2020, 146: 103756.

继续发展，相信未来在教育领域计算机语音合成技术一定会有广阔的用武之地。

本讲结语：以貌相人不可取，精神风貌不可缺

以上我们主要是从"露脸"的角度，讨论了教师形象与在线学习的关系。实际上，关于教师形象，其实还有很多可以探讨的内容，比如在课件中教师究竟出现在哪里，出现多长时间，教师的眼睛看向哪里，教师的手指向哪里，教师形象和学习的关系，等等。从学术研究的角度，我们有时也将其统称为"教师呈现"，即教师的图像、声音等多媒体元素在视频课程中的呈现，大家可以结合本讲末尾的推荐文章进一步学习。

需要注意的是，虽然本讲提到了利用美颜、美声等技巧对相貌和声音进行处理，但是也一定要明白，本讲并不是说教师一定要长得漂亮长得帅才可以，以貌相人显然是很荒谬的。我们只是说，要在现有的条件下，发挥技术的优势，对视频课件进行一定的处理，或者能够更好地促进学生学习。比如，如果这些美颜、美声技术成熟了，我们就可以快速把之前拍摄的课件进行美化处理，把嘈杂的背景进行自动处理，把过去的劣质录音自动转换为文字，然后再合成优质的声音。

此外，本讲主要是讨论教师呈现对在线教育的影响，实际上随着人工智能技术的快速发展，教师的角色或许会发生全方位的变革，①②未来人机协同，将有助于打造可以二十四小时工作的、"无所不会、无所不能"的"超级教

①　张优良,尚俊杰.人工智能时代的教师角色再造[J].清华大学教育研究,2019,40(04)：39-45.
②　余胜泉.人工智能教师的未来角色[J].开放教育研究,2018,24(01)：16-28.

师"。① 这一部分内容如果大家有兴趣,可以结合文末推荐文章进一步研究。

展 开 阅 读

[1] 郑俊,赵欢欢,颜志强,等.多媒体视频学习中的教师角色 [J].心理研究,2012,5(05):85-90.

　　该论文基于眼动技术,详细探讨了教师形象在多媒体学习中的作用,如对学习成效、学习动机、注意的影响。

[2] 杨九民,陶彦,罗丽君.在线开放课程教学视频中的教师图像分析:现实状况与未来课题[J].中国电化教育, 2015,(06):59-63.

　　该论文对 91 门国内外开放课程教学视频进行了分析,总结归纳出当前教师图像呈现的三种基本形式:教师融合式、教师嵌入式和课堂实录式,并对教师呈现比例、教师景别、教师位置、教师体态语等方面进行了统计分析,然后提出了未来应该关注的研究课题,比如不同呈现方式中教师图像的最佳比例、教师姿势对学习效果的影响等。

[3] 王红艳,胡卫平,皮忠玲,等.教师行为对教学视频学习效果影响的眼动研究[J].远程教育杂志,2018,36(05): 105-114.

① 尚俊杰.未来教育重塑研究[M].上海:华东师范大学出版社,2020:68-71.

该论文详细回顾了视频教学中教师呈现的相关研究,并设计实验探究了教师的引导性行为对在线学习的影响。

[4]　余胜泉.人工智能教师的未来角色[J].开放教育研究,2018,24(01)：16-28.

该论文阐述了人工智能教师在未来可能承担的十二个角色：可自动出题和自动批阅作业的助教、学习障碍自动诊断与反馈的分析师、问题解决能力测评的素质提升教练、学生心理素质测评与改进的辅导员、体质健康监测与提升的保健医生、反馈综合素质评价报告的班主任、个性化智能教学的指导顾问、学生个性化问题解决的智能导师、学生成长发展的生涯规划师、精准教研中的互助同伴、个性化学习内容生成与汇聚的智能代理、数据驱动的教育决策助手。可作为本讲的展开学习材料。

[5]　张优良,尚俊杰.人工智能时代的教师角色再造[J].清华大学教育研究,2019,40(04)：39-45.

该论文指出,人工智能的发展推动了虚拟教师的出现,尽管人工智能无法替代教师,但是教师被赋予了全新的角色和定位。与传统教师迥异,教师将从"全才"转为"专才",从"教学者"转向"辅助者",从"教练"转变为"导师"。教师需要提前做好准备。

在 线 讨 论

下面是一些读者发表的读后感,大家如果对本讲有任何意见和建议,也可以扫描右侧二维码参与讨论。

对于一个本硕博以及目前工作都是教育技术专业的读者来说,在线教育是我们的一门专业必修课,因为疫情原因,目前我也在用网络授课,所以我特别关注在线教育。通过阅读尚老师撰写的"在线教育"专栏,我快速地获取了更多更可靠的研究文献,包括研究前沿、代表学者和经典著作,帮助我从广度和深度方面了解在线教育的研究和实践。

以"教师形象"这篇文章为例,我开始准备在线教学的时候确实很纠结,说不清楚自己到底抵触什么?尚老师用"露脸"来解说教师形象问题,一下戳到了我心理纠结的关键点。重要的是这让我了解了背后涉及的研究和理论,并了解了教师形象、面孔等方面的研究证据,让我知道原来这个也是有研究支持的,一下扭转了我实施在线教学的畏难情绪,不再纠结于露脸问题,而是更加注重临场感的设计,从而能够更加科学、自信、有效地开展自己的在线教学。

——广州第二师范学院教育技术系老师　董安美

作为一名大学生,尽管不像老师有在线出镜授课的烦恼,但是在日常的学习生活中,是否"露脸"同样是一件值得纠结的事情,比如,线上的组会、例会、小组讨论等。正如尚老师所分析的那样,露脸确实能够拉近人与人之间的心理距离,督促人更加认真地参与讨论,但是它所带来的心理压力,以及对自身着装、背景环境的特殊要求也是客观存在的。而这些恰恰是视频美颜、虚拟形象等图像处理技术可以发力的地方,因此,我非常期待相关技术能够尽快得到广泛的应用,帮助我们更好地将精力集中在知识的接收、交流、创造等学习活动上来。

另外,关于尚老师所提到的计算机合成语音技术的应用,我也非常赞同。由于在北京的时候,每周都要接到几通 AI 打来的骚扰电话,因此我已经对其非常敏感。而今年春节期间,我突然发现母亲接到的一个电话里,一个 AI 正在热情地向她介绍一场促销活动。我赶忙跟母亲解释这是 AI,并不是真人,但是她一点也不认可,坚持认为这就是真人。这件事情使我意识到,随着人工智能的发展,真与假的界限正在模糊,如果不是有强烈的心理暗示或敏感的判别方法,谁又能快速做出区分呢? 在教育领域,采用计算机合成语音录制的视频课程,不仅能够极大地解放教师的生产力,而且其教学效果未必不如真人录制的视频课程好。

——北京大学教育学院学习科学实验室硕士研究生　原铭泽

第五讲　如何促进在线教育中的互动[*]

　　在线教育中,学生和教师、学生和学生之间在物理空间上是分离的。因此,长期以来在线教育被大家质疑的一个重要问题就是缺乏互动。在这次疫情中,这个问题依然被屡屡提起。2020年4月2日,北师大新媒体传播研究中心和光明日报教育研究中心联合发布了《新冠疫情期间中小学在线教育互动研究报告》(以下简称《互动报告》),他们在研究中调查了全国2 377名中小学教师使用在线教育产品授课的互动形式、互动效果以及使用评价等情况。分析结果显示:对当前在线教育存在的问题,所调查老师们反映最多的问题是互动不够充分(66.8%的老师反映了该问题)。① 4月21日,《光明日报》也发布了中国教育科学研究院课题组完成的报告《"停课不停学"的中国经验和大规模在线教育的六点启示》,其中对将近18万教师、180余万家长进行了调查,其中也提到无论是教师群体还是学生家长群体,对于影响在线学习效果的最关键因素认知一致,在教育端表现为良好互动性的维持,在受教育端表现为良好注意力的维持。对于提高在线教育效果的方

---

* 本讲得到了北京大学教育学院博士研究生王辞晓和硕士研究生龚志辉、王钰茹的帮助。

① 张洪忠等.新冠疫情期间中小学在线教育互动研究报告[R].北师大新媒体传播研究中心,光明日报教育研究中心,2020. https://new.qq.com/omn/20200402/20200402A088VP00.html.

法,70.19％的受访教师认为"技术上增加教学互动性"最有帮助,占比最大。① 由此可见,互动可能是制约在线教育质量的关键因素。下面我就结合自己的教学、研究和学习经验,简要探讨一下这个问题。

一、互动为什么很重要

大家仔细想一想,为什么游戏比电影、电视更吸引人,究其根本原因,就是互动更强烈。在游戏中,玩家与计算机互动、与 NPC 虚拟人物互动、与其他玩家互动,充分调动了个体的动机、兴趣与注意力,其乐无穷。

大家再想想微信为什么这么流行,就是因为它加强了人们的互动。因为有了微信,很多人手机里都有"我们仨"这样一个小群,父母可以时刻和孩子互动交流。在没有微信的时代,有时候父母和孩子可能一个月也打不了一次电话。其实,在 20 世纪 90 年代互联网第一次高潮起来的时候,互联网的主要功能就是 BBS(讨论区)、聊天室和 E-mail,这些功能基本上都是促进互动的。那时候很有意思的事情是:有的公务员上班的时候居然会高兴地和别人讲,我在某某论坛中是版主,或者说我在某某聊天室中将谁踢了出去,就好比今天是微信群主一样荣耀。只不过那时候的互联网更多的是陌生人之间的互动,兰州大学黄少华教授称其为"陌生人之间的互动游戏"②,而现在的微信更多的是熟人之间的互动。

其实除了 BBS 和微信群以外,互联网还促进了更多的互动和交流。比如,因为有了 E-mail,世界各地的学者、学生才能够随时随地交流。再如,有

---

① 王素等.“停课不停学”的中国经验和大规模在线教育的六点启示[N].光明日报,2020-04-21(014).
② 黄少华.论网络空间的人际交往[J].社会科学研究,2002,(04): 93-97.

了博客和微博的"关注",使得粉丝追星有了另外一个渠道。原来只能到机场追着明星跑,现在可以博客上点赞发评论,侥幸抢到第一个"沙发"的粉丝简直就像得到了明星的拥抱一样。

　　除了互联网,生活中也是一样,如果你到办公室,和同事说了一句话,他停了5分钟之后,才幽幽地回答了你一句"嗯",你会喜欢这样的同事吗?你一定喜欢你刚说完,对方立刻有回应的同事。其实,这背后有理论依据的,按照马斯洛的需要层次理论,人吃饱了喝足了就会有爱、归属的需要,爱和归属就需要互动。按照马龙和莱佩尔的内在动机理论,激发人们内在动机的因素主要有挑战、好奇、控制和幻想。① 其中这个控制和互动很有关系,如果互动很好,就会让人觉得容易控制,自我效能感比较强,否则会觉得自己控制不了,就会想放弃。比如,你按一个鼠标几下,都没有反应,你是不是会崩溃呢?再如,大家可能都喜欢玩俄罗斯方块游戏,是否觉得其中控制感很强呢?让它往左,就往左;让它往右,它就往右。有研究表明,人们在其中最喜欢让小方块转圈,因为控制感更强烈。

　　回到在线教育,老师在对着镜头讲课的时候,因为看不到学生,没有互动,老师不知道讲得怎么样,学生是否能听懂,这样老师就会觉得紧张。卡斯罗(Castro)等人的研究也发现,在线课程中教师会觉得自己不能像面授课堂那样控制全场,而学生也容易忽视教师、开小差。②

　　其实互动不仅仅体现在教师紧张上,在教育中互动的重要性体现在多

① Malone, T.W. Lepper, M.R.. Making learning fun: A taxonomy of intrinsic motivations for learning [A]. //R. E. Snow, M. J. Farr (Eds), Aptitude, learning, and Instruction, Ⅲ: Cognitive and affective process analysis [C]. Hillsdale, NJ: Lawrence Erlbaum Associates, 1987: 223 - 253.

② Castro, M.D.B., Tumibay, G.M. A literature review: efficacy of online learning courses for higher education institution using meta-analysis [J]. Education & Information Technologies, 2019: 1 - 19.

方面。奇克林(Chickering)等人提到,教学成功的关键之一,在于学习者之间要有及时的互动,教师要能及时获取学生的学习反馈,并让学习者能够持续参与到互动过程当中。[①] 山东潍坊凤凰学校校长李宏伟说,线上教学互动与线下互动是不一样的,如果没有互动,线上似乎就没有了灵魂。之前影响比较大的建构主义学习理论也认为,知识不是通过教师传授得到,而是学习者在一定的情境,即社会文化背景下,借助其他人(包括教师和学习伙伴)的帮助,利用必要的学习资料,通过意义建构的方式而获得的。[②] 可以说没有互动,就没有基于建构主义的教学行为。

事实上,互动是教育者和被教育者之间建立联系的基本特征,如果把一项教育活动看成一个"工程",那么教育者和被教育者则是这项工程中的两个主要参数,互动则成为调节和控制两个参数发生相互影响的纽带。教育者通过互动把自己的教育思想、理念、态度和方法传递给受教育者,受教育者通过互动更好地同化和吸收这些知识和观念,进而将其不断整合进自己的知识结构中。因此可以说,教育活动的质量必然取决于师生之间互动质量的优劣,教育者需要根据学生的特点和知识基础,精心设计教学互动,进而促进受教育者更好地接收和吸纳自己所传授的知识和观念。

互动也是以学生为中心的教学理念的集中体现。有效的学习活动不能简单地依靠模仿与记忆,动手实践、自主探索、合作交流与迁移应用也是学生学习的重要方式。当前提倡的以学习者为中心的教学模式,就是通过构建自主、合作、互动型课堂,进而提升教学效率。这种教学方式强调学生在课堂中的主体作用,教师则主要扮演引导者的角色,通过促进学生和教师、

---

① Chickering, A.W. Gamson, Z.F. Seven principles for good practice in undergraduate education [J]. 1989,17(03): 140 - 141.

② 何克抗.建构主义的教学模式、教学方法与教学设计[J].北京师范大学学报(社会科学版),1997,(05): 74 - 81.

学生和学生之间的交流和互动,促进传统的被动、单调、封闭的教学模式,向主动、多元、开放性教学模式转变。事实上,有很多研究都在论证互动对于教学成效的重要性,这里就不再一一罗列了。

二、互动形式有哪几种

互动很重要,但是互动形式究竟有哪几种呢? 下面我们就从日常教育生活中的互动谈起。

(一)日常互动形式

日常生活包括教育活动中,互动大致包括行为互动、言语互动、眼神互动、情感互动和认知互动几种。

1. 行为互动(身体互动)

这是最基本的互动了,比如平时的握手。或者幼儿园老师、小学老师摸摸孩子的头,说"你真乖",再如课堂上老师向学生伸手示意等,都算这一层次上的互动。这次疫情我们也可以看到,很多理工科的教授,还是喜欢到教室中进行课程直播,这样他们可以把写板书的过程通过网络传递给学生。看到老师们在黑板上像往常那样行云流水地写粉笔字,甚至是老师使用黑板擦,也会让学生感到亲切,想必这样的在线课程学生将会更容易坚持下来。

2. 言语互动

言语是我们日常生活中传递信息的主要方式,是最常见的,也是最有效的互动方式,比如教师向学生提问,学生回答问题。或者师生、生生讨论问题。需要注意的是,声音的语调、语气也是言语互动的特点。声音专家朱利安(Julian Treasure)就曾在 TED 视频中分享了《谈话的艺术》和《5 种倾听的方法》。他提到"不同音域给人不同的感觉,声音低沉会使人更有说服力和权威","人们会为声音低沉的竞选者投票"。因此,教师在传递知识时的表达、组织活动时的倾听,都是为了更好地与学生进行互动。

3. 眼神互动

眼睛是心灵的窗户,其实眼神的互动是非常重要的。当然,人类中最顶级的眼神互动叫做"一见钟情",只看了一眼就定了一生。日常生活中当然没有这么多顶级的互动,但是很多时候眼神互动是非常重要的。有人讲过一个关于克林顿的例子,说他竞选的时候经常要去和选民握手,尽管和每个人握手的时间可能只有一秒,但是克林顿会用握手(互动)和眼神(互动)让这个人觉得,那一刻克林顿的世界里只有他一个人。

我当然没有克林顿的能力了,不过在我开始当老师的时候,看了一些教师礼仪的书,其中就提到,教师讲课中要认真环视到所有的学生,看每位学生的时间要适当,太长了会让学生紧张,太短了学生意识不到你在看他,会让学生感觉你的世界里没有他。

4. 情感互动

互动的最高境界是情感互动。如果你和一位陌生人一番聊天之后,走的时候对方"执手相看泪眼,竟无语而凝噎",那该是什么样的效果呢? 其实,这一点我们真应该和那些卖房子、卖车的优秀年轻人学一学,低级的销售会想办法忽悠客户,优秀的销售会用真情打动客户。

在教育中也是如此,其实,如果你仔细看看一些优秀老师的讲课,比如著名的李吉林老师等名师的课,你就会看到她们是带着对孩子们的满腔的热爱在讲课,所以孩子们也容易陶醉在他们描绘的世界中,全身心地投入到学习中。

5. 认知互动

在教学中,如果只有言语、眼神、情感互动,但是最后没能使学生学到知识,也是没有用的,这一切都是为了促进学生认真思考,积极建构自己的认知结构。

关于认知互动,有一个小故事。人们常说欧美学生喜欢互动,中国学生不喜欢互动,比如在课堂上,老师一说"谁来回答这个问题",欧美学生往往抬头举手,中国学生往往低头不语,看起来我们不喜欢互动。但是大家也发现,中国学生学得未必差啊,成绩可能反而还更好。这不是"应试"的问题,事实上,有一些学生,不管他有没有张口说,他在脑子里是和老师积极互动的。而另外一些学生,即使他很喜欢回答问题,但是他并没有认真去思考,这样的互动意义不大。①

(二)在线教学中的互动形式

在这次疫情中,广大大、中、小学老师都在努力利用各种技术促进互动。比如在我的研究生课堂中,我要求所有的学生都尽可能要"露脸",在上课过程中尽可能多提问、多讨论,课后要求学生在微信群中继续发布学习心得、展开讨论。同时也会利用 E-mail 等回复同学的问题。在基础教育实践领域,北大附小采用了在线自主学习活动,但是班主任每周会和孩子们定期视频交流(采用微信,每次 8 位孩子参加),学生都很激动。其他学科老师也会通过微信等各种方式和学生定期不定期互动,效果很好。

前面提到的《互动报告》也对疫情期基础教育领域在线教学中的互动形式进行了调查,结果发现常见的互动方式主要有 7 种:(1)提问语音连

---

① 当然,这不能一概而论,限于篇幅,就不在此展开赘述了。

麦(教师提问,学生用语音回答);(2)提问视频连线(教师提问,学生通过视频回答);(3)在线测试(教师把题目发给大家,在线答题);(4)社交媒体交流(使用微信、QQ等交流);(5)小组讨论;(6)发送弹幕(发言、留言);(7)发红包(教师给学生发积分等奖励)。在这7种方式中,教师使用最多的是提问语音连麦,占比58.1%,其次分别是提问视频连线53.8%、在线测试47.7%、社交媒体交流38.6%、小组讨论33.2%、发送弹幕25.4%和发红包6.9%。7种互动方法在各个学段中的分布如表5-1所示。①

表 5-1　各学段老师使用 7 项互动方法分布

学段	点名、提问语音连麦	点名、提问视频连线	在线测试	社交媒体交流	小组讨论	发送弹幕	发红包
小学	56.1%	49.3%	45.9%	34.7%	34.5%	19.8%	4.6%
初中	60.8%	57.1%	48.3%	39.1%	33.4%	26.3%	7.2%
高中	59.6%	57.5%	50.8%	43.0%	30.2%	33.7%	8.2%

以上讲到的主要是师生之间的互动,实际上互动不局限于人与人的互动。韩琴、周宗奎和胡卫平教授在《课堂互动的影响因素及教学启示》一文中对互动进行了比较全面的论述,他们认为可以将互动分为学习者—内容互动、学习者—教师互动和学习者—学习者互动三种形式。② 北师大陈丽教授以拉瑞兰德(Laurillard)于2001年提出的学习过程的会话模型为原型,建立了面向远程学习的教学交互模型,并由此形成了教学交互的层次塔。其中教学交互模型由三个层面组成:学生与媒体的操作交互、学生与

---

① 张洪忠等.新冠疫情期间中小学在线教育互动研究报告[R].北师大新媒体传播研究中心,光明日报教育研究中心,2020. https://new.qq.com/omn/20200402/20200402A088VP00.html.
② 韩琴,周宗奎,胡卫平.课堂互动的影响因素及教学启示[J].教育理论与实践,2008,(16):42-45.

教学要素的信息交互，以及学生的概念和新概念的概念交互。其中信息交互包括三种形式：学生与学习资源的交互、学生与教师的交互、学生与学生的交互。① 从陈丽教授的文章中可以看出，互动实际上是非常复杂的，大家有兴趣可以结合本讲末的推荐文章从更广泛的范围做进一步研究。

三、在线教学互动的优缺点

在线教学中的互动肯定有它不同的特点，接下来一起看看它的优缺点。

（一）在线教学互动的缺点

在线教育发展之初，录播授课是主要的形式，老师将录好的课程视频上传到网上，学生进行学习。这种模式下，互动主要表现为异步互动，学习者通过讨论区、留言板、邮件、课程群等形式互动，这种互动方式往往会限制互动的效率，**造成互动的缺失**。比如，在 MOOC 学习中，根据后台数据统计，很多学生几乎不在课程讨论区留言，由于选课人数太多，教师和助教也不能做到一一兼顾去主动联系这类学生。哈佛和麻省理工针对 2012—2016 年的 MOOC 开展情况进行了调研，发现仅有 5.5％的 MOOC 注册者最终获得了课程证书。② 这种异步在线课程虽然能够提高规模效益，但却忽视了教育过程中的师生交互。穆尔于 20 世纪 70 年代提出了的交互影响距离理论，该理论认为物理距离等因素会导致师生在心理产生距离。③ 虽然异步

---

① 陈丽.远程学习的教学交互模型和教学交互层次塔[J].中国远程教育,2004,(05)：24-28＋78.
② Chuang, I., Ho, A. HarvardX and MITx: Four years of open online courses — fall 2012-summer 2016 [J]. Available at SSRN 2889436, 2016.
③ Moore, M. G. The theory of transactional distance. In M. G. Moore (Ed.), Handbook of Distance Education (2nd ed) [M]. Mahwah, NJ: Lawrence Erlbaum Associates. 2007: 89-105.

的线上课程可以让学生重复观看、随时回看,但是学生总觉得自己是孤独的。

加里森(Garrison)等人的探究社区理论认为,在线教育中的教学临场感、认知临场感、社会临场感很重要。[①] 以前的异步教学临场感总是欠缺一些,目前随着视频会议相关技术的不断成熟,在线同步互动直播课程开始流行起来,教师可以看到学生,学生也可以看到老师,师生、生生之间可以通过举手发言、聊天区等多种方式进行同步实时互动,这样在一定程度上缓解了在线教育中的互动性缺失的问题。不过,相比面对面课堂中的"临场"体验,同步在线课程仍受到技术的限制,人们总还是觉得这种互动和面对面互动不一样,比如身体互动比较难进行,只能使用一些手势;眼神互动、情感互动、认知互动也都会受一些影响。

(二)在线教学互动的优点

首先,在线教学互动的形式更加丰富。在线教学融合了同步互动和异步互动,给学习者提供了丰富的互动方式,比如举手发言互动,在聊天室及时发言,课后在讨论区、微信群、E-mail 中发言等。以上课时在聊天室中发言为例,学习者可以一边听,一边在聊天区发表自己的感受、问题,教师也可以借此随时把控课堂,而在传统课堂中我们是不会允许学生随意发言的。这有点儿像现在的影视网站,可以一边看电影一边发弹幕,有很多人就喜欢这种方式。北师大张婧婧教授等人专门对弹幕学习中的学习者交互进行了分析,发现弹幕可以增加教师—学习者、学习者—学习者之间的情感交流,

---

① Garrison, D. R., Anderson, T., Archer, W. Critical Inquiry in a text-based environment: Computer conferencing in higher education [J]. Internet and Higher Education, 1999, 2(2-3): 87-105.

减少学生在网络学习中由于与他人处于不同时空而产生孤独感。①

其次,在线教学互动的质量可能更高。在传统课堂中,现在也特别提倡互动交流,但是确实也有研究发现,有些课堂互动质量实际上是比较低的。而在线教学中的异步互动,学生的压力要相对较小,更能畅所欲言,展露自己的真实想法,同时学生会有更充足的时间去查阅资料,所以对于相关问题的探讨往往会更加深入。比如之前提到的我们学院陈向明教授让学生每次课后微信群中发表几百字的感受,我后来在课堂中也学习了这种方式,发现学生们写得都非常好。还有在线教学中,因为有点赞等功能,可以让学习者快速找到优秀的讨论帖子,某种程度上也提升了互动的质量。学生能够在短时间内获得向同伴学习的机会,也能够及时将想法通过回帖的形式传递给他人,这提高了互动的效率。

再次,在线教学可以"强迫"全员互动。在传统课堂中,老师一提问,有学生站起来回答问题,老师和这位学生在互动,其实旁边还有一些学生,他们虽然没有站起来回答问题,但其实他们也在脑海中回答问题,我们说他们都在这个"互动场"中,都在学习。但是班级中是否有这样的同学,他从来不思考问题,因为他知道老师一学期可能也不会提问他一次,万一真要是被提到了,他只要简单地回答"对不起,不会",这事就过去了。但是如果要求学生都在线互动,比如在线答题,所有人的答案都记录下来了,甚至每天还给父母发一份学习报告。就算因为学生多,老师顾不上管每个人,父母也可能会看一看然后说:"孩子啊,就算全选 C 也不会得分这么低啊,你到底在学校干什么呢?"

---

① 张婧婧,杨业宏,安欣.弹幕视频中的学习交互分析[J].中国远程教育,2017(11):22-30+79-80.

最后,在线教学互动还有助于帮助内向的学生。在传统课堂中包括日常生活中,你会发现一些内向的学生通常不说话,但是我们往往会发现这些学生在网上说话更踊跃、更活跃。由此我们可以知道,其实有许多学生还是特别期望发言的,只不过可能是担心说错或者害羞等所以不发言。但是在线教学就给这些学生提供了互动的空间。教育部高教司吴岩司长在 2020年 4 月 10 日召开的"高校在线教学国际平台课程建设工作视频会"上也谈到:在实体课堂中,学生有时因为腼腆,因为不好意思,很难和老师互动,而在网上不是面对面、点对点,学生反而愿意跟老师互动,这是令人惊喜的发现。[1] 从另外一个角度,也可以说促进了教育公平,我们学院吴筱萌教授曾经对教育公平进行了系统的研究,她认为在课堂中让每一位孩子有发言的权利属于机会公平,也属于教育公平的一种。

综合以上讨论,如果我们应用得当,可能在线教学中的互动也能基本达到甚至超越传统课堂中的互动。那么,我们具体应当怎么做呢?

四、如何增强在线教学中的互动

在这次疫情中,很多老师都在探索更有效的互动方式,前面提到的山东李宏伟校长给我分享了他们学校的互动方式,她认为在线常规的线上互动包括开课前的签到,在师生互致问候后,教师要特别强调学习环境尽量独处,手机静音等;课中讨论时,时间控制会成为线上教学互动的难点,老师要像主持会议那样拟定主题、确定发言顺序、时间;课后互动应包括问卷、作业提交、组织小组学习等。作业提交要以客观题为主,主观题为辅,主观题分

---

[1] 吴岩.应对危机、化危为机、主动求变,做好在线教学国际平台及课程资源建设[J].中国大学教学,2020,(04).

解成客观题可以提高教师的工作效率。另外，在互动中要特别考虑趣味性，激发孩子的参与动机。当然，还有很多专家学者发表文章探讨了如何增强互动。这里就结合大家的观点及我自己的教学研究体会，给大家谈谈如何在在线教学中促进互动。

（一）提前了解在线教学支持平台的互动功能

常言道"工欲善其事，必先利其器"，又言道"磨刀不误砍柴工"，根据以往经验，在线教学过程中经常出现教师不熟悉课程平台所具备的功能的情况，这大大限制了有效的师生互动。所以建议各位老师花点时间了解一下在线教学平台的互动功能。这句话说起来容易做起来难，我一直以为我很了解，但是 2020 年疫情期间开始用 ClassIn 上课时，和我一起上课的迟泽准老师总是能发掘出更多更新的互动功能，让我十分意外，看来每位老师都应该不断学习研究。

事实上，除了传统的课程论坛和邮件交流之外，现在的主流在线教学平台均可以实现音视频连线、聊天互动、视频弹幕、徽章奖励和直播答题等。现在社会上不仅有网红视频博主，还有网红教师，这类教师通常都善于利于技术与学生进行互动。教师应熟练掌握这些能够促进互动的技术功能，将其适当地融入自己的教学设计和教学过程中。

除了基本的互动功能外，现在的在线教学系统也在努力"超越传统课堂"，比如"在线白板"和"在线课件"还原了线下课堂的黑板功能，讲到哪就能看到哪，可以轻松吸引学生的注意力；举手上台、视频交互、授权操作还原了线下提问答疑环节，可以满足学生课上报告的需求，促进学生及时提问、老师及时解答，大家互相分享，提升上课体验；答题器、随机提问、倒计时功能超越了线下课场景，完美地体现了在线上课的优越性；桌面共享、在线录制等功能注重细节,增加了知识传输深度,同时也可以让学习者事后反复回放。这些强大的互动功能为在线课堂弥补不足、超越面授奠定了基础,实现了学习的个性化和辅导的差异化,是满足当下学生需求的有效学习途径。

当然,任何东西都要"适当",教师在线上教学的过程中,既要充分发挥双向互动的优势,也要确保这些功能的使用恰到好处,切忌为了使用功能而设计教学活动。

(二)综合使用多种互动方式

前面提到的《互动报告》中列出了提问语音连麦、提问视频连线、在线测试、社交媒体交流、小组讨论、发送弹幕、发红包 7 种交流方式。[①] 在同步教学过程中,要特别注意综合使用这些方式。除了同步互动外,异步互动也很重要,尤其是有助于促进认知互动。所以教师要鼓励学生课前课后利用课堂讨论区、留言板、微信群、邮件等进行更多更深层次的互动。

在诸多互动方式中,**提问显然很重要**。因为提问比较容易实施,所以在《互动报告》中排名前两位的都是和提问有关的互动方式。我仔细回顾了一下自己的课堂,用的主要也是提问。但是,我们的提问是否科学,是否真的能促进学生的思考,可能需要打个问号。香港中文大学黄显华教授等人曾经对提问进行了系统的研究,他们谈到,在 1912 年,有学者通过对教师课堂提问的观察发现,教师每天提问的次数多达 395 次,而现在时间过去近百年,情况和当年似乎差不多,教师在课堂上仍然坚持提问较低层次的、以记忆为取向的问题,很少要求学生进行反思性的、创造性的或者批判性的思考。所以,为了达到促进思考的目的,在设计提问时一定要考虑这样几个问

---

① 张洪忠等.新冠疫情期间中小学在线教育互动研究报告[R].北师大新媒体传播研究中心,光明日报教育研究中心,2020. https://new.qq.com/omn/20200402/20200402A088VP00.html.

题：（1）为了达到教学目标，学生需要进行什么思考？（2）我想从学生那里得到什么样的回应？（3）如果学生能够恰当地回答问题，答案应该是什么样的？（4）如果学生不能恰当地回答问题，他们的答案又会是怎样的？（5）对于以上两种回应，我应当怎么做？①

此外，**组织有效的在线讨论也非常重要**。阿特金森（Atkinson）曾综合采用观察、访谈等研究方法对网络课堂互动进行了研究，结果显示：学习者与教师、学习者与学习者之间的互动出现频率最高。他同时指出，互动的核心是：用讨论的方法组织课堂，对教学进行特殊的指导，就问题的本质进行对话。② 西蒙斯等人综合前人实证研究得出：在线课程应通过合作学习来支持学生之间的互动，最为常见的用来巩固互动性的方法是有组织的在线讨论。教师在讨论中的促进者角色非常重要，教师应为每个学生提供及时的反馈。总的来说，相比于传统课堂，在线教学要求教师不但要将精力投入教学设计和教学内容开发，还要注重学习互动过程的设计与支持。③

此外，要特别注重**打造在线学习社区，促进学生之间的互动**。博林（Boling）等人曾指出，要为学生创造在线社区，使学生之间开展互动，这样能够有效增强学习体验。④ 我自己当年曾经用一个 BBS 讨论区带领成千上

① 黄显华，霍秉坤，徐慧璇.现代学习与教学论：性质、关系和研究[M].北京：人民教育出版社，2014：121-123.（注：如果希望系统了解提问的知识，可以阅读该书第五章。另外，该书总共包括三卷，除了提问以外，对学习和教学的方方面面都有涉及。）
② Atkinson, T. R. Toward an Understanding of Instructor-student Interactions: A Study of Videoconferencing in the Post-secondary Distance Learning Classroom [D]. Lo uisiana State Unicersity, 1999: 288.
③ 韩锡斌，王玉萍，张铁道，等.迎接数字大学：纵论远程、混合与在线学习——翻译、解读与研究[M].北京：清华大学出版社，2016：68-94.
④ Boling, E. C., Hough, M., Krinsky, H., et al. Cutting the distance in distance education: Perspectives on what promotes positive, online learning experiences [J]. Internet and Higher Education, 2012, 15(2): 118-126.

万的学习者在线学习程序设计语言,我发现最初主要是自己回答问题,但是慢慢地就有一些学习者相互回答问题。等到愿意且能回答问题的学习者到了一定数量以后(其实也不需要太多,有 10—20 个骨干就可以),这个在线社区就非常活跃了,虽然真正发言的还是少数,但是更多的人可以通过看其他人的问题和回答来学习,所以效果确实比较好。当然,如果一个班级人数有限,可能提问和回答问题的人数就会比较少,这时候教师就可以通过干预措施来促进互动。在这方面,香港大学教育学院陈高伟教授长期以来致力于线上和线下课堂对话分析研究,他和赵明明教授曾经对学生在线互动的过程进行统计建模和分析,研究学生发言和讨论的前后关联,他们发现在线互动过程中的评价、发表新观点以及提出问题等互动方式能有效增强学习效果和学生互动的积极性。[1][2]

　　另外,**还可以采用游戏化的互动方式**。关于游戏化学习,后面会仔细讲解,这里不多说了,不过确实有许多研究都表明游戏化学习可以让学习更有趣,可以激发学生的学习动机。我们之前推出的《游戏化教学法》MOOC 也采取了游戏化的教学形式,我们发现游戏化确实促进了互动。在在线教育中,运用游戏元素、游戏机制推动学生完成学习内容,是促进教育过程中的学习互动的有效途径。例如目前的在线教育平台大部分能实现随机选取学生回答问题以及限制学生答题时间,这些方法均可以提升学生在互动过程中的紧张感和紧迫感,能有效集中学生的注意力。奖励机制也是游戏化的一个重要应用,教师要善于在在线课程中有效利用积分、徽章、排行榜等激

[1]　Chen, G. W. Chiu, M. M. Discussion Processes in Online Forums. In Encyclopedia of Information Science and Technology, Fourth Edition [M]. IGI Global, 2018: 7969–7979.

[2]　Chen, G. W. Chiu, M. M. Online Discussion Processes: Effects of Earlier Messages' Evaluations, Knowledge Content, Social Cues and Personal Information on Later Messages. Computers & Education 2008, 50(3): 678–692.

励学生加强互动。但是这里需要注意的是要尽量做到激励可视化,可视化的作用不仅仅是让其他同学产生竞争的意识,同时还可以让学员看到自己的学习进展,提升对于学习进度的掌控感。除此之外,闯关思想、反馈机制、情境创设等都能有效地应用于在线教育的互动之中。当然,游戏化也不是灵丹妙药,要恰当使用效果才会更好。

当然,教师也要特别注意,**过度的互动效果可能不一定好**。比如,我以前想到什么就马上给同学发邮件,或者发微信、打电话,后来我发现这样可能也会打扰学生,如果真正以学生为中心,就不应该随便打扰他们,所以我现在坚持的原则就是:如果不是很着急,最好不要给学生打电话、发微信,可以发邮件。对于发邮件,也可以善用 Outlook 等邮件系统中的"延迟发送"功能,它可以在指定的时间自动发送邮件。大家仔细想想这个好处,在我这边这件事情已经处理完了,我不用再想着了,但是对方可以在适当的时间内收到再处理。

(三)注重教学态度和教学语言

第一,要带着感情讲。前面讲过,优秀的讲师在课堂上都是充满了对所讲知识的热情,以及对学生的热爱。在在线教学中也是如此,可能大多数时候你看不到学生,但你仍要带着感情去讲,因为学生隔着屏幕也会感觉到。我以前常跟学生讲一个例子,你在接电话的时候,最好坐起来,清清嗓子,认真地接电话,对方即使看不到,可能也会感受到你接电话时的重视程度。

第二,要看着摄像头讲。我们前面说过,眼神互动很重要。而在在线教育中,如果你不看摄像头,学生会看得不真切。所以一定要看着摄像头讲。遗憾的是,现在的摄像头往往在屏幕的边缘或旁边,有时候看屏幕就无法正视摄像头。①

当然,实际教学中也不一定完全拘泥于此,比如我们北大的知名老师陈江教授提到,他会侧坐着,看着旁边的课件,这样有助于引导学生看内容。华中师范大学杨九民教授等人曾专门研究了在线教育中教师目光应该看什么,手势应该指什么。②

第三,尽量用"你"而不是"你们"或"大家"。我以前特别喜欢说"你们""大家",但是我们在录制《游戏化教学法》MOOC 时,我们的访问学者、上海戏剧学院朱云教授建议说:因为在线教学和传统课堂不一样,通常情况下是学生自己一个人看视频,旁边没有其他同学,这时候如果说"你"会让他更有存在感,好像老师专门给他讲课一样,这样他就会更专心。我觉得这一点特别有道理,也是在线教学超越传统教学的一个点,因为在传统课堂中你很难让每位学生觉得老师在专门给他讲。

当然,以上主要是对录播课及一对一直播课程说的,如果是同学都可以彼此看到的同步互动直播课堂,也可以继续说"你们"或"大家"。

第四,尽量用口语讲课。我是比较喜欢用口语讲的,但是我以前写教材时,编辑告诉我,尽量少用你、我等感情色彩语句,要用第三人称,中性的感情去写。他的建议确实也有道理,但是我发现口语化的语言会让读者有更好的阅读体验,就像和作者对话一样。这一方面或许还可以用进化心理学解释,大家想一想,人类从诞生到现在,用书面语言用了多少年,用口语又用了多少年呢?事实上,在教育技术、教育心理学领域影响非常大的学者梅耶也曾经讲过,在多媒体课件中口语教学效果要胜于书面语。

---

① 真希望有企业生产一种摄像头,可以埋在屏幕中间,这样就可以同时看屏幕和摄像头了。

② Yang, J. Zhu, F. Guo, P., Pi, Z. Instructors' gestures enhance their teaching experience and performance while recording video lectures [J]. Journal of Computer Assisted Learning, 2020, 36(2), 189-198.

　　第五,多进行有效提问。在《互动报告》中提到,在 7 种互动方式中,提问语音连麦和提问视频连线是排名前两位的最常用的互动方式。我记得十多年前有一个教人学 windows、office 的电视片特别受欢迎,其就是通过一位老师和两位学生一问一答的方式进行讲授的。疫情期间很多中小学老师的直播或录播教学也很重视这一点,有的老师是现场提问,有的老师则是在课件中设置 1—2 位虚拟学生,通过提问回答的方式讲解内容,感觉效果很好。

　　所以在课堂上要善于通过提问学生促进互动,比如隔个 15 分钟左右就可以通过提问互动一下。当然,这些提问不能仅仅是为了互动,教师要提前精心设计,使问题能有助于学生进行思考,能促进认知互动才行。

（四）注重学习者和内容的互动

　　虽然在本讲中,我们更加关注人与人的互动,但是实际上"学习者—内容互动"、"学习者—教师互动"和"学习者—学习者"三种互动方式都能够促进在线学习的效果。[①] 所以教师也要特别注重促进学习者与学习内容的互动。

　　陕师大教师发展中心的葛文双老师在微信文章中谈到,组织学生进行在线的深度学习研讨,需要教师提供能引导学生自主学习的"脚手架"或"导学框架"。上海交大教学发展中心的邢磊老师也在微信文章中谈到,最好把讲授内容切分成 10—15 分钟的片段,在知识点之间插入互动。我们也可以看到,目前 MOOC 的在线视频大都是在这个时长范围内的,并且视频中间会弹出测试题,这样既能让学习者对知识进行强化,也能防止学生走神。我

---

① Bernard, R. M, Abrami, P. C, Borokhovski, E., et al. A meta-analysis of three types of interaction treatments in distance education [J]. Review of Educational research, 2009, 79(3): 1243 - 1289.

们系的博士生王辞晓等人,则通过教育实验探讨了不同类型的教学媒体对在线学习效果的影响,他们发现,具有交互功能的学习材料比纯视频类和文本类的材料更能够促进学生的学习。[①] 此外,学生与学习内容的交互,不仅体现在媒体形式方面,还体现在材料所提供的信息总量方面,如果信息量太大,认知负荷太重,就会对教学产生负面影响。[②]

（五）加强在线教学互动研究

如果想要更好地促进在线教学中的互动,还要继续深入开展基础研究:比如像前面提到的杨九民教授团队开展的视频课件系列研究,课件究竟怎么设计,教师究竟怎么选择站位,眼光看向哪里,手指向哪里? 再如陈高伟教授开展的课堂对话分析系列研究,教师和学生应该怎么对话才能更有助于学生的知识建构呢? 当然,还有更基础更难的研究,大家总是说在线不如面对面.我就想知道,这究竟是为什么,是人体之间真的有一种第六感觉,只有面对面才能感受到呢? 还是有什么别的原因,是否可以用脑电或磁共振技术测量一下呢? 期待学术界未来在这方面有突破性进展,从而更好地促进在线教学互动。

本讲结语:让互动更便捷、更广泛、更深入、更有效

总而言之,教师是在线互动的源头,学生是互动的主体,互动情境和

---

① Wang, C., Fang, T., Gu, Y. Learning Performance and Behavior Patterns of Online Collaborative Learning: Impact of Cognitive Load and Affordances of Different Multimedia [J]. Computers & Education, 2020: 143.

② Wang, C., Fang, T., Miao, R. Learning performance and cognitive load in mobile learning: Impact of interaction complexity [J]. Journal of Computer Assisted Learning, 2018, 34 (6): 917 - 927.

方式则是保障。未来应充分加强和发挥在线教学平台的技术优势；加强教师培训，不断提升教师在线教育的水平；注重教学语言运用，有效应用游戏化等策略调动学生的互动积极性；综合运用多种互动方式，线上线下互动相结合，从根本上促进认知互动。我相信，终有一天，线上互动能取得和线下互动同等的效果，甚至可以做到比线下互动更便捷、更广泛、更深入、更有效。

展 开 阅 读

[1]　黄少华.论网络空间的人际交往[J].社会科学研究，2002,(04)：93 - 97.

这篇文章指出网络交往是一种以"身体不在场"为基本特征的人际交往，是一场陌生人之间的互动游戏，具有一切后现代文化生态的基本特征——平面化、碎片化、无深度、审美化。

[2]　吴康宁,程晓樵,吴永军,刘云杉.课堂教学的社会学研究[J].教育研究，1997,(02)：64 - 71.

这篇文章探讨了课堂教学社会学的框架和基本理论，并探讨了我国小学课堂教学的一系列社会学特征。

[3]　叶子,庞丽娟.师生互动的本质与特征[J].教育研究，2001,(04)：30 - 34.

这篇文章指出师生互动具有教育性、交互性和连续性、网络性、组织化和非正式化相结合、非对应性、系统性和综合性等特征。

[4]　钟启泉."课堂互动"研究：意蕴与课题[J].教育研究，
　　　2010,31(10)：73-80.

　　　这篇文章对课堂互动的意蕴、关键概念等进行了分析，指出
其研究价值在于，调动一切积极因素，改变教师一言堂的状态，打造以"自
主、合作、探究"为特色的课堂。

[5]　苒琴,周宗奎,胡卫平.课堂互动的影响因素及教学启示
　　　[J].教育理论与实践,2008,(16)：42-45.

　　　这篇文章从教师因素、学生因素、教学因素三个方面，深入
分析了课堂互动的影响因素，并在此基础上提出了相应的教学建议。

[6]　陈丽.远程学习的教学交互模型和教学交互层次塔[J].中
　　　国远程教育,2004,(05)：24-28+78.

　　　这篇文章以拉瑞兰德于2001年提出的学习过程的会话模
型为原型，建立了远程学习的教学交互模型，并根据此模型形成了教学交互
的层次塔。

[7]　王志军,赵宏,陈丽.基于远程学习教学交互层次塔的学习
　　　活动设计[J].中国远程教育,2017,(06)：39-47+80.

　　　这篇文章基于以远程学习教学交互层次塔模型，详细探讨
了自主学习活动、师生交互活动与生生交互活动三类学习活动设计的原则、
策略、重点及注意事项。

[8]　钟志贤.知识建构、学习共同体与互动概念的理解[J].电化教育研

究,2005,(11):20−24+29..

这篇文章从建构主义学习环境设计的角度,详细分析了知识建构、学习共同体和互动三个概念。

[9] 张洪忠等.新冠疫情期间中小学在线教育互动研究报告 [R].北师大新媒体传播研究中心,光明日报教育研究中心,2020.(光明日报公众号)

这篇文章详细分析了于 2020 年 3 月 8 日—12 日期间对全国 2 377 名中小学教师使用在线教育产品授课的互动形式、互动效果以及使用评价等情况的调查。

在 线 讨 论

下面是一些读者发表的读后感,大家如果对本讲有任何意见和建议,也可以扫描右侧二维码参与讨论。

作为教育技术学的博士生,这次疫情让我认识到了自身所在学科所肩负的重要社会责任和使命。以往我们采用在线教学,或是为了提高规模效益,或是为了进行教学创新。疫情促使了有史以来最大规模的在线教育,这让一些教师开始接触新的教学技术,也逐渐意识到这种教学方式的可行性和创新性。

我在朋友圈中也看到不少中小学老师在利用通讯软件与学生进行互动,把优秀的学生作业放在群里点评,展开讨论,充分挖掘了互联网的功能。总的来说,辩证地思考在线课程的优势和劣势,设计互动形式、提升互动水平,需要教育实践者和研究者携手共进。这段时间以来我国各行各业为在线教育所做出的探索和努力，都将为我国教育现代化、信息化、乃至全球化发展积累宝贵的经验。

——北京大学教育学院博士研究生　王辞晓

在教育活动中，教育者通过互动把自己的教育思想、理念、态度和方法传递给受教育者，受教育者通过互动更好地同化和吸收这些知识和观念，进而将其不断整合在自己的知识结构中，因此我们说互动非常重要，互动分为哪些形式，有什么特点，我们如何有效增强在线教育中的互动，这些问题我都在这一讲中找到了解答。作为一名学生，我深刻地体会到在在线教育的过程中，课堂互动对我学习注意力的影响，互动丰富的课堂，我会时刻注意教师在讲什么，紧跟教师的思路进行思考并在这过程中试图加入自己的理解，这对于我们将新知识进行建构，同化都有很大的正向影响。随着技术条件的不断成熟，在线教育中的互动形式也越来越多样，这不仅能帮助教师更有效地开展教学活动，更能充分调动学生在课上的注意力和积极性。提升教师在线教育的水平，充分发挥学生在在线教育中的主体性作用，采用游戏化的教学策略，合理选用适当的互动形式，这些都是在在线教育中我们应该关注的问题。同时，这一讲的内容也让我认识到，在在线教育中选择合适的互动形式很重要，面对不同的受众，不同的教学内容，教师要争取做到个性化的互动设计，同时学生在这一过程中也要积极配合！

——北京大学教育学院学习科学实验室硕士研究生　龚志辉

第六讲　如何看待在线教育中的学生角色*

　　很多读者希望我谈谈在线教育中的学生角色,学生到底在网上干些什么,怎样才能让学生更好地发展呢?

　　想到这个问题,我就想起来自己经常思考的一个事情,每一个一二年级的孩子学习成绩看着都不错,但是到三四年级就下去一批,到五六年级又下去一批,到初中、高中又下去一批,结果家长也一步步从满怀希望到失望到绝望,究竟是什么原因呢? 孩子们在学校的十二年学习生活中,到底都发生了些什么呢,他们都做了一些什么呢,为什么成绩就下来了呢? 要是在以往,即使是专业人士,想彻底搞清楚也困难。而在线教育却恰恰有一个好处,就是能把学习行为都记录下来,就给我们提供了一个机会,可以自动半自动地去分析这些行为,了解学生们在网上做些什么?

　　下面首先结合我自己做过的一个研究谈谈学生在在线学习行为有什么特点。

一、学生在线学习特征：亲身感受

　　2004 年,我到香港中文大学教育学院,师从李芳乐、李浩文、林智中教授

*　本讲得到了北京大学教育学院学习科学实验室硕士研究生张媛媛、何奕霖的帮助。

攻读博士学位,并参与了两位李教授提出的虚拟互动学生为本学习环境(简称VISOLE)的研究项目。① VISOLE 是一种游戏化学习方式,在这种学习理念的指引下,研究团队开发出了一个名为《农场狂想曲》(Farmtasia)的教育游戏②,每组或每位同学可以在其中创建一个在线模拟农场,通过管理农场来学习相关知识,锻炼问题解决等能力。该项目开发完毕后,我们在香港进行了实验研究,采用了个案研究的方法,希望能够重点了解同学在 VISOLE 中的学习行为。

本讲无意展开介绍游戏化学习,只是想借这个例子分析学生在线学习行为特点,我们当时的分析方法稍微特殊一些,因为两位优秀的研究助理王国鸿(Marti)和陆晋轩(Eric)开发了一个重播功能(Replay),它可以像录像机一样完整记录每一个同学在游戏中的绝大部分操作,利用它就可以查看同学在游戏中的实际操作,并可以像播放影片一样重播他们的游戏过程,再加上同学撰写的游戏日志、最后递交的游戏报告、访谈、观察资料等其他资料,就可以对研究对象进行比较深入全面的分析。

当时总共 200 多名学生参与实验,利用重播功能,并结合他们的日志等资料,我们从中逐步聚焦关注了 20 多位同学,其中有 4 位比较具有典型代表性的同学,下面简要介绍一下。③

(一) A 同学:从差生到优胜者

A 同学是一个非常聪明的同学,但缺乏学习动机,因此成绩比较差。而

① 尚俊杰,庄绍勇,李芳乐,李浩文.虚拟互动学生为本学习环境的设计与应用研究[A].//汪琼,尚俊杰,吴峰.迈向知识社会——学习技术教育变革[M].北京:北京大学出版社,2013.
② Cheung, K.F., Jong, M.S.Y., Lee, F.L., Lee, J.H.M., Luk, E.T.H., Shang, J.J., Wong, K.H. FARMTASIA: an Online Game-based Learning Environment Based on the VISOLE Pedagogy [J]. Virtual Reality, 2008, 12: 17 - 25.
③ 尚俊杰,庄绍勇,李芳乐,李浩文.游戏化学习行为特征之个案研究及其对教育游戏设计的启示[J].中国电化教育,2008,(02): 65 - 71.

VISOLE 的学习情境的"真实性"和游戏的竞争性、挑战性等特性激发了他的学习动机,使他积极认真地参与了整个学习活动,并在游戏中取得了优异的成绩,从而在 VISOLE 中实现了"从差生到优胜者"的转变。

结合他的游戏操作和游戏日志等资料,可以看出他具有如下特点:(1)既勤奋又认真。A 同学是非常勤奋的,同时也以一种非常严肃认真的态度对待游戏。(2)既有计划又能随机应变。A 同学在第一回合就已经有清楚的计划,同时他能够随机应变各种灾难及突发事件。(3)认真查看资料。在本实验中,很多同学不太愿意阅读用户手册,而更喜欢在游戏中学习规则,但是 A 同学相对来说更注意阅读有关资料,所以避免了无谓的失误。(4)不断反思。从重播和游戏日志中可以看出,他非常善于反思和总结,并努力将上一回合的经验应用到下一回合中。(5)努力钻研和勇于创新。从重播中,研究者注意到在第六、七回合的时候,他已经不再单纯为了积分排行榜,而是在好奇心的驱动下,"希望去尝试不同的事物,希望在实际中探索",即使为此影响成绩排名也不在乎。

(二)B 同学:永远都是优胜者

B 同学是深受老师、家长喜欢的传统的优秀学生,聪明、好学、认真和努力。在 VISOLE 中也一样,她认真积极地参与了整个学习活动,并且也取得了优异的成绩,堪称"永远都是优胜者"的典范。

而从重播和其他数据看,她具有如下的特点:(1)和 A 同学一样,她也具有勤奋和认真阅读资料的特点,而且做得更好。(2)反思深刻。每一次出现问题,她都能深刻反思,并系统解决问题。(3)计划、应变和决策能力极强。该同学的计划性比 A 同学更强,她不仅计划下一回合的管理,甚至计划到下下回合的管理。而她在应变过程中表现出来的决策能力也让我大吃一惊。比如，她知道小麦在游戏中比较值钱，小麦又必须准时种植，所以为了准时种小麦，她宁愿提前收割尚未成熟的生菜，这就是"壮士断腕"的能力。

除了以上特点之外，B 同学也具有认真思考、努力钻研、重视知识等特点。不过，相对于 A 同学来说，她在创新方面则有所不足，比如，她在几个回合中种植的基本都是自己比较熟悉的、生长期最短的白菜、生菜和黄瓜，这一点和 A 同学后期锐意尝试各种不同的作物显然不太一样。所以 B 同学未来可能需要在创新方面下功夫。

（三）C 同学：努力过就不后悔

C 同学是一位比较内向的同学，他的平时成绩比较差，而他在 VISOLE 中尽管也很努力，但是成绩仍然比较差，不过他却能够以坦然的心态面对失败，或许可以称为"努力过就不后悔"。

从重播和其他资料看，他的成绩之所以远远低于其他同学，主要是如下原因：（1）没有一定的计划性，总是在随意操作。（2）更多采用"试误"的策略而不是认真地分析问题、解决问题。（3）不善于将反思的结果应用到下一回合中。（4）不善于协作学习。他是一个非常内向的同学，沟通能力不强，因此平时主要依靠自己学习。而在 VISOLE 中也如此，尽管他也访问别人的 Blog，但是只是想知道别人做了什么，很少从中得到启发。

从总体情况看，由于该同学不注重参考资料和与人协作，而主要靠自己在游戏中"试误"，因此成绩不是很好。不过也要看到他的管理技巧确实也在缓慢提高。另外，他还有一个非常特别的表现，在游戏中作物生病以后，大部分人都是有病治病，有的能治好，有的治不好，作物就死了。他治了两次都没能治好，后来他决定作物有病立即提前收割出售，能赚一点儿是一点儿。虽说这在游戏中是错误的做法，但是这个想法确实是新颖和独特的。从这里也可以看出，每位同学都有闪光点，我们需要找到每位同学的闪光点，并去帮助放大他的闪光点。

（四）D同学：只差一点点

D同学是一位深受老师同学喜欢的模范学生，平时学习成绩也比较好，在游戏中成绩也比较好，或许可以用"只差一点点"来总结。

对于D同学，首先要肯定他的积极行为：他是非常勤奋的，如果单从操作数目看，他比前面的3位同学都要多；他也非常善于听取别人的意见，总是不停地去问别人；他也在不断地反思，比如考虑赚钱多少就逐渐调整牛羊数目；他也逐渐能够区分任务的重要性，比如感觉牛羊不赚钱就逐渐减少管理，感觉果园赚钱就大力加强管理；他管理农场的水平也在逐渐提高，比如应对农作物虫害和疫病越来越熟练。

不过，也要正视他存在的缺陷：（1）勤奋但是不够理智。（2）反思但不够深入。可以看出他在不断地反思，但是却不够深入和全面。（3）协作但不够有效。在访谈和游戏日志中，他都表示自己面对问题时经常会问同学。就此来看，他比C同学要善于协作学习，但是从分析看，他只是简单地咨询同学问题，而同学也只是简单地告诉他一个一个孤立的知识点，并没有给他一个完整的答案，也没有通过讨论彻底、全面地理解问题。

我当时分析完这些数据以后，其实还是挺有感触的，不仅理解了学生在线上是怎么学习的，也可以看出学生在线下是怎么学习的。生活中我们也经常碰到一些学生，今年考试差一些分，复读了一年还是差这么多，为什么没有大幅度的提高呢？还有一些同学很勤奋，很努力，也不笨，所以能成为中上学生，但是为什么成不了上等学生呢？或许也是这个原因吧。当然，以上四类学生并不一定能代表生活中的全部学生,但具有一定的代表性。

二、学生在线学习行为特征、行为类型及影响因素

上一节讲了我自己经历过的一个案例,可能会有偏颇性,这一节我们就对更多的文献进行调研,看看学生在线学习行为究竟都有哪些特征。

（一）在线学习行为特征：电子教学资料使用

通常在在线教育中,学生的主要学习内容就是视频和文档课件。比如在 MOOC 的学习过程中,学生主要通过看视频来学习课程的主要内容,浏览课程提供的一些文档资料作为学习补充。不同的学生在这些学习行为表现方面存在很大的差异。比如有的学生在课程视频上的行为投入比较多,在其他方面学习行为较少;有些学生则在学习讲义、课程文档上的行为投入较多。这两类就是陈等研究者 2017 年在基于学生对课程资源的使用发现中的：视频观众、讲义收藏家这两类学生。[①] 此外,针对学习材料收集这类行为特征,安德森等人在 2014 年的研究中也定义了"收集者"这样一类学生。[②]

有的课程会提供一些测验,用来检查学生的学习成效,也有课程会把这些测验计入最后的课程成绩。当然,老师是希望学生首先认真学习,然后再接受测验的。不过,有一类学生一进入课程就奔着这些任务去了,先做测

① Chen, B., Fan, Y., Zhang, G., Wang, Q. Examining motivations and self-regulated learning strategies of returning MOOCs learners [A]. International Learning Analytics & Knowledge Conference. ACM, 2017: 542 – 543.
② Anderson, A., Huttenlocher, D., Kleinberg, J., Leskovec, J. Engaging with massive online courses [A]. International World Wide Web Conference. ACM, 2014: 687 – 698.

验,然后再去看课程资料。很多研究都发现了这一点,比如阿罗拉(Arora)等人发现的绩效偏爱者①以及张媛媛和李爽等人发现的绩效访问模式②。

(二)在线学习行为特征:论坛或讨论区的使用

传统的课堂有黑板、粉笔、练习册等教具;而对于线上教育而言,论坛或讨论区则是一个有特色的教具,在这里,学生可以和其他学生、教师进行沟通,这个过程可以帮助学习者更好地理解课程内容。著名的在线教学平台,如中国大学 MOOC、Coursera、Edx 等,都具备相应的讨论区或论坛,学生可以通过发帖的方式回答老师的问题、提出自己的疑问、表达自己的观点或者回复别人的帖子进行部分自主学习。受新冠肺炎影响,2020 年春季学期北京大学部分课程也采用了直播平台+北大教学平台的方式进行授课,教师在教学平台的讨论区上传特定的问题让学生回复,而学生在回复的时候也完成了对课程的预习或者复习,也可以通过观察同学的回复,对自己的知识进行查漏补缺。所以当我们在讨论线上教育的时候,除了关注直播、录播等传统意义上的教学过程,论坛其实也是一个值得关注的教学场景。

论坛的使用可以成为学生的线上学习特征之一,部分研究发现有的学习者善于利用论坛来寻求问题答案,例如陈等人定义的寻求者③以及安德森等人发现的求解者④。同时,也有研究发现,积极参与的论坛的学习者有

---

① Arora, S., Goel, M., Sabitha, A. S., Mehrotra, D. Learner groups in massive open online courses [J]. American Journal of Distance Education, 2017, 31(2): 80-97.

② 张媛媛,李爽. MOOC 课程资源访问模式与学习绩效的关系研究[J].中国远程教育,2019,(06): 22-32+93.

③ Chen, B., Fan, Y., Zhang, G., Wang, Q. Examining motivations and self-regulated learning strategies of returning MOOCs learners [A]. International Learning Analytics & Knowledge Conference. ACM, 2017: 542-543.

④ Anderson, A., Huttenlocher, D., Kleinberg, J., Leskovec, J. Engaging with massive online courses. International World Wide Web Conference. ACM, 2014: 687-698.

较好的学业表现。例如,乐惠骁等人的研究对中国大学 MOOC 平台上《翻转课堂教学法》里 17 204 名学习者的行为日志数据进行分析,他们总结了慕课学习者的行为模式,发现优秀的慕课学习者通常会积极地参与和回答教师的提问,也会积极地参与论坛的交流;这些优秀的学生相比于表现不怎么好的学生,在参与论坛互动方面所花时间占学习总时间比较多。[①] 凯耶(Kayer)等研究者通过质性研究发现,网课学习者可以根据讨论版中的沟通意愿分为三类:强沟通者、常规沟通者以及"独狼"(指不愿意沟通的学习者),"独狼"往往容易放弃慕课学习。这时,如果教师可以通过论坛等方式引导学习者进行有效的沟通,往往可以提高学生的学习动机和学业表现。[②]

　　为什么使用线上论坛会提高学生的学业表现呢? 这其实是一个复杂的问题,需要从心理学或者社会学的角度仔细分析。罗(Luo)等人提出了线上教学中学生的"社区感"(sense of community)概念。人和人因为各种原因聚在一起,就形成了"社区",而"社区感"某种程度上就是来形容个体对其他同伴和集体的归属和依恋,这种感情可以促进成员持续参与社区的活动。在在线教育的场景里,网络环境中的社区感给了学生一种独特的身份和施加影响的可能性。结合"马斯洛需求理论"来讲,社区感某种程度上可以满足学生安全感、归属感以及自我实现的心理需求,所以最终提高了学生对网课的参与感以及责任感。[③] 当然可以用于解释的理论还有很多,也有很多可以继续研究的地方。

---

① 乐惠骁,范逸洲,贾积有,汪琼.优秀的慕课学习者如何学习——慕课学习行为模式挖掘[J].中国电化教育,2019,(02):72-79.

② Kayser, I., Merz, T. Lone Wolves in Distance Learning? An Empirical Analysis of the Tendency to Communicate within Student Groups [J]. International Journal of Mobile and Blended Learning. 2020, 12(1):82-94.

③ Luo, N., Zhang, M., Qi, D. Effects of different interactions on students' sense of community in e-learning environment [J]. Computers & Education, 2017:115.

（三）在线学习的影响因素

从前面的论述中可以看出，某种程度上，在线学习中学生的自由度更高，因而会呈现各种不同的行为特征，当然，不同的行为可能会导致不同的学习结果。例如我们学院贾积有、汪琼教授等人曾经针对北京大学 6 门MOOC 课程的 82 352 位注册学员的学习行为数据进行了分析，研究结果表明，取得了期末成绩的学员的学业成绩与在线时间、观看视频次数、观看网页次数、浏览和下载讲义次数、平时测验成绩之和、论坛参与程度（发帖、回帖）呈正相关关系。[①] 同时，曾嘉灵等人对 MOOC 学习者的研究发现，成绩优秀学习者相比于合格学习者具有积极参与学习活动、课程内容完成主动性强等行为特征。[②] 在线上教学的过程中，学生的学习过程可以以数据的形式储存在平台上，通过对数据的整理和分析，教师可以更好地把握学生的学习状态和进程，甚至可以预测学生未来的学习情况，做出更个性化、更有侧重的干预。例如约瑟夫（Youssef）等人基于学生人口学特征、论坛使用度、测验分数等指标用机器学习的方式训练出了一个预测模型，该模型可以辅助教师预测学生未来的学习表现。[③]

过去几年对在线学习行为研究非常多，这里不再一一罗列，如果要总结一下，就会发现，能体现学生自主学习能力的学习行为对学习效果的影响较大，下面我们就谈谈学生的自主学习能力。

[①] 贾积有，缪静敏，汪琼.MOOC 学习行为及效果的大数据分析——以北大 6 门 MOOC 为例[J].工业和信息化教育，2014，(09)：23 - 29.
[②] 曾嘉灵，欧阳嘉煜，纪九梅，王晓娜，乔博，曲茜美.影响 MOOC 合格学习者学习效果的行为特征分析[J].开放学习研究，2018，23(06)：1 - 9.
[③] Youssef, M., Mohammed, S., Hamada, E.K., Wafaa, B.F. A Predictive Approach Based on Efficient Feature Selection and Learning Algorithms' Competition: Case of Learners' Dropout in MOOCs [J]. Education and Information Technologies. 2019，24(6)：3591 - 3618.

（四）学生的自主学习能力

学生的自主学习能力主要有以下几个方面：

首先就是学习管理方面，有些学生非常关注一些管理型的内容信息，比如课程的公告、学习平台发布的提醒信息等。比如我们在对于课工场自适应学习平台中在线学生的行为序列探究中发现，学生查看消息的这一行为是行为转换网络中最为中心的行为。

其次是对学习内容的选择方面，学生在看视频时，最常出现的几种行为就是：暂停视频、拖拽视频进度条、选择倍速播放。这几种行为体现了学生对于学习内容以及学习速度的主动性选择。我们在对在线学生的行为序列探究中也发现，相比于低效率组来说，高效率组的学生在看视频时更偏向于采用选择性倍速播放的方式，在不同学习内容上针对性地采取不同的学习速度。

然后是学习规律性方面，学习 MOOC 的学生在学习规律性上面存在很大的差异，有些学生会根据课程发布时间，固定好每周的学习时间，而有的学生则是采取有空则上线学习或者什么时候想起来了就什么时候学的方式。有规律性地学习不仅是一个好的学习习惯，而且还有助于提高学习成效。比如有研究者在 2016 年对 LMS 在线课程中影响学生成绩的行为指标的探究中，采用定期学习体现学生学习的规律性，最后发现定期学习是学生学习成绩的最强预测因子。[①]

最后是学习拖延方面，无论是线下课堂学习还是在线学习，都会存在具有"拖延症"的学生。比如在一些定期发布学习内容的 MOOC 中，有些学生

---

① You, J.W. Identifying significant indicators using LMS data to predict course achievement in online learning [J]. The Internet and Higher Education, 2016, (29): 23 - 30.

会在课程发布的第一时间就开始学习并完成作业,而有些学生可能要等到快到作业提交的截止时间才开始学习。大量的实证研究也表明了拖延对学习成绩具有负面的影响。塔克曼(Tuckman)的研究不仅证实了在网络学习中,拖延者的表现比非拖延者差,而且还证实了相比于传统的学习环境,网络学习环境中拖延与成就之间的负相关关系更强。①

上面这些有关在线课程中学生学习行为特征的研究,使我们看到学生方方面面的自主学习能力,同时也让我们知道,在在线课程的学习中,学生的自主学习能力能极大地影响学生的学习效果。

三、怎样促进学生的在线学习

了解行为特征不是最终目的,最终目的是我们怎么去帮助学生,提升他们的在线学习成效,下面就结合以上所述及我自己的心得体会谈一谈。

(一)学生应该怎么办

首先,就是要培养自己的自主学习能力。前面刚说过,自主学习对在线学习成效影响非常大,其实,在传统教学中也是如此。我经常和别人讲,真正考上北大清华的学生自主学习能力都是非常强的,靠老师和家长催促、帮助是不太可能的。

所谓自主学习,一般指学习者自己确定学习目标、选择学习方法、监控学习过程、评价学习结果的学习过程②。自主学习看起来简单,其实也挺复

① Tuckman, B.W. Relations of academic procrastination, rationalizations, and performance in a web course with deadlines [J]. Psychological Reports, 2005, 96(3), 1015-1021.
② 单美贤,李艺.虚拟实验原理与教学应用[M].北京:教育科学出版社,2005.

杂的，华东师范大学庞维国教授之前对自主学习进行过长期而全面的研究，大家有兴趣可以去进一步参考研究。个人建议，就是要懂得设定自己的学习目标，规划自己的学习时间，管理自己的学习过程。

其次，要善于利用在线教育资源。大家想一想，现在不管你在哪个学校读书，其实都可以接触每一个学科最优秀的教育资源，那么同学们能否在听本校老师讲课之余再上网听听北大、清华、哈佛、麻省理工……等学校的课呢？如果你能坚持下去，相信未来可能比名校的学生还要优秀。但是现状是什么呢？虽然有研究表明在线教育可以促进优质资源共享，弥补教育鸿沟，缩小学业成就差距。① 但是也有研究表明：MOOC虽然通过开放性和大规模的优势使弱势群体获得了更多接触优质教育资源的机会，但是却更多地使那些优势群体获益，包括高学历人群、发达国家中年龄偏大的人群，以及英语非母语国家中语言能力好的人群。② 哈佛大学汉森（Hansen）教授和麻省理工学院瑞迟（Reich）教授发表在《科学》中的文章中，通过分析2012年至2014年期间哈佛大学和麻省理工学院的68门MOOC课程的数据，发现MOOC和类似的在线学习方式可能会加剧、而非缩小与社会经济地位相关的教育成果差异。③ 简单地说，越好的学校，越优秀的学生，越善于利用在线教育，所以提升的就越快，而一些差学校、差生因为不善于利用（或者就不用）在线教育，结果相对差距还越来越大，呈现强者愈强、弱者愈弱的"马太效应"。

再次，要不断提升自己的信息素养。所谓信息素养，指的是能够判断什

① 徐欢云，胡小勇.信息化促进基础教育公平：图景、焦点与走向[J].现代远距离教育，2019，(06)：29-34.
② 许亚锋，叶新东.慕课促进教育公平：事实还是假象？[J].现代远程教育研究，2018，(03)：83-93.
③ Hansen, J. D., Reich, J. Democratizing education? Examining access and usage patterns in massive open online courses [J]. Science, 2015, 350(6265): 1245-1248.

么时候需要信息,并且懂得如何去获取信息,如何去评价和有效利用所需的信息。

人类进入互联网时代以后,我们不断听到需要提升信息素养、数字素养甚至人工智能素养等。这次疫情期间开展的大规模在线教育实验让我们再次看到,提升学生(乃至全民)信息素养真的很重要。比如是否每一个学习者都能够熟练运用搜索等技能找到合适的资料,运用 E-mail、微信等手段和合适的人联系,运用各种技术工具完成作业。关于信息素养,华中师范大学吴砥教授团队一直在开展相关研究①,大家有兴趣可以进一步去学习。

最后,要学会"数字化学习与生存"。这次因为疫情,所有的学生被迫必须进行在线学习,那么有人就会想,疫情结束以后,我是否就可以不用这些呢? 我想先回答一下,如果你不希望被未来的世界淘汰,就必须继续努力掌握数字化学习、生活和生存技巧。

20 世纪 90 年代,麻省理工学院的尼葛洛庞帝曾出版过一本书——《数字化生存》,其中主要谈的就是数字时代对人类的冲击和影响。受这本书启发,我 2008 年开始在北大面向本科生开设了《数字化学习与生存》公选课,就是讲授如何利用数字化技术开展研究、写作文章、进行报告、社会学习、甚至网上创业等,应该说在选修课中还是比较受欢迎的,很遗憾的是后来工作繁忙就暂停了(超星平台上还有这个课程的视频)。最近几年,以色列学者尤瓦尔写的《人类简史》更是给我们描绘了一个难以想象的未来社会。

有关部门其实也很重视,联合国教科文组织发行的《学会生存》一书中提出的教育的四大支柱——学会做人、学会做事、学会学习和学会与他人共

---

① 吴砥,许林,朱莎,杨宗凯.信息时代的中小学生信息素养评价研究[J].中国电化教育,2018,(08):54-59.

同生活的终身教育思想。就本讲来说,大家要特别关注其中的学会学习,尤其是学会在线学习,学会混合学习。

（二）教师应该怎么办

在关心帮助学生成长方面,教师除了要像前面讲过的精心设计课程、注重教师呈现、注重互动等方面外,还需要做一些什么吗?

首先,要了解学生的在线学习行为特征。这方面可以借助教学平台软件功能,结合相关研究,了解和理解不同学生呈现的行为特征,了解线上学习和线下学习学生行为的差异。

其次,要注重教学过程管理。前面讲过,在线学习中学生更自由,就可能有"划水"①等学习行为发生。虽然我们鼓励学生培养自主学习能力,但是总是有学生管不住自己。所以要经常给学生发一些通知、提示信息,划定一些交作业的时间节点,给予学生及时的反馈。

再次,要针对性地给予支持,促进个性化学习。在线教育的一个优点就是可以给不同的学生不同的爱,给予学生个性化的学习支持,虽然老师可能比较累。比如,第一部分中讲过四名具有代表性的同学,对于 A 同学这一类很聪明但是不爱学习的同学,一方面要多做思想工作,一方面要多提供能吸引他兴趣的学习任务,并注意让他将学习动机迁移到日常学科学习中。对于 B 同学这一类永远都是优胜者的典型,当然不用太操心,但是一定要注意给他们更高要求的学习任务,另外,要促进他们有意地进行创新。对于 C 同学,一方面要了解他的缺点,给予个性化支持;另一方面要发现他的闪光点,和家长联手培养他在某方面的特长。对于 D 同学,就是要促进他的深刻

———————————

① "划水"现在泛指上学、上班期间的偷懒行为。

反思和深度协作学习。

最后，我还想为教师们再说几句，如果未来人工智能确实会让很多人失业，如果我们认为应该给学生更好的支持和帮助，如果我们有条件的话，那么未来一方面可以采取小班化教学（比如 15—20 人），一方面可以给每位教师配备一位教学助手，或许这样能显著提升教学成效。

（三）家长应该怎么办

经常在网上看到很多家长发帖子，发抖音，说快被孩子的在线教育逼疯了，很多人都乐。但是事实上开展在线教育，家长确实需要做更多的工作。当然，对于大学生家长来说，基本上不需要太管了（可能也管不了了），这里主要说的是中小学家长。

首先，做好后勤员、服务员。 开展在线教育，首先就要有相关设备，良好的网络条件，随时的技术支持，这些都需要家长来帮忙完成，尽量不要因为这些事情影响孩子的学习情绪。

其次，做好监督员、管理员。 和前面对老师讲的一样，尽管我们希望培养孩子的自主学习能力，但是还是要做好监督和管理工作，一方面监督孩子按时上课，认真完成作业，一方面也要监督孩子正确使用互联网，不要访问一些有害的资源。

再次，做好孩子的学习伙伴。 如果有条件，可以跟孩子一起学习，其实现在孩子们的学习资料都是很丰富的，也是很好看的，大家可以安静地享受一下读书生活，还可以顺便回顾一下自己的童年、少年时代。大家要想一想，这是一次多好的终身学习机会，学习知识，培养能力，提升一下自己的信息素养。

谈到终身学习，多说几句，终身学习现在已经成为整个社会的共识，可是如何推广呢？我有一次在和时任深圳罗湖区教育局局长的王水发博士(现任深圳市教育局副局长)讨论家庭教育时,我们想到或许可以打造一个家长学习平台,满足家长渴求学习如何教育孩子的需要,将家长拉到这个平台中,然后逐步推给家长更多的学习内容,或许可以逐渐打造终身学习平台。这次疫情期间开展的在线教育或许是一个契机,希望有条件的地区抓住机会,借此打造终身学习社会。

本讲结语：培养自主学习能力,适应未来社会需求

总而言之,青少年是祖国的未来,我们一切努力,都是为了让他们发展的更好,我相信,在这个信息时代,线上线下相结合,一定能够给他们更好的学习支持,更好的发展机会。也正是因为这样,培养学生的在线学习能力已成为非常重要和非常紧迫的事情。

展 开 阅 读

[1]　尚俊杰,庄绍勇,李芳乐,李浩文.游戏化学习行为特征之个案研究及其对教育游戏设计的启示[J],中国电化教育,2008,(02)：65-71.

该论文详细介绍了第一节讲的在游戏化学习研究结果,大家阅读并更仔细地了解每类同学的学习行为特征。

[2]　魏顺平.在线学习行为特点及其影响因素分析研究[J].开放教育研究,2012,18(04)：81-90+17.

这篇文章以 9 369 名电大新生学习时所产生的登录数据、资源浏览数据和形成性考试数据为分析对象,采用数据挖掘的方法得出了登录、资源浏览、作业、测试等在线学习行为的特点及其影响因素。

[3] 姜蔺,韩锡斌,程建钢.MOOCs 学习者特征及学习效果分析研究[J].中国电化教育,2013,(11):54-59+65.

这篇文章基于相关文献,对 MOOCs 学习者的学习特征、学习效果和学习动机进行了系统分析,归纳了 MOOCs 学习者的六种学习动机,总结了四种学习者必需的开展 MOOCs 学习的能力,最终对 MOOC 课程的学习者和教学者提出了提升 MOOCs 学习效果的建议。

[4] 贾积有,缪静敏,汪琼.MOOC 学习行为及效果的大数据分析——以北大 6 门 MOOC 为例[J].工业和信息化教育,2014,(09):23-29.

这篇文章对北大 6 门 MOOC 课程的 82 352 位注册学员的学习行为数据进行了汇总与分析,试图发现课程层面上学员的网上学习行为及其对学员学业成绩的影响。

[5] 傅钢善,王改花.基于数据挖掘的网络学习行为与学习效果研究[J].电化教育研究,2014,35(09):53-57.

这篇文章以 2 801 名学习者作为研究对象,以数据库数据作为网络学习行为特征数据来源,采用数据挖掘方法与统计学方法对网络学习者的行为特征进行定量分析,并探讨了网络学习行为特征与学习效果的关系。

[6]　胡艺龄,顾小清,赵春.在线学习行为分析建模及挖掘[J].
　　　开放教育研究,2014,20(02):102-110.

这篇文章从数据挖掘与领域应用、学习行为及行为分析、网络行为分析模型三个角度对在线学习行为可能的应用方向进行了综述研究,探讨了学习者的在线学习行为的建模机制,建立了数据、机制、结果三层次模型,并从网络挖掘的角度对学习数据进行了模式分类与解析。

[7]　牟智佳,武法提.MOOC 学习结果预测指标探索与学习群
　　　体特征分析[J].现代远程教育研究,2017,(03):
　　　58-66+93.

这篇文章以 EdX 平台上一门 MOOC 课程的学习行为数据为研究对象,对学习结果预测指标进行了详细探索,并将 MOOC 上的学习群体分为三类,分别是以视频学习和学习评价为主、以互动交流为辅的学习群体;以视频学习和文本学习为主、以评价参与为辅的学习群体,以及以文本学习和学习评价为主、以互动交流为辅的学习群体。

[8]　张志新,张心祎,高景,王陆.中小学生网络学习环境使用
　　　时长与心境状态的关系[J].电化教育研究,2018,39
　　　(12):44-49.

这篇文章采用简式 POMS 量表对 553 名中小学生进行了为期一年的跟踪调查,分析了他们使用网络学习环境的时长与心理的关系,并给出了使用建议。

在 线 讨 论

下面是一些读者发表的读后感,大家如果对本讲有任何意见和建议,也可以扫描右侧二维码参与讨论。

在此次疫情期间,我也成为了一名"在线"学生。作为一名从本科到研究生都学习教育技术的学生,对在线教育其实并不陌生,但第一周在网络上与老师同学见面时,也不免感到既好奇又兴奋,甚至闹出一些笑话。但是慢慢地,我们都适应了这样的学习方式,甚至开始更多地探索在线学习和合作学习的新工具、新方式,比如我们会通过石墨在线文档、ZOOM视频会议等进行小组讨论,在平台上发帖交流等。

正如尚老师在这篇文章中所说的,自主学习能力既是在线学习成功与否的关键因素,也是在线学习的成果。当然,除了学生自己,在线学习的成功离不开学校、教师和家长等多方努力。在这次疫情中,学院为每个老师配备了助教,并对助教提前进行了技术培训,上课期间全程协助,我感到这对在线教学的顺利开展是至关重要的;老师们为了我们能有更好的在线学习体验,从教学设备到教学设计再到互动方式,都进行了许多尝试和探索;父母也为了我们能更好地学习,将电视音量调到了静音。

总体来说,我的这次在线学习体验是很好的,但是我想一定也有许多学生对在线学习感到排斥和难以适应,原因可能多种多样,错综复杂,但无论如何,我都记得从小到大父母常对我说的:"学习是自己的事情",在家学习的日子里,自由更多了,但是真正的自由来自于对自己的管理和要求,这不仅是在线学习者必须要明白的事情,也是所有终身学习者必须要明白的事情,家长和教师可能需要通过言传身教向孩子传达这样的认识。同时,教育研究者也需要肩负使命,进行更多深入的研究和探索,更好地了解学生和在线教学规律,为在线教育实践提供有效的理论指导和技术支持。以上是我作为一名在线学习者的一点感想和看法,有不足之处还请大家批评指正。

　　　　——北京大学教育学院学习科学实验室硕士研究生　王钰茹

　　在本讲中,尚老师结合自己的游戏化学习研究经历,向我们介绍了游戏中典型的学生画像;随后向我们更全面地介绍了学生在线学习中的行为和影响因素,并且重点分析了"自主学习"品质的重要性;最后从学生、教师、家长三个角度提出了促进学生在线学习的建议。

　　这段时间我也参与了这场"人类历史上最大规模的在线教育实践",结合尚老师的文章,我也来分享一下自己的两个思考:

　　(1)学生做好了线上学习的准备吗?

　　我观察了一下各种微信群里家长的对话,感觉不少家长都希望孩子尽快回到学校上课。为什么? 因为孩子们上网课的时候很容易就走神,甚至会打开QQ群和朋友聊天,家长们真的是"防不胜防"! 最近一次期中考,不少孩子都面临着成绩的大滑坡,以至于人们纷纷质疑线上教学的质量。

　　发生这样的情况,最主要的原因可能还是学生缺乏自主学习的能力。传统的教学中,学生学习反馈可能大多由老师完成,但这也会导致部分学生缺乏对自己的学习过程的监控。经过这次线上教学的洗礼,相信教师、家长以及教育研究者会进一步重视培养学生自主学习的意识与习惯。

　　(2)如何帮助学生更好地适应新的在线教学场景?

　　在传统的教室场景里,教师讲课,同学们课上听讲并完成课后作业,随后老师批改作业,并反馈给学生;但转换为线上教学后,教师依然适用传统的教学方法备课授课,这其实是一种"新瓶装旧酒"的表现。

要想做到"新瓶装新酒",进一步发挥在线教学的潜能,教师一方面需要关注学生在网络上的学习行为数据,通过数据挖掘学生的个性化需求;另一方面要使用更多的线上教具,比如论坛讨论版、游戏等,促进学生的自主学习、协作学习等能力。

有了技术的支持,希望学生以后可以更快乐、更高效地进行学习!

——北京大学教育学院学习科学实验室硕士研究生　何奕霖

第七讲　如何让在线教育更科学 *

　　大规模的大中小学在线教育进行了几个月,有很多收获,也有很多教训。大家开始理性反思在线教育的得与失,开始考虑如何才能让在线教育更科学有效,所以我就希望在本讲中结合之前开展的学习科学研究谈谈如何让在线教育更科学。

一、为什么要更科学

　　谈起科学,小时候我一直有一个困惑:种红薯的时候到底要不要翻秧?直到 30 多年后我才靠百度圆满解决了这个问题:水分充足的地方就要多翻秧,避免它滋生枝叉;水分少的地方就不要翻秧,以便叶子也可以从土壤中更多吸收水分。我在想,如果我小时候掌握了科学知识,就应该把红薯地分成多块,这块不翻秧,那块翻一次,那块翻两次;这块浇水,那块不浇水,然后比较产量……由此想到,老农种地多半叫凭经验,而袁隆平种地就叫靠科学。

　　再来看一个教材的例子,有一天我翻了一下小学一年级的语文教材,想

———————————

* 本讲得到了北京大学教育学院学习科学实验室硕士研究生张媛媛、研究助理胡若楠、夏琪的帮助。

重温一下童年。突然发现 aoe 混的太惨了，30 多年前我读小学一年级的时候，它们三个就印在一页上，30 多年后，除了从黑白变成彩色以外，它们还印在一页上，居住面积真的没有一点提高。当然，我不是闲得无聊才谈这个问题的，大家回头看看小孩子们在幼儿园看的绘本，都是特别简单的画和特别简单的文字。一夜之间，他们就要看印的满满的教材。你们说 aoe 到底应该印在一页上还是印在三页上呢？有出版社编辑跟我讲，说印在三页上真不行啊，教材太贵，国家承担不起。我说，我们已经成为世界第二大经济体，给孩子们买不起几本教材？编辑又说，教材太厚学生背不动啊，我说这还有一点道理，但是将来如果采用数字教材、电子书包了，印在一页上和印在三页上有什么区别吗？到时候你们准备印在一页上还是三页上呢？①

其实啊，aoe 印在一页上还是印在三页上确实没有那么重要，我只是想通过这件事情提醒大家，在教育领域，是否还有很多问题需要更坚实的实证研究证据支持？比如说，这个时代到底该学习哪些课程？采用平板电脑常态教学对孩子们的视力、智力等各方面到底有什么影响？一个班到底多少个孩子效果最好？教室里刷成什么颜色学习体验最好？投影的亮度到底多少效果最佳？视频讲课和面对面讲课到底有什么差异？……

仔细想想，教育里好像还有很多事情真的靠的是经验。当然，不是说经验不重要。如果我们非要坚持一定要研究透彻才能开始教育，恐怕我们今天还在丛林里、在山顶洞里生活。不过北大计算机系黄铁军教授曾经讲过一个观点：人类先有了飞机，然后才有了空气动力学理论。当然，有了空气动力学以后，飞机可以飞得更快更高了。黄老师这个理论是针对科学与技

———————————————

① 如有兴趣，可以自行阅读"俊杰在线"微信公众号中的随笔《可怜的 aoe》。

术的关系讲的。但是对我们刚才讨论的问题也有启发,人类先有了教育行
为,然后才慢慢有了教育理论,但是有了教育理论后,或许就可以教育得更
好,这是一个螺旋式发展的过程。照这个思路去想,我们全国成千上万的教
育研究者是否应该逐渐地、慢慢地将每一个教育行为的理论基础夯实呢?
这样我们是否就可以更加理直气壮地说就要印在一页上或三页上呢? 谈到
这里,我们就需要来看看一个最近几十年发展起来的学科——"学习科学"。

二、学习科学:让学习更科学

学习科学(Learning Sciences)是国际上最近 30 多年发展起来的关于跨
学科的研究领域,涉及教育学、信息科学、认知科学、脑科学、生物科学等重
要研究领域。国际学习科学领域的知名专家索耶(R·Keith·Swayer)在
《剑桥学习科学手册》一书中指出:学习科学是一个研究教和学的跨学科领
域。它研究各种情境下的学习——不仅包括学校课堂里的正式学习,也包
括发生在家里、工作期间、场馆以及同伴之间的非正式学习。学习科学的研
究目标,首先是为了更好地理解认知和社会化过程以产生最有效的学习,其
次是为了用学习科学的知识重新设计已有的课堂及其他学习环境,从而促
使学习者更有效和深入地进行学习。① 简而言之,学习科学主要就是研究:
"人究竟是怎么学习的? 怎样才能促进有效的学习?"

(一)学习科学的起源

为什么会在近 30 年提出学习科学? 原因是这样的:大家都知道有个

① ［美］R.基思·索耶.剑桥学习科学手册[M].徐晓东等译.北京:教育科学出版社,2010.

学科叫认知科学或者是认知神经科学。认知科学已经好几十年历史了，但是后来有一批认知科学学者发现，在实验室做了几十年研究，对真实情境中的教学，比如说课堂教学几乎没有产生太大的实质性影响。比如说实验室里基于眼动、脑电技术开展的认知研究，确实做得很深入，发表的文章影响因子也很高，但是普通老师根本不看也不用，所以他们就出来了，往课堂教学走了一步。这个时候正好赶上人工智能、计算机、教育技术的崛起，这两批人一合作就提出了一个学科叫学习科学，希望在脑心智和真实情境教学之间架起桥梁。当然，也有人担心这个桥是不是太长，还是搭不起来，不过可喜的是，近年来功能磁共振成像技术、人工智能和大数据等先进技术的发展，使学习科学取得了突破性的发展，这座桥似乎真的看到希望了。

（二）学习科学的研究内容及案例

学习科学的研究内容比较广泛，我和裴蕾丝、吴善超于2018年发表的《学习科学的历史溯源、研究热点及未来发展》一文中将学习科学未来的发展方向归结为三类：（1）**学习基础机制研究**。这类研究比较偏脑科学，但是要和真实情境教学结合起来。研究人员借助先进的认知神经科学研究技术，可以从微观的神经联结层面研究真实情境中的教与学过程，从认知功能与结构相结合的综合视角，研究特定教育干预对学习过程的影响；（2）**学习环境设计研究**。这类研究比较偏教育技术，比如关注如何在已有的基础研究成果上，将这些成果转化为可以直接应用于真实教育情境的干预方案，如学习媒介设计、物理环境设计、学习交互设计；（3）**学习分析技术研究**。此类研究指的是利用人工智能、大数据技术对海量的学习行为进行分析评价研究。①

① 尚俊杰,裴蕾丝,吴善超.学习科学的历史溯源、研究热点及未来发展[J].教育研究,2018,39(03):136-145+159.

　　学习科学实际上是一个比较广泛的研究领域,具体研究可以说是包罗万象,但是其中比较引人瞩目的一类研究是和脑科学相关的学习基础机制研究,比如华盛顿大学帕特丽夏(Patricia)教授主持的一项研究显示,双语学习能够改变脑白质的微观结构。与只学习一种语言的同龄人相比,一出生就处于双语环境中的婴儿和儿童,具有更高的认知灵活性和控制注意的能力,这个研究结果可以帮助解答很多父母包括教育研究者对孩子要不要从幼儿时期就开始学习双语的疑惑。① 脑科学的相关研究,目前在我国也备受关注,教育部原副部长韦钰院士对此非常重视,②并积极推动成立了中国认知科学学会神经教育学分会,华东师范大学周加仙教授等人也围绕教育神经科学开展了深入的研究并撰写和翻译了许多论文著作,③大家可以自行参考学习。

　　另外一类比较引人瞩目的研究是和人工智能、大数据、信息技术等相关的学习环境设计和学习分析技术研究。比如加拿大西蒙菲莎大学的温妮(Winne)教授等人近期专注于发掘大数据对于学习者在网上自主学习的支持,并设计了一个用于追踪和支持网上自主学习的在线工具 nStudy,它能够针对所收集的大数据进行及时整合、分析和筛选,并将结果有针对性地反馈给学习者,以帮助学习者及时、有效地调整自主学习过程。④ 匹兹堡大学瑞思尼克(Resnick)教授所创立的学习研究所(Institute for Learning;

---

① 郑太年等.学习科学与教育变革——2014 年学习科学国际大会评析与展望[J].教育研究,2014,(09):150-159.

② 韦钰.神经教育学对探究式科学教育的促进[J].北京大学教育评论,2011,9(04):97-117+186-187.

③ 周加仙.教育神经科学:创建心智、脑与教育的联结[J].华东师范大学学报(教育科学版),2013,31(02):42-48.

④ Winne, P.H., Hadwin, A.F. nStudy: Tracing and supporting self-regulated learning in the Internet [A].//International handbook of metacognition and learning technologies [C]. New York: Springer, 2013:293-308.

http://ifl.pitt.edu)作为美国知名教师培训和教学促进机构,已开始尝试使用课堂讨论分析工具 Classroom Discourse Analyzer(CDA)帮助中小学老师反思和提高课堂讨论效果。①

(三)学习科学的发展趋势

学习科学自诞生以来,在欧美发达国家和地区十分受重视,许多国家已经将学习科学确立为新的教育政策的关键基础,将人类学习的重要研究成果作为课程决策与行动的基础,在广泛领域实际应用。② 香港大学也将学习科学和脑科学、新材料并列为 16 个需要重点发展的学科。2017 年 9 月,在国家自然科学基金委与教育部联合推动下,以"连接未来:教育、技术与创新"为主题的第 186 期双清论坛在浙江大学胜利召开,与会领导专家一致认为,要结合中国实际,加强教育科学基础研究,注重自然科学与人文社会科学相结合,共同推进教育改革发展。③ 在第二年的国家自然科学基金会指南中,即为学习科学设置了专门代码(F0701),支持教育大数据分析、认知工具等多个方向的研究,而其中的多个方向也是和学习科学直接相关的。目前,清华大学、北京师范大学、华东师范大学、东南大学等诸多高校都在如火如荼地开展学习科学研究。我们北大学习科学实验室也在 2017 年 7 月份启动了"人是如何学习的,中国学生学习特征研究及卓越人才培养"(简称"中国学习计划")研究项目,我们希望和社会各界努力合作,共同围绕学习,展开长期全面的研究工作,从而揭示人究竟是怎么学习的,怎么促进有效的

---

① Chen, G., Clarke, S. N., Resnick, L. B. An analytic tool for supporting teachers' reflection on classroom talk [A]. In: Proceedings of the 11th International Conference of the Learning Sciences (ICLS) [C]. Boulder, Colorado, USA, 2014: 583 - 590.
② 裴新宁.学习科学研究与基础教育课程变革[J].全球教育展望,2013,(01): 32 - 44.
③ http://www.news.zju.edu.cn/2017/0919/c5218a639718/pagem.htm.

学习,怎么培养卓越的人才。

三、学习科学与在线教育

从前面的论述中,可以看出学习科学属于教育科学的基础学科,另外,从学习科学的起源可以看出,学习科学的诞生和信息技术有脱不开的关系,因此学习科学和在线教育具有紧密的联系。可以说,在线教育的理论、设计、开发、应用和评估研究的每一部分,都可以看到学习科学的身影,学习科学都发挥着重要的支撑作用。

如果我们去看看期刊上发表的学习科学研究,大体上可以看到这样几类研究:在线学习成效研究、在线学习行为研究、在线学习影响因素研究、在线学习技术研究。当然,你可能还会注意到,很多人在研究以 MOOC 为代表的在线学习,这主要是因为最近几年 MOOC 比较热,而且 MOOC 中的数据都被记录下来了,比较容易获取和分析。但是,我们一再强调,尽管以 MOOC 为代表的在线视频教学在当前的在线教育中很重要,但是在线教育不等于直播,不等于录播,也不等于 MOOC,还有各种各样的在线教育方式,比如基于 BBS 开展的在线异步学习也属于在线教育。

前面我们说过,学习科学的主要研究可以分为学习基础机制研究、学习环境设计研究和学习分析技术研究。其实,在这三个方向都和在线教育有关系,不过考虑到在线教育的特点,学习环境设计研究和学习分析技术研究目前开展的比较多一些,下面展开介绍一下。

(一)学习环境设计研究

在学习环境设计领域,诸多学者开展了各种卓有成效的研究,探索如何利用移动学习、VR/AR、游戏化学习、模拟仿真等新技术,为学习者创建富有吸引力的学习环境,支持更多的创新的学习方式。比如亨佩尔(Hempel)等人曾经开展了把虚拟仿真学习平台应用于医学教育的研究,结果表明:虚拟仿真学习平台有助于培养医学生和年轻专业人士的个人职业技能。[①]吉诺(Jeno)等人曾开展了把用移动学习软件应用到生物课程中的研究,结果发现使用移动软件的学生要比使用传统课本的学生有更好的学习成就和动机。[②] 至于游戏化学习,我们学习科学实验室之前做了大量的研究,致力于把教育神经科学、小学数学学习和游戏结合起来,也开发了几款教育游戏(www.mamamgame.net)。[③][④] 在高等教育领域,伯恩斯(Berns)等人曾经把 3D 英语游戏应用于课堂学习中。[⑤] 在香港大学教育学院黄(Huang)和邱(Hew)等人开展的研究中,虽然没有用纯粹的游戏,但是把游戏的点数、徽章、排行榜元素应用到了大学的课程中。[⑥]

其实,整个教育技术学科包括其他兄弟学科基本上都在进行学习环境设计研究,虽然也有研究说没有证据证明信息技术能够提升成绩,比如说我

[①] Hempel, G., Heinke, W., Struck, M.F., Piegeler, T., Rotzoll, D. Impact of Quantitative Feedback via High-Fidelity Airway Management Training on Success Rate in Endotracheal Intubation in Undergraduate Medical Students — A Prospective Single-Center Study [J]. Journal of clinical medicine, 2019, 8(9), 1465: 1 – 11.

[②] Jeno, L.M., Grytnes, J.A., Vandvik, V. The effect of a mobile-application tool on biology students' motivation and achievement in species identification: A Self-Determination Theory perspective [J].Computers & Education, 2017, 107: 1 – 12.

[③] 裴蕾丝,尚俊杰.学习科学视野下的数学教育游戏设计、开发与应用研究——以小学一年级数学 "20 以内数的认识和加减法"为例[J].中国电化教育,2019,(01):94 – 105.

[④] 张露.数学教育游戏的设计研究——以分数学习为例[D].北京大学,2019.

[⑤] Berns, A., Gonzalez-Pardo, A., Camacho, D. Game-like language learning in 3-D virtual environments [J]. Computers & Education, 2013, 60(1).

[⑥] Huang, B. Hew, K.F. Implementing a theory-driven gamification model in higher education flipped courses: Effects on out-of-class activity completion and quality of artifacts [J]. Computers & Education, 2018, (125): 254 – 272.

们前面谈到的"非显著差异现象"①，但是我们能看到的是信息技术正在稳步进入课堂中。

（二）学习分析技术研究

所谓学习分析（Learning Analytics），简单地说，就是对学习过程中产生的学习行为等数据进行分析，以便了解学习者的学习行为轨迹、学习行为特征、学习偏好等，从而更有针对性地为学生提供帮助。其实"学习分析"的核心概念最早出现在 20 世纪 60 年代的计算机支持管理、计算机人机交互和网络科学等领域。直到 2011 年，学习分析才在教育领域引起广泛关注。2011 年美国新媒体联盟（New Media Consortium）发布《地平线报告》，该报告将学习分析技术视为影响教育发展的新兴技术。② 也是在 2011 年，学习分析成为了一个相对独立的研究与实践领域，乔治·西蒙斯发起并组织了第一届学习分析与知识国际会议（Learning Analytics and Knowledge，LAK），并在会上提出了学习分析的定义："学习分析旨在测量、收集、分析、报告学习者及其学习情况的相关数据，以促进对学习过程的理解，并对学习及其发生的环境进行优化。"

这些年，各位学者们做了大量的关于学习成效比较、学习行为分析、影响因素的研究。比如我们很想知道线上、线下学习和混合学习的差异，中南大学许建平老师等人研究了基于 MOOC 的混合式学习在大学生理学课程

---

① 杨浩，郑旭东，朱莎.技术扩散视角下信息技术与学校教育融合的若干思考［J］.中国电化教育,2015,(04)：1-6+19.
② 李梦雷，李爽，沈欣忆.2007—2017 年我国学习分析研究进展与现状分析——基于国内核心学术期刊文献的分析［J］.中国远程教育,2018,(10)：5-15+78-79.

中的应用成效,发现混合式学习能够显著提升成绩①。再比如说我们比较喜欢同步在线教学,那么到底是同步(比如直播)好还是异步(比如录播)好呢? 伯纳德(Bernard)等人对 315 项研究进行了元分析,他们发现异步在线教学的结果有明显优势,而同步在线教学的结果有明显劣势。②

当然,还有更多的研究在分析学习者在线学习行为以及影响在线学习成效的因素,比如成亚玲和谭爱平对于在线开放课程学习质量进行了研究,结果发现投入度越高的学习者的学习参与度越高,学习成绩越好。③ 当然,学习分析未必都要对 MOOC 进行研究,香港大学教育学院陈高伟教授等人就基于 BBS 讨论区的帖子进行过研究,结果发现在线互动过程中的评价、发表新观点以及提出问题等互动方式能有效增强学习效果和学生互动的积极性。此外,首都师范大学王陆教授、华东师范大学顾小清教授等人近年来采用社会网络分析等方法对在线学习进行了大量研究,发表了许多研究成果。

(三)学习分析的作用

以上这些学习分析研究对于教师究竟有什么用呢? 顾小清等人认为:对于教师来说,学习分析是优化其教学的工具,教师可以利用学习分析获得有关学生的学习绩效、学习过程以及学习环境的信息,这些信息可以为教师

---

① 许建平,向阳,暨明,冯丹丹,周勇,唐四元,罗自强.基于 MOOC 的混合式教学在生理学教学中的探索[J].基础医学教育,2018,20(10):908-911.
② Bernard,R. M.,Abrami,P. C.,Lou,Y.,et al. How does distance education compare with classroom instruction? A meta-analysis of the empirical literature [J]. Review of educational research,2004,74(3):379-439.
③ 成亚玲,谭爱平.在线开放课程学习质量评价指标体系构建与应用[J].当代职业教育,2020,(01):62-69.

教学改进提供依据。① 比如说通过在线学习平台,收集学生答题情况,教师可以知道班级学生答题的正确率,方便老师判断学生对各知识点的掌握情况;依据在线学习平台的记录,教师可以收集学生上课过程中与老师的互动情况,由此判断学生上课的积极性。或者更加直接地,通过学生在平台上学习的时长、登录的次数、答题数量、观看课程视频的数量等判断学生在家学习的认真情况。

对于学生来说,学习分析也是实现自我评估的工具。通过学习分析得到的自我分析报告,可以帮助学生了解自己的优势和不足。比如在 ClassIn 教学软件中,课后学生的学习报告,里面就包含活跃度、出勤和获得奖励情况等。有些涉及答题的学习软件,会为学生提供"错题集"功能,这些都是有助于学生了解自己的优势和劣势,帮助学生实现自我查漏补缺的工具。当然,对于学习科学和教育技术研究者来说,最大的梦想是**借助人工智能、大数据和学习分析技术,实现个性化自适应学习**。

另外,过去的学习分析研究,主要是在高等教育领域,因为研究者比较容易利用 MOOC、Moodle 平台上的学习行为数据。而现在,受疫情影响,全国各地的中小学生都开始了网上学习,学生的学习行为都被记录了下来,老师们最初因不熟悉线上教学而产生的忙乱期也已经度过了。接下来老师们或许可以借鉴已有研究中的学习分析经验来开展自己课堂中的学习分析,以便优化自己的教学。

(四)如何开展学习分析

学习分析似乎很神奇,那么究竟怎么做学习分析呢? 已有研究中主要

---

① 顾小清,黄景碧,朱元锟,袁成坤.让数据说话:决策支持系统在教育中的应用[J].开放教育研究,2010,16(05):99-106.

采用的学习分析技术有五类,分别为:预测、聚类、关系挖掘、社会网络分析和文本挖掘。[①] 预测是依据学习者的一些学习行为来预测学习者的表现。比如简单举个例子:在一群学生中,已知有部分成绩好(考试成绩超过 85 分)的学生每次上课都会发言,并且做作业的正确率在 85% 以上,那么老师可以根据这个条件来预测剩下学生的成绩。聚类是根据数据的相似性将数据聚合为不同的簇(类),让同一簇里的元素尽可能相似,而与其他簇里的元素尽可能相异。如依据学生的一些特性,包括学习行为、人口学特征等给学生归类。有研究就基于学生在课程材料、视频、论坛和考核这几方面的投入行为,聚类得到了五类学习者:不感兴趣学习者、随意学习者、绩效偏爱者、探险家和成就者。[②] 关系挖掘是从关系数据中挖掘有意义的模式,可以是空间上的共现关系,也可以是时间上的序列关系。常见的关系挖掘包括关联规则挖掘,序列模式挖掘、相关挖掘和因果数据挖掘。[③] 如最近在教育研究领域使用较多的滞后序列分析就是序列模式挖掘中的一种。该方法可以检验一种行为出现之后另外一种行为出现的概率及其统计学意义上的显著性。我们可以据此发现学生一些特别的行为序列模式,如学生的回溯行为。社会网络分析主要是针对互动关系,测量、评价师生/生生之间彼此分享、传递和接受的内容。在各种计算机工具的辅助之下,通过网络图的方式来展现个体之间的交互结构。简而言之,用一个个节点来代替社交中的个体,通过连线代替个体之间的交互。在这个分析中,可以看到整体的社交网络结构,也能够发现其中重要的个体,如在交互中的核心人物、桥梁人物或意见

---

① Laura, C.L., et al. Educational Data Mining and Learning Analytics: differences, similarities, and time evolution [J]. International Journal of Educational Technology in Higher Education, 2015, 12(3): 98 - 112.

② Arora, S., Goel, M., Sabitha, A.S., Mehrotra, D. Learner groups in massive open online courses. American Journal of Distance Education, 2017, 31(2), 80 - 97.

③ 彭亚,于翠波,张勘.教育数据挖掘技术应用研究[J].中国教育技术装备,2017,(18): 1 - 5.

领袖。**文本挖掘**指的是从一些文本数据(如论坛中的帖子、对话消息、课程笔记等)中发现有意义的规律、趋势和模式。它可以从课程评价支持、学习者知识能力测评、学习共同体分组、学习行为危机预警、学习效果预测和学习状态可视化 6 个方面来辅助教育教学实践。[①] 关于学习分析技术,西安交大郑庆华教授、华中师范大学刘三女牙教授、北京师范大学郑勤华教授等人有丰富的研究成果,大家有兴趣可以展开学习。

(五)一线教师如何应用学习分析

上述的方法都是教育研究者通过各种前端或后台数据来对学生进行学习分析的办法。对于一线教师来说,可能不太熟悉方法,也不一定能拿到数据,那么在这种情况下,一线教师可以怎么开展简易的"学习分析"呢? 其实,无论采用什么方法来做学习分析,其本质就是利用一切可获得的、可反映学生学习行为的数据,来反推学生的学习过程,从中发现问题,找出规律,再针对性地给予反馈。

首先,可以采用"抓典型,树榜样"的方法。已知班级中哪些学生成绩好,分析他们在学习中存在的一些共性学习行为或习惯。比如说学生观看直播课程时的积极性(迟到早退情况、互动频次、互动内容等),提交作业的时间、提交作业的次数等,这个可以作为简单判断其他学生学习效果的依据,同时可以分享这些学习行为/习惯给其他学生,从而提升他们的学习效果。需要注意的是,在实际的预测、聚类等分析中,我们要采用的学习行为指标都需要不断调整,而一线老师们在自己的分析中,也是需要不断摸索才能得到这些"共性的学习行为/习惯"的。

---

① 刘三女牙,彭晛,刘智,等.基于文本挖掘的学习分析应用研究[J].电化教育研究,2016,(02): 23-30.

其次,可关注学生的学习行为路径。换而言之,即学习流程。有的同学采用的是"预习→提问→针对问题听课→复习→写作业"的学习流程,而有的同学则是"听课→提问→写作业"这样的学习流程。学习流程虽然因人而异,但是学生可以尝试多了解一些学习流程,找到最适合自己的一种。

最后,可以根据学生在线上课的留言互动等来分析学生课堂参与的积极性。喜欢刷屏的学生是极其活跃的学习者,在线上都一言不发的学生可能是边缘性学习者,老师们都要给予关注。

当然,对于一线教师来说,虽然也鼓励大家独立或者和专家合作开展学习技术、学习分析等学习科学研究,但更多时候,大家着重需要考虑的是如何应用学习科学。

四、基于学习科学的在线教育建议

关于应用学习科学,其实现在市面上也有非常多的书,从脑科学、心理学、教育学、教育技术学等各个角度在谈如何使教学更科学。其中我觉得梅耶教授撰写、浙江大学盛群力教授等人翻译的《应用学习科学》①挺好的,写得很好,翻译得也很好。其实梅耶是把他过去在多媒体学习方面的研究成果拓展了一下,告诉大家怎样把学习科学应用到课堂教学中。主要内容包括学习科学的 3 条原理、课堂学习的 12 条教学设计原则、有效学习的 8 条设计原则、在学习中如何指导认知加工等。还有一本《聪明教学 7 原理:基于学习科学的教学策略》②,是匹兹堡大学教师发展中心的安布罗斯撰写

---

① [美]理查德·E.梅耶.应用学习科学:心理学大师给教师的建议[M].盛群力,丁旭,钟丽佳译.北京:中国轻工业出版社,2016:30.
② [美]苏珊·A·安布罗斯.聪明教学 7 原理:基于学习科学的教学策略[M].庞维国译.上海:华东师范大学出版社,2012.

的,华东师范大学庞维国教授翻译的,其中主要包括这样 7 条原理:(1)学生的已有知识如何影响他们的学习?(2)学生的知识组织方式如何影响他们的学习?(3)哪些因素激励学生学习?(4)学习如何达到精熟水平?(5)何种练习和反馈能促进学习?(6)为什么学生的发展水平和课堂气氛影响他们的学习?(7)学生怎样成长为自主学习者?这本书本来是给大学老师们看的,不过,很多中小学老师也说挺有帮助。当然,国内外还有很多优秀的著作,这里不再一一罗列。

这些年我们和北京教育学院朝阳分院、北京市海淀区教科院等机构一起,努力开展提升教师学习科学素养项目,致力于将学习科学知识和课堂教学深度整合起来。[①] 三年来,老师们付出了艰苦的努力,进行了卓有成效的探索,也取得了丰硕的研究成果。下面就结合我们的研究心得体会,并参考其他文献,给老师们提供**"基于学习科学的在线教学八建议"**,不过,因为我们的研究还在进行中,所以这些建议还很初步,仅供大家参考。

(一)科学制作多媒体课件

关于多媒体课件的制作的讨论放在当下似乎已经是"过时"了,但是越是"老土"的东西可能越有效。我国自教育信息化改革以来,从幻灯片到微课,多媒体课件已经成为了课堂中的不可或缺的支撑素材,课件不仅是承载学习内容的显性媒介,更是发展学生知识储存方式和思维方式的隐形催化剂,多媒体课件的重要性不言而喻。随着信息技术可操作性的提高,以及互联网提供的海量开放数字资源,可供教师选择的素材呈现出了多样性。当下,在多媒体课件的制作方面,很多教师已经不存在技术上的障碍了。但

---

① 有关项目信息可以访问 http://pkuls.pku.edu.cn。

是,如何将已有的素材与教学内容合理地组织成适合学生学习的课堂教学媒介,这仍然是一个值得深入思考的问题。

梅耶提出的多媒体学习理论等其他学者的研究成果为课件的制作提供了很多可参考的理论依据。多媒体教学中的很多原则和策略都一样适用于当下的教学情景,譬如多媒体教学原则强调要排除无关认知加工:(1)聚焦要义:去除无关材料;(2)提示结构:突出关键材料;(3)空间临近:解释图示的文本与对应图示的位置应尽量靠近。还有很多原则与策略在此就不再一一例举了。这些已有的研究成果还是应当重视起来。在制作课件时,要考虑在线教育的特殊性,学生基本都坐在"第一排",所以在线教学课件和普通课件可能还不太一样,比如字体略小一些也许是可以接受的。

另外,在线教育中调动学生的参与感非常重要。脑科学研究成果告诉我们:新异性刺激有助于触发注意力的觉醒和定向系统。除了适当使用文字、声音、图片、视频,并力求符合多媒体认知原则,还可以利用新异刺激,比如视频、动画、奖励等手段吸引学生注意力,同时可以采用情境变换的方法促进学生的注意和记忆。[①]

(二)分块呈现教学内容

在线教学应该小步子进行,采取分块的方法呈现教学内容。根据注意力方面的研究成果,学生一般能集中注意力的时间只有 15—20 分钟。而在线教学需要学生一直面对屏幕,影响学生注意力的因素变得更为复杂,除了注意力,画面的清晰程度以及音质,都将对学生的注意力产生干扰。如何高效利用学生可集中注意力的时间展开教学成为了在线教学的

① Posner, M. I., Patoine B. How arts training improves attention and cognition [J]. Cerebrum, 2009: 2-4.

当务之急。

　　面对如此大规模的在线教学，如何开展行之有效的教学任务对每一位教师来说都是挑战。小步子开展教学可以从以下几个层面入手。（1）对于录播课（MOOC），可以拆分成微课。（2）对于普通直播课（1—3 小时的课程），将学习内容分成 15—20 分钟左右的模块，模块之间可以用放视频、提问、讨论等其他内容调节过渡一下。（3）在线教学中师生采用概念图组织知识，清晰地呈现核心概念以及核心概念之间的联系。（4）要善于使用重复和总结。脑科学研究表明，大脑总在寻求新知识与已有知识之间的相似模式和关联，这也启示我们要根据学生的认知水平和可接受程度，对教学内容切片并进行有机的重组。

（三）恰当呈现教师形象

　　教师形象呈现方式是在线教育中的一个值得关注的问题，大规模的在线教育，迫使许多老师当上了"主播"，这也是很多老师第一次直面镜头中自己的形象，并且细致到面部表情。

　　关于教师形象呈现对学生的学习效果的影响，我们在第四讲已经系统讲过，关于是否要呈现教师形象，目前还没有清晰的定论。但是纵观已有的研究，可以确定的是教师形象呈现对于学生的学习会产生一定的影响。虽然，教师形象会占据学生一定的注意力，但是，对于学生的学习情绪、学习感受等可以产生一定的积极作用。

　　所以，如果有条件能请到高水平的"导演"，在直播或录播的时候可以动态切换内容，根据教学的需要恰当呈现教师形象和学习内容。如果没有条件动态切换，那就在屏幕上呈现教师形象吧，比如采用三分屏课件等形式。

（四）注重促进教学互动

在教学中，互动是一个非常行之有效的手段，相关研究很多。建构主义学习理论、社会文化历史理论、社会学习理论（班杜拉）等，都很强调互动的作用。但是，在线教育和传统的课堂教学的环境差异还是很大的，这导致互动的形式和方式都发生了重要改变，如何在原有的基础和经验之上，进行适应现有的学习环境的教学互动仍然是重难点问题。

许多研究表明，学习发生在学生之间的知识分享和同伴之间的互动之中，所以在线教学要充分发挥网络平台的优势，促进学生之间的交流和分享。在教学过程中，要注重直播录播界面设计，譬如注意看着摄像头；注重有效提问，善用言语互动；注重利用学习平台进行深度讨论，促进有效认知互动；注重在线教育中的"个性化学习"特点；注意给学习者"及时反馈"。另外，可以尝试给予学生更多的展示分享时间，以此倒逼学生进行更为有效的自主学习。关于这一部分内容，在前面第五讲也专门讲过，这里不再展开。

（五）促进深度学习

互联网的"快餐"风格似乎难以让学习者深度思考。有人认为，在线教育很难做到面授课堂的线上搬家，达到面授课一样的学习深度，主要原因在于在线教育没有留给学生更多的时间去独立思考，没有留给学生更多的机会去集体研讨和相互启发。那么，如何才能够让学生在在线学习中有更加深层次的思考和学习呢？

（1）必不可少的是设定问题，让学生在探究问题中学习。研究者早已发现，不是被动的看纸质或口头提供的信息，而是让学习者对提问思考产生信息,那么学习者对这个信息的回忆效果就会显著改善。① 可见,问题情境中学习者的思考加工对于学习更有效果。在在线教学的过程中,教师不仅需要讲解基础概念,更需要提供思考问题。

（2）通过知识生成促进深度理解。为什么生成知识有利于深度理解呢? 生成知识和观点的过程需要更多的认知努力,而不仅是接受信息,②而且,我们在互联网中可以看到太多现成的资料和无需费力就可以找到的答案,相比而言,需要个人去创造性生成的信息会更容易显得与众不同,也就会被记住得越牢。比如在搜索引擎上可以很快查出关于某一术语的解释,看过之后可能很快忘记,但是如果需要你自己下一个定义,那么你对于这个术语的理解就会更深入,对这个术语的记忆也会被保持得更好。因此在线教学中需要诱发学生生成信息和知识。

（3）通过设定探究任务,促进学习者的主动学习行为。具有主动学习特征的"学习行动"会让学习者有更强的控制感,有助于主动学习和记忆的长久保持。在探究任务中,对知识的学习是由浅入深的过程,也是学习者发现问题和解决问题的过程,而关键在于教师发布的探究性任务是否贴近生活、跨学科、在难度和复杂度上递进。在在线教学中,教师可以提供探究问题和资源列表,由学生自主学习后完成自主探究任务。

（六）创新应用学习技术

生活中我们经常提长板理论,在线教育中也是如此,一定要找到在线教育的优点并发挥其优势:在在线教育中可以天然地使用各种新技术,并可

---

① Slamecka, N.J., Graf, P. The generation effect: Delineation of a phenomenon [J]. Journal of experimental Psychology: Human learning and Memory, 1978, 4(6): 592.

② Tyler, S.W., Hertel, P.T., McCallum M.C., et al. Cognitive effort and memory [J]. Journal of Experimental Psychology: Human Learning and Memory, 1979, 5(6): 607.

以积累丰富的学习者行为数据，因此，学习也拥有了新型的方式。

回顾经典的学习理论，建构主义学习理论认为学习是学生主动建构的，是对信息的主动加工和处理，而不是被动地接受。多媒体学习的认知理论的基础是双通道模型，即人有言语和图示两个单独的加工通道，用言语和图示两种编码结合起来构建心理表征，比只有一种编码的效果更好。并且我们更容易记住一些用图呈现的信息。体验学习理论认为知识并非是通过单纯的讲授传递给学习者的，而是通过边做边学的方式获得的。只有反复经历探究、发现、反思、运用等几个阶段，才能真正掌握并且熟练运用相应的知识。情境学习理论强调在真实情境中呈现知识和应用知识，学习具有社会性和实践性，其本质就是社会协商。综上可以发现学习终归是学生自己主动的加工建构，是通过体验和实践获得的，是从社会情境中习得的，而通过多媒体手段可以呈现丰富的、形式多样的信息，利用信息技术也能够创建更富吸引力的学习环境，从而能更激发学习者的学习动机。具体手段如下：

（1）使用 MOOC、微课、翻转课堂等创新学习方式。MOOC 是让学生自主学习的平台，其系统的知识体系和课程作业、讨论答疑可以帮助学生掌握一门课程，而微课和翻转课堂给学生提供了通过自主学习获得知识建构的机会。

（2）利用移动学习、VR/AR、游戏化学习创设学习环境。在学习环境的创设方面，VR/AR 以其仿真性和沉浸性独占优势。当然，在技术门槛难以达到的情况下，用幻灯片、视频、讲故事等方式依然可以为学生创造真实情境，激发学生的学习动机。

（3）利用大数据、学习分析、人工智能实现个性化自适应学习。现今自适应学习和个性化学习已经不再是虚无缥缈的或是仅仅停留在理论层面了,大数据挖掘学习分析为发现学习者特征和学习差异提供了基础,人工智能为向学习者推送适合学习者自身水平的资源提供了支持。当然,并非每个老师都需要利用这样的技术,大家可以先选择使用技术比较成熟的产品,比如使用能够智能匹配个人水平的背单词的 APP。

（七）激发学习者积极情绪

我们的大脑像一个照相机,能够为一些具有情绪性的事件拍下照片,创造出永久记忆,这是因为人们对那些引起积极情绪的信息或消极情绪的信息的记忆在持久性上好于对那些中性情绪信息的记忆。[①] 根据脑科学的研究成果,积极情绪能影响认知连接的广度,提升学习者的注意广度、整体性思维。[②] 积极情绪会影响人们的整体理解,使得个体在认知和创造性思考任务中表现得更好。[③]

社会情绪学习理论则认为儿童学习理解和管理情绪,建立、维持良好人际关系的社会情绪学习对认知有促进作用,学业与社会情绪学习联合会经过大量的实证研究,证明了社会情绪学习对学业成绩和认知能力有积极促进作用。[④] 在线教学隔着屏幕,教师和同伴难以在同一空间共同活动,如何激发学习者的积极情绪呢?

（1）可以采取很多有趣的活动,比如手势、击掌、放松练习等。具身认

---

① Cahill, L., McGaugh, J. L. A novel demonstration of enhanced memory associated with emotional arousal [J]. Consciousness and cognition, 1995, 4(4): 410 - 421.
② Fredrickson, B. L. What good are positive emotions? [J]. Review of general psychology, 1998, 2(3): 300 - 319.
③ Fredrickson, B.L., Branigan C. Positive emotions broaden the scope of attention and thought-action repertoires [J]. Cognition & emotion, 2005, 19(3): 313 - 332.
④ Yang, C., Bear, G.G., May, H. Multilevel associations between school-wide social-emotional learning approach and student engagement across elementary, middle, and high schools [J]. School Psychology Review, 2018, 47(1): 45 - 61.

知理论认为,身体的活动、运动体验决定了我们的认识,让学习者在接受在线教育的过程中有肢体参与,在体验中感悟和理解。而且这样有趣的、有仪式感的活动可以让学习者产生更多的融入感。在一个学习任务之后让学生站起来走走、做点锻炼、喝点水,可以提高血液中的氧含量,保证大脑的能量来源。

(2)使用积极的语言,如过程性的鼓励,使用幽默手段。对于过程和努力的表扬及鼓励有助于促进学习者成长型思维的形成,比如赞扬"通过你对这道题的创新解法可见你很努力,很善于思考"。而幽默具有很多益处,比如让体内内啡肽升高,让人精神欢快,能够引起人的注意,创造良好的学习氛围。

(八)善用游戏化(Gamification)思维

游戏化思维应用了游戏设计和理念,可以增强学习者的参与感和沉浸感,帮助学生在主动认知加工的过程中学习。基于内在动机理论、心流理论、发现学习理论、强化学习理论等,游戏化学习理论也日益得到了丰富,我们又经过长期的研究和思考,后来逐渐总结出了游戏的三层核心教育价值:依次为游戏动机、游戏思维和游戏精神。[①] 我们 2019 年在高教出版社出版的《游戏化教学法》教材中,系统论述了游戏化和如何开展游戏化教学。在在线教育中善用游戏化手段开展教学,可以增强学习者的学习动机,提高学习者的参与感,帮助学习者全身心投入学习。关于游戏化思维,因为比较重要,所以下一讲会专门讲解。

---

① 尚俊杰,裴蕾丝.重塑学习方式:游戏的核心教育价值及应用前景[J].中国电化教育,2015,(05):41-49.

本讲结语：发展学习科学，促进教育变革

这个时代可以称为"科学"的时代，从工业到农业，从教育到卫生，从育儿到养老，几乎每一个领域、每一个行业都在追求"更科学"，所以在本讲我们就专门探讨了如何使在线教育更科学。本讲首先介绍了学习科学的概念、起源、研究内容和发展趋势，然后介绍了学习科学中比较重要的学习环境设计和学习分析技术研究，尤其是对学习分析进行了比较详细的介绍。最后基于专家的观点及我们的研究经验，提出了基于学习科学的在线教育八建议。希望对大家有所帮助。

在本讲的最后，我想再强调一下之前说过很多次的话："**教育发展急需加强基础研究，基础研究可从学习科学开始！**"①南京大学桑新民教授一直以来也非常关注学习科学，他在《学习科学在未来教育中的地位》一文中也谈到，要正确理解学习科学的价值并应用学习科学开创教育的未来。② 学习科学不仅对于在线教育有意义，对于疫情之后的传统教育更有意义，不管是研究者、学习者还是管理者，都应该高度重视。

展 开 阅 读

[1]　尚俊杰,庄绍勇,陈高伟.学习科学：推动教育的深层变革[J].中国电化教育,2015,(01)：6-13.

---

① 尚俊杰,裴蕾丝.发展学习科学若干重要问题的思考[J].现代教育技术,2018,28(01)：12-18.
② 桑新民,朱德全,吕林海,李艳,郑旭东,江丰光,杨磊,刘彦秋,何颖.学习科学与未来教育[J].教学研究,2020,43(01)：1-22.(注：在这篇文章中,每位作者从不同角度谈了学习科学与未来教育,桑新民教授谈了学习科学在未来教育中的地位。)

这篇文章从教育信息化的发展现状、存在问题及解决方法谈起，仔细梳理了学习科学的发生、发展和研究现状，指出脑科学与学习、基于大数据的学习分析和技术增强的学习等，学习科学研究将有助于推动教育从更深的层面发生变革。

［2］ 郑旭东,王美倩.学习科学：百年回顾与前瞻[J].电化教育
    研究,2017,38(07)：13－19.

这篇文章基于历史与逻辑同一的方法论,对百余年来的学习研究的"三部曲"："动物是如何学习的"、"机器是如何学习的"、"人是如何学习的"进行了回顾与前瞻。

［3］ 李曼丽,丁若曦,张羽,刘威童,何海程,刘惠琴.从认知科
    学到学习科学：过去、现状与未来[J].清华大学教育研
    究,2018,39(04)：29－39.

该文章从认知科学更迭的角度,对学习科学从 1987 年到 2017 年间的发展过程和研究重点进行了综述,并预测在第四代认知科学崛起的未来,人的学习研究将成为认知研究的新焦点,教育学研究也将随之进入一个新时代。

［4］ 尚俊杰,裴蕾丝,吴善超.学习科学的历史溯源、研究热点
    及未来发展[J].教育研究,2018,(03)：136－145＋159.

这篇文章采用文献计量的方法对该领域近三十年的研究主题和趋势进行了计量学分析。研究发现,学习科学的历史发展大致可以划分为过渡转型期、蓬勃发展期和探索升级期;在不同阶段,学习科学的理论

基础都会受到认知科学研究范式的影响,第一代范式为学习科学的萌芽埋下了种子,第二代范式促成了学习科学正式成为独立的研究领域,当下学习科学研究的主题主要由学习基础机制研究、学习环境设计研究和学习分析技术研究三个方面构成。

[5]　周加仙.教育神经科学:创建心智、脑与教育的联结[J].华
东师范大学学报(教育科学版),2013,31(02):42 - 48.
　　这篇文章对教育神经科学的概念、由来及其与学习科学等概念的关系进行了详细的讲解。

[6]　郭炯,郑晓俊.基于大数据的学习分析研究综述[J].中国电
化教育,2017,(01):121 - 130.
　　这篇文章对国内外 2010 年以来关于学习分析的期刊论文进行了梳理,根据研究重点不同分为理论框架、模型研究、学习分析技术基础、学习分析工具、应用研究、面临挑战六大类,并对每一类的重要研究成果进行了梳理与介绍,试图呈现该领域的整体脉络。

[7]　梁林梅,李志.从学习科学到教学实践变革——教师学习
科学素养提升的关键概念与有效教学策略[J].现代教育技术,2018,28(12):13 - 20.
　　这篇文章在总结和分析 20 世纪以来人类对学习研究所经历的三个主要发展阶段及学习科学与教学实践之间关系发展三个阶段的基础上,构建了教师学习科学素养提升的关键概念图谱,并总结、提炼了基于学习科学的有效教学策略。

[8]　任友群,赵建华,孔晶,尚俊杰.国际学习科学研究的现状、核心领域与发展趋势——2018 版《国际学习科学手册》之解析[J].远程教育杂志,2020,38(01)：18 - 27.

　　由全球 110 余位研究者共同参与编写的《国际学习科学手册》于 2018 年正式出版,较为系统和全面地反映了国际领域学习科学研究与实践的进展概况,包括理论性描述、最新研究成果、情景化设计、研究方法新拓展等。本文则系统地解析了该手册的核心内容。

在 线 讨 论

　　下面是一些读者发表的读后感,大家如果对本讲有任何意见和建议,也可以扫描右侧二维码参与讨论。

　　我们常常说教育是人与人之间的交流,所以经验必然是教育中不可或缺的一部分。但是直到今天,我们仍然在不断地探寻教育的规律、学习的规律,是因为我们深刻地知道理论和经验是相辅相成,互相促进的。并且相比线下教学,线上教学可能需要更多的理论指导和科学研究,因为当课堂突然从教室搬到线上时,教师所拥有的关于线下教学的经验大部分都无法继续使用;当教师和学生的交流只能通过网络进行时,有些经验性的观察和反馈就难以获得,比如在这次疫情中,很多老师都会想念课堂教学的美好时光:"想以前,一个眼神就能搞定的事情!"于是,在这种限制了线下教学经验的发挥空间的时候,科学的重要性就会更加凸显,尚老师提出的"基于学习科学的在线教学八建议",从教学内容的呈现,到教师形象,到细致至"看摄像头"的交互方式,再到手势、游戏化的在线教学技巧,这些实实在在的建议实际上都来源于扎实的理论基础和科学事实。

其实,不管是线上教学还是线下教学,"让学习更科学"都应该是我们不断追求的目标,对学习科学的研究可以给我们的教育带来更多的可能性和生命力。以上是我关于在线教育和学习科学的一点看法和感想,有不足之处请大家批评指正。

——北京大学教育学院学习科学实验室硕士研究生 王钰茹

学习科学让我们理解学生在学习中的认知过程,以便更好地设计课堂和其他学习环境,促进学生更有效地学习。对于我们学生来说,了解一些有关学习的基础机制,有助于我们提高学习的效率。比如说,如果我们了解了有关短时记忆与长时记忆之间的转化,或者有关遗忘曲线的知识,我们就会更加重视定期对于需要记忆的知识点的巩固。对于一线教师来说,了解有关学习科学的知识,能够依据相应的教育教学理论更加科学地指导教学实践。比如说,如何进行课堂活动的设计、如何进行教学课件的设计等。在传统的课堂教学中,教师们还可以依据已有的教学经验来开展;而在在线教学中,教学环境可能是全新的,在这样的教学环境下,应该遵循什么原则制作课件、如何进行教学互动、甚至是教师的形象应该如何呈现,这些问题都可以在学习科学中寻找到答案。

学习分析的研究从数据科学的角度,通过学生学习过程产生的客观数据,发现学生的学习特征,从而提升学生学习的效果和效率。比如我们之前通过分析学生在线学习的行为序列,发现高效率的学习者和低效率的学习者在观看视频的行为序列上存在很大的差异。根据这个结果,我们可以提醒学生注意在线学习时观看视频的方式,从而提升学生的整体学习效率。

——北京大学教育学院学习科学实验室硕士研究生 张媛媛

作为北大学习科学实验室提升教师学习科学素养的项目主管,我伴随很多一线教师一起学习、探索如何将学习科学引入一线教学课堂。两年的项目实践向我们表明,学习科学对于教师专业发展、课堂教学变革具有积极的作用。在项目的推进过程中,教师们不断反思自己的教学经验,走出固有的思维壁垒。调研显示,经过项目化学习,教师的学习科学理论有所提升,教师认为自己的教学更加科学了,还有一些教师发表了学术论文,沉淀了自己的教学思想。疫情之下,教育为上,从课件制作到教学组织,学习科学从细节到宏观的理念都在继续助力着在线教育,这也再次印证了学习科学对于教育教学的重要性。

——北京大学教育学院学习科学实验室科研助理　夏　琪

第八讲　如何让在线教育更快乐[*]

上一讲的内容是"如何让在线教育更科学",可是只有科学是不够的,我们都知道走路对身体好,可是很多人就喜欢坐车;我们都知道多吃青菜对身体好,可是很多人就是喜欢吃肉……所以不仅要科学,还要快乐,这样人们才更愿意去做。对于教育来说,当然也是如此,"寓教于乐"是几千年来教育者追求的目标。

一、为什么要更快乐

谈到快乐,我还是想问大家一个问题:每一个孩子刚进入小学的时候,是否都是高高兴兴跑着去的? 但是是谁,用了多长时间,就让部分孩子不那么高兴了呢? 是小学老师、中学老师、大学老师还是家长? 当然,我知道这些人都不容易,你去小学教室上一堂课,就知道让这些懵懵懂懂的孩子学会 $1+1=2$ 有多困难了;你再看中学老师,哪位老师不是早晨 6—7 点到学校,晚上 9—10 点以后才回家呢;大学老师也不容易啊,不仅要管学习,还要想着学生未来的工作;家长也不容易啊,多少位家长为了陪孩子写作业急火攻心住进了医院?

* 本讲得到了北京大学教育学院学习科学实验室科研助理胡若楠的帮助。

但是不管我们多辛苦,现实情况是孩子的学习动机确实在不断流失。不过,当我们把目光投到另外一个领域——游戏,我们就会看到人们在玩游戏方面,似乎从来没有丢失过动机,比如在网上可以看到年轻人坐在水里打游戏的画面,也可以看到年轻人头缠绷带聚精会神打游戏的画面,还可以看到年轻的妈妈抱着孩子打游戏的画面。面对这种场景,我们已经无法阻挡这一代孩子玩游戏了,虽然游戏确实有一些负面影响,但是我们能否利用游戏的优点,把游戏用到教育中,让学习更有趣,从而激发孩子们的学习动机呢?

二、游戏的核心教育价值

关于游戏的价值,这些年也有很多学者都论述过,我们之前也写文章总结了游戏的三层核心价值:**游戏动机**、**游戏思维**、**游戏精神**,[①]这里就再重新回顾一下。

(一)第一层价值:游戏动机

我们之所以想到将游戏用到学习中,首先考虑的就是利用游戏让学习更有趣,激发学习动机,所以这里用了这四个字,但是这一层价值实际上包括了游戏在知识、能力、情感、态度、价值观方面的价值。

首先来看学习动机,目前我们在提倡翻转课堂、探究学习、研究性学习、项目式学习、合作学习等各种各样的学习方式,但是背后都有一个前提,学生是爱学习的,如果学生不喜欢学习,没有强烈的学习动机,那么一切都没有意义。但是现实中,尽管教学环境等各方面条件越来越好,但是学生的学

---

① 尚俊杰,裴蕾丝.重塑学习方式:游戏的核心教育价值及应用前景[J].中国电化教育,2015,(05):41-49.

习动机确实堪忧。我们实验室去年发布的《中国学习计划报告(2018)》中有
对几千名小学 4—6 年级学生的学习动机的调查研究结果,总体来说,小学
生的学习动机情况还不错,但是从 4 年级到 6 年级,确实也在不断降低,统
计学意义上也是显著的。① 面对这种情况,我们自然会想到,是否可以利用
游戏的挑战性、竞争性等特性给学习者创建更富吸引力的学习环境,从而使
得学习更有趣,更能激发学生的学习动机呢?②③④ 事实上,有许多实证研
究证明,游戏有助于激发学生的学习动机。⑤⑥

　　除了动机以外,游戏在知识、能力、情感、态度、价值观方面也有重要的
价值。我们仔细看看目前市场上流行的游戏就可以看出,很多游戏也都蕴
藏了丰富的社会文化知识和专业知识。比如《模拟城市》(SimCity)就包含
了大量的规划和交通等方面的知识。有研究发现玩数字棋盘游戏提升了儿
童的数字知识。⑦ 在能力方面,格林菲尔德在 20 世纪 80 年代通过对一系列
电子游戏的研究,发现游戏可以培养学习者的手眼互动、空间想象、平行处
理等基本能力。⑧ 不仅仅是这些基本能力,有多个教育游戏研究项目还论

---

① 尚俊杰,缪蓉,吴筱萌,王爱华,胡若楠等.2018 中国学习计划报告[R].北京大学教育学院 学习
　科学实验室,北京大学基础教育研究中心,2019.
② Malone, T.W. Lepper, M.R. Making learning fun: A taxonomy of intrinsic motivations for
　learning [A]. Snow, R.E. Farr, M.J. Aptitude, learning, and Instruction, III: Cognitive and
　affective process analysis [C]. New Jersey: Lawrence Erlbaum Associates, 1987: 223 - 253.
③ 尚俊杰,庄绍勇.游戏的教育应用价值研究[J].远程教育杂志,2009,(01):63 - 68.
④ Gee, J.P. What video games have to teach us about learning and literacy [M]. New York:
　Palgrave Macmillan, 2003.
⑤ Huang, Y.M., Huang, Y.M. A scaffolding strategy to develop handheld sensor-based
　vocabulary games for improving students' learning motivation and performance [J]. Educational
　Technology Research & Development, 2015, 63(5): 691 - 708.
⑥ Furó, D., Juan, M.C., Seguí, I., Vivó, R. Mobile learning vs. traditional classroom lessons:
　a comparative study [J]. Journal of Computer Assisted Learning, 2015, 31(3): 189 - 201.
⑦ Ramani, G.B, Siegler, R.S, Hitti, A. Taking it to the classroom: Number board games as a
　small group learning activity. [J]. Journal of Educational Psychology, 2012, 104(3): 661 - 672.
⑧ Greenfield, P.M. Mind and Media: The Effects of Television, Computers and Video Games
　[M]. London: Fontana, 1984.

证了游戏有助于培养问题解决能力、协作能力、创造力等高阶能力。①② 至于情感、态度、价值观方面，游戏虽然可能有负面作用，但是也可以将一些教育理念融到教育中，起到"润物细无声"的效果。早年盛大公司曾经推出了《学雷锋》游戏，将雷锋的故事融入到了游戏中。虽然这个游戏并未流行起来，但是这个努力方向是对的，从这一点来说，我们应该感谢陈天桥。近些年，也有许多学者做了不少相关实证研究。比如，有学者利用游戏《救救达尔富尔》(*Darfur is Dying*)开展亲社会行为方面的研究，结果显示玩游戏比观看游戏或阅读材料更能激发出责任担当的意识和施以援手的意愿。③

关于利用游戏创设学习情境，桑代克的行为主义学习理论、班杜拉的社会学习理论、布鲁纳的认知发现学习理论都有所涉及，他们认为游戏有助于创建一个试误学习环境。借助游戏可以在一个匿名空间下，构建快速、低成本、不受限制的试错环境，并减轻学习者面对某些特定内容的心理恐惧，使学习者完全投入学习过程。还可以在其中人为添加、减少某种因素，拉长和延缓时间，而且可以供学习者反复体验。伯恩斯(Berns)等人设计了一个名为 VirUAM 的 3D 单用户虚拟世界平台，学习者可以通过在虚拟空间中探索，接受相关的语言技巧培训。研究显示，实时的反馈有助于玩家在不同的游戏活动中取得成功，身临其境的游戏环境及词汇在游戏情境中的相互联系，更易于学习者理解和学习。伯恩斯通过访谈还发现，许多学习者认为游戏如同面对面教学一样，提供了许多互动的机会，但与面对面教学不同，游

---

① Chuang, T. Y, Chen, W. F. Effect of Computer-Based Video Games on Children: An Experimental Study [J]. Educational Technology & Society, 2009, 12(2): 1-10.

② Eow, Y. L, Baki, R. Computer games development and appreciative learning approach in enhancing students' creative perception [J]. Computers & Education, 2010, 54(1): 146-161.

③ Peng, W., Lee, M., Heeter C. The effects of a serious game on role-taking and willingness to help [J]. Journal of Communication, 2010, 60(4): 723-742.

戏中的交互使学习者能够客服对失败的恐惧。①

2000 年前后,世界各地的学者开展了不少游戏化学习环境的研究。比如,哈佛大学德得(Dede)教授等人开展了多用户虚拟学习环境(MUVEES)研究项目。② 印第安纳大学的巴拉布(Barab)教授等人设计开发了虚拟学习环境探索亚特兰蒂斯(Quest Atlantis)。③ 香港中文大学的李芳乐和李浩文教授等人开展了虚拟互动学生为本学习环境(Virtual Interactive Student-Oriented Learning Environment,VISOLE)研究项目④。威斯康星大学的谢弗(Shaffer)等人提出了认知游戏(Epistemic games)的概念,这类游戏会提供一个仿真学习环境,来帮助同学学习城市规划、新闻、法律等其他专业知识⑤。香港中文大学庄绍勇教授等人将游戏化学习和移动学习相结合,开发了一套户外移动游戏化学习系统(EduVenter),利用平板电脑和全球卫星定位系统功能支持学生和老师进行户外游戏化学习。⑥

此外,和脑科学相结合,游戏还有更大的作用。其实在 20 世纪 80 年

① Berns,A,Gonzalez-Pardo A,Camacho D. Game-like language learning in 3-D virtual environments [J]. Computers & Education, 2013,60(1).
② Dede,C.,Ketelhut,D.. Motivation, Usability, and Learning Outcomes in a Prototype Museum-based Multi-User Virtual Environment [R]. Presented at American Educational Research Conference, April,2003.
③ Barab. Making Learning Fun: Quest Atlantis, A Game Without Guns [J]. ETR & D,2005,53(1):86-107.
④ Jong,M.S.Y.,Shang,J.J.,Lee,F.L.,Lee,J.H.M. VISOLE — A constructivist pedagogical approach to game-based learning [A]. H. Yang, S. Yuen. Collective intelligence and e-learning 2.0: Implications of web-based communities and networking [M]. New York: Information Science Reference, 2010:185-206.
⑤ Shaffer,D.W. Epistemic frames for epistemic games [J]. Computers & Education, 2006,46(3):223-234.
⑥ Jong,M.S.Y. Design and implementation of EagleEye — An integrated outdoor exploratory educational system [J]. Research and Practices in Technology Enhanced Learning, 2013,8(1):43-64.

代,就有许多学者利用《俄罗斯方块》等游戏进行了关于注意力等方面的研究。最近一些年随着脑科学的发展,相关的研究也越来越多。我们北大学习科学实验室团队自 2008 年来一直致力于教育游戏研究,最初我和学生蒋宇等人一直致力于搭建游戏化的学习环境,后来,蒋宇还写了一本专著《玩出智慧:游戏化学习的魅力》,总结了学校场景中应用游戏的形式,对家长如何引导孩子游戏提供了建议。① 最近几年我一直致力于开展基于学习科学视角的教育游戏,希望将脑科学、游戏和学习结合起来,在裴蕾丝、张露、曾嘉灵等同学及研究助理胡若楠等人的努力下,我们也先后推出了《怪兽消消消》(学习算术知识)、《分数跑跑跑》(学习分数知识)、《方块消消消》(学习立方体知识)几款教育游戏(www.mamagame.net),在教学实验中取得了良好的效果。

(二)第二层价值:游戏思维

随着年龄的提高,我们不一定要用纯粹的游戏,但是仍然可以应用游戏思维,也称游戏化思维。**所谓游戏化,就是将游戏或游戏元素或游戏机制应用到一些非游戏情境中。**② 游戏化最典型的例子就是钢琴楼梯,瑞典一个地铁站曾别出心裁,将楼梯的每一个台阶设计成了一个钢琴琴键,走在上面可以弹出钢琴的声音,结果吸引了很多人走楼梯,同时达到了节能环保和促进人们运动的目的。③ 这就是游戏化的内涵,把事情设计得比较有趣,让你心甘情愿做你以前可能不喜欢做的事情。

游戏化思维目前已经被广泛应用到了产品设计、市场营销、众包和科学

---

① 蒋宇.玩出智慧:游戏化学习的魅力[M].北京:北京交通大学出版社,2019.
② 尚俊杰.游戏化是什么?[J].中国信息技术教育,2015,(08):10.
③ [美]凯文·韦巴赫,丹·亨特.游戏化思维:改变未来商业的新力量[M].周逵,王晓丹译.杭州:浙江人民出版社,2014.

研究中。先来看一个生产管理案例：一般来说，程序员一般都喜欢开发程序，但是不太喜欢检查错误（BUG）。不过微软推出 Windows 7 的时候，他们开发了一个检测软件质量的游戏（Language Quality Game），招募了来自世界各地的微软员工，利用他们的业余时间检查 Windows 7 对话框中的错误，只要他们能发现错误，就能得到积分，还有一个积分排行榜。结果使得数百个错误被及时修复。最重要的是，这些员工觉得这个过程很快乐①。游戏化在市场营销领域最典型的案例当数微信红包，微信红包 2014 年春节上线的时候，据说两天绑定了两亿张银行卡。微信红包之所以能这么成功，其中两个小小的游戏化设计起到了关键作用。以往的在线红包一般都只能发放固定数额，而且是发给指定人员，而微信红包可以发放随机金额的红包，并且可以让许多朋友来抢几个红包，满足了人们的好奇心和挑战心，这样一下子就将传统的发红包变成了一场抢红包的游戏。

　　这些年，在商业领域，众包、众筹特别受欢迎，比如维基百科、百度百科就是依靠成千上万的人集体完成的，效率特别高。可是怎样才能让那么多的人都自愿来帮你做一件事情呢？游戏化就能起到特殊的作用，比如卡内基梅隆大学计算机系路易斯·冯·安（Luis von Ahn）教授开发了一个 ESP 小游戏，这个小游戏会将一张图片发送到两个人的手机上，两个玩家同时回答这张图片是什么，如果两个人的回答是一致的，双方就可以得分，然后继续判断下一张图片。当大家高高兴兴玩这个游戏的时候，实际上在免费地、自愿地、高兴地帮 Google 为数百万张图片添加了精确的标签。②

---

① ［美］凯文·韦巴赫，丹·亨特.游戏化思维：改变未来商业的新力量［M］.周逵，王晓丹译.杭州：浙江人民出版社，2014.
② 同上。

游戏化在教育中的应用也由来已久，比如前面论述的游戏化学习案例也都可以算作游戏化的案例，现在许多教育类APP也在应用点数、徽章、排行榜等游戏化元素，比如"百词斩"，将单词拖出去斩了，这是不是游戏化的体现呢？事实上也有不少学者针对游戏化进行了理论和实践研究，比如柏瑞塔（Barata）等人曾经对一门传媒类课程进行了游戏化设计，在Moodle上添加经验值、等级、排行榜和徽章等游戏元素，发现处于游戏化状态的学生参加了更多的讲座，下载了更多的演讲幻灯片，并在讨论中发布了更多内容。与非游戏状态相比，该课程更具激励性和趣味性。[1]

当然，实现游戏化，也不一定非要用电子游戏，在传统教学中，老师们给孩子们发一张小奖票、使用排行榜、分组展开竞争等，也都算是游戏化思维的体现。北大附小刘颖老师曾经让二年级学生玩学习"大数"概念的游戏——"比大小"。老师把全班孩子分成两个队，蓝队和红队，抽三张牌，组成一个数字，然后比大小。这一堂课小朋友玩得非常开心，把数的大小学习得非常深刻，而且还体会到了高级博弈技能。北京顺义杨镇中心小学的体育老师也曾把很多体育课程设计为游戏，或许有助于解决"部分学生喜欢体育，不喜欢上体育课"的问题。

实现游戏化，也可以线上线下混合运用（这一点对于疫情结束后的混合式学习更加重要）。我和学生肖海明等人曾经和北京顺义西辛小学开展了基于数据分析的游戏化素质评价项目[2]。小学老师喜欢给孩子们发奖票，孩子们很重视，但是过一段时间，孩子把奖票丢了，老师也忘记发给谁了。我们在每一张小奖票背后设计了一个唯一的二维码，孩子拿着奖票到家里，

① Barata, G., Gama, S., Jorge, J., et al. Identifying Student Types in a Gamified Learning Experience [J]. International Journal of Game-Based Learning, 2014, 4(4): 19 - 36.
② 可以参考北京顺义西辛小学幸福田园APP。

爸爸妈妈拿手机一扫，就积累到孩子的系统中了。这样家长、老师、校长都可以随时看看奖票的发放情况。不仅可以记录奖票获得情况，而且可以自动分析学生的发展水平了，比如孩子老得语文奖票，不得数学奖票，是不是偏科啊，这样很好地实现了评价的数字化和学生发展的过程性诊断。同时加上游戏化的徽章、结合学校的特色研学活动奖励，让评价不再冷冰冰，而是学生的一段线上线下结合的有趣的成长经历。

总之，游戏思维的核心就是不要拘泥于游戏的外在形式，更重要的是发挥其深层内在动机，在教学、管理各个环节的活动中有机地融入游戏或游戏元素或游戏机制。

（三）第三层价值：游戏精神

游戏的最高层次和最有意义的价值应该是游戏精神。**所谓游戏精神，指的是人的一种生存状态，它表示人能够挣脱现实的束缚和限制，积极地追求本质上的自由，是人追求精神自由的境界之一。**简单地说，游戏精神就是在法律法规允许的前提下，自由地追求本质和精神上的自由。[1]

大家想一想，游戏是假的，但是人们对待游戏的态度却是非常严肃和认真的。游戏重过程不重结果，我们今天的教育是否有点过于重视结果而忽视过程呢？我们是否可以让学生不要纠结于是否能考上名校，只要每天专心地学习、痛快地游玩就可以呢？

很多学者都论述过游戏精神，德国著名教育家、幼儿园创始人福禄培尔认为：游戏是儿童发展的最高阶段，人的最纯洁的本质和最内在的思想就是在游戏中得到发展和表现的。[2] 在游戏领域负有盛名的荷兰莱顿大学原

---

① 尚俊杰.未来教育重塑研究［M］.上海：华东师范大学出版社，2020：88-89.
② 单中惠.福禄培尔幼儿教育著作精选［M］.上海：华东师范大学出版社，2009.

校长胡伊青加认为,人类社会的很多行为都是可以和游戏联系起来的,人本质上就是游戏者。① 席勒更是认为"只有当人充分是人的时候,他才游戏;只有当人游戏的时候,他才完全是人。"当我第一次读到这个观点的时候以为是翻译错了,但是后来仔细想了想,确实有道理,这个观点从某种角度上也阐明了游戏精神的价值。

结合各位学者的观点,结合游戏的自由自愿性、非实例性等特性,在教学过程中,就要在完成教学任务的前提下,尽量让学生自由地选择学习内容、决定学习方式、安排学习时间。这样,或许能够激发马龙(Malone)所说的控制动机②。同时,要精心设计教学活动,努力增强趣味性,这样,学生即使是为了考学而学习,在学习的过程中却几乎忘了考学的目标,只是因为好奇或战胜挑战而乐此不疲。

以上三层价值既有联系又有区别:游戏动机是最基础也最具操作性的价值,它强调利用游戏来激发学习动机;游戏思维则表示超脱游戏形式,强调将非游戏的学习活动设计成"游戏";而游戏精神则是最有意义的价值,强调学习者以对待游戏的精神和态度来对待学习过程和结果。三者的核心联系就是深层内在动机。也可以换一个简单的说法(或许不太严谨):游戏动机是指利用游戏来学习,游戏思维是指将学习变成"游戏",游戏精神是指将整个求学过程甚至整个人生变成"游戏"。③

① 胡伊青加.人:游戏者[M].贵阳:贵州人民出版社,1998.
② Malone, T.W. Lepper, M.R. Making learning fun: A taxonomy of intrinsic motivations for learning [A]. Snow, R.E. Farr, M.J. Aptitude, learning, and Instruction, Ⅲ: Cognitive and affective process analysis [C]. New Jersey: Lawrence Erlbaum Associates, 1987: 223 - 253.
③ 尚俊杰,裴蕾丝.重塑学习方式:游戏的核心教育价值及应用前景[J].中国电化教育,2015,(05): 41 - 49.

三、游戏化学习与在线教育

从广义上来说,前面提到的所有案例几乎都和在线教育有关系,比如线上线下混合式的游戏化素质测评案例。从狭义上来说,我认为游戏化在在线教育中的应用主要可以分为如下几类。

（一）在线教学过程中融入小游戏

所谓小游戏,主要指的是一些结构比较简单,内容比较单一,专注于训练某一知识点的小型教育游戏。虽然在有学者认为小型教育游戏只能培养基本的技能,对于知识的吸收、整合和应用价值不大,一般不能培养解决问题、协作学习和反思能力等高阶能力。[①] 但是,因为小游戏是最容易整合进传统的说教式的教育过程中的,所以在传统课堂教学中的使用比较广泛。

在线教学过程中,一样可以使用小游戏,教师可以将小游戏发送给学生,让学生自己练习;或者教师在自己屏幕上试玩游戏,让学生观看游戏过程;或者教师提前录制好游戏视频,嵌入教学课件。在这次疫情中,北京空中课堂和海淀空中课堂推出了大量的优秀的教师讲课视频课件,其中部分就融入了小游戏(包括传统游戏),效果很好。

（二）基于大型情境类教育游戏开展在线游戏化学习

所谓情境类教育游戏(Situated Educational Game),指的是利用网络游戏创设的虚拟情境建立游戏化知识建构学习环境,让学习者通过扮演故事

---

① Prensky, M. Digital Game-Based Learning [M]. New York: McGraw Hill, 2001.

中的角色的方式参与到这个虚拟情境中,通过和成员的交流、互动和合作来达到有效学习。简单地说,这类游戏就是大型网络教育游戏,它不仅能激发学习者的学习动机,而且能够达到情境学习培养综合能力的目的,更重要的是,它可以让学生将在游戏中学习到的知识和能力比较容易地迁移到现实生活中,真正达到知识建构的目的。①

前面提到过,2000 年前后,很多研究机构开展了多个情境类教育游戏项目。比如我们在第六讲到的《农场狂想曲》就属于情境类教育游戏。再如印第安纳大学巴拉布教授等人设计开发了虚拟学习环境《探索亚特兰蒂斯》②。其提供了一个近似真实的教学情境,学习者进去后,通过学习和应用学科内容,解决虚拟世界中的问题,在培养能力的同时培养社会责任感。比如其中有这样一个学习单元——"Taiga 公园"。该公园的鱼群数量不断减少,作为当地重要财政收入来源的渔业公司威胁当地政府声称要撤出该地。对于鱼群数量减少的问题,该公园的三类团体(土著居民、伐木公司以及渔业公司)相互指责,事实上这三类团体都对鱼群数量的减少负有一定责任。学生通过参与这一单元的活动,学习了一些概念,获得了一些技能,形成了环境保护意识。此外,该单元还需要使学生认识到科学决策的复杂性,因为决策过程中学生不得不平衡道德、经济、政治和自然科学等因素。③

借助这些游戏,就可以开展在线游戏化自主学习活动。比如在疫情期间,波兰政府专门搭建了《我的世界》服务器。在其中,每个玩家都拥

---

① Lee, J.H.M., Lee, F.L. Virtual interactive student-oriented learning environment (VISOLE): Extending the frontier of web-based learning [E]. The scholarship of teaching and learning organized by University Grant Council, Hong Kong, 2001.

② Barab, S., Thomas, M., Dodge, T., Carteaux, R., Tuzun, H.. Making learning fun: quest atlantis, a game without guns. Educational Technology Research & Development, 2005, 53(1): 86-107.

③ 马红亮.教育网络游戏设计的方法和原理: 以 Quest Atlantis 为例 [J].远程教育杂志, 2010,28(01): 94-99.

图 8 - 1　探索亚特兰蒂斯的主界面

有 60×60 的方块可以自由使用，发挥创造力搭建建筑或物品。①

（三）在线教育 APP 中融入游戏化元素或机制

　　游戏化在企业领域特别热，对互联网教育企业影响也非常大，目前很多在线教育类 APP 中都融入了游戏化元素。比如点数、徽章、排行榜、分组竞争、团队合作、闯关等。很多 APP 也采用了虚拟人物和角色系统，让学习者扮演角色。事实上前面提到的游戏化素质评价项目也属于这一类应用。

　　在 ClassIn 等一些在线教学平台中，现在也融入了这样的功能，比如在其中可以给学生一个"奖章"，奖章会在屏幕上呈现，所有的学生也都可以注意到。我在给研究生讲课过程中，有时候也会使用一下，虽然已经是研究生了，但是大家也觉得挺好玩，主要是调节了气氛，增强了教学互动

---

① https://www.sohu.com/a/382436167_157419.

感。香港大学的学者曾经针对大学生做过研究,他们在 Moodle 平台中增加了徽章等游戏化因素,在两门大学生课程进程中进行了对比研究,结果显示游戏化对学习者的参与有积极的影响。[①] 在 VIPKID 等中小学课外平台中,这个当然就更重要了,很多孩子上课的一个重要目的就是要拿积分、拿奖章。

（四）在 MOOC、微课中应用游戏化元素或机制

最近这些年 MOOC 非常热,但是 MOOC 中的高辍学率也一直饱受人诟病,因此就有学者考虑将游戏化应用到 MOOC 中,从而激发学习者的学习动机。

如果有条件,可以将要讲的内容开发成游戏。比如我的导师香港中文大学李浩文教授联合墨尔本大学的彼得斯塔基教授,两个团队花费了大约 2 年时间,把《三国演义》《西游记》《山海经》《众神记》中部分传统故事开发成游戏化场景融入到了离散数学教学中,在 Coursera 平台上推出了三门MOOC:《离散优化建模基础篇（Basic Modeling for Discrete Optimization)》[②]《离散优化建模高阶篇（Advanced Modeling for Discrete Optimization)》[③]《离散优化解决问题篇（Solving Algorithms for Discrete Optimization)》[④]。其中采用了基于故事（民间传说）的教学法（Fable-Based Learning),每一个视频课的开始都会勾划出一个中国经典名著里面的故事,目的是将学生置于一个连贯的学习背景,从而提高学生的学习动机。截

① Huang, B., Hew, K.F. Implementing a theory-driven gamification model in higher education flipped courses: Effects on out-of-class activity completion and quality of artifacts [J]. Computers & Education, 2018, (125): 254-272.

② https://www.coursera.org/learn/lisan-youhua-jianmo-jichupian.

③ https://www.coursera.org/learn/lisan-youhua-jianmo-gaojiepian.

④ https://www.coursera.org/learn/solving-algorithms-discrete-optimization.

止到 2019 年 9 月 1 日,有 13 万余人访问了课程,2 万余人注册了课程。此外,该系列课程还被用到了香港中文大学、墨尔本大学等高校的课堂教学中,采用 SPOC 方式或翻转课堂的方式,深受师生好评。[①]

如果条件不充分,可能就没有办法把教学内容都设计为游戏,但是可以采用一种"轻度游戏化"的方式来设计课程。我们团队之前在中国大学 MOOC 推出了《游戏化教学法》课程,[②]最初也是和普通 MOOC 一样设计的,但是在第三轮开课的时候,我们结合游戏化对课程进行了改版,当时综合考虑了我们的目标、中国大学 MOOC 平台能够提供的功能、成本、时间等多种因素,最后确定了采用"轻度游戏化"的方式。在朱云老师、曲茜美老师等团队成员的努力下,基于 MDA 游戏设计框架,并选择以真人手绘背景(背景是手绘的,真人拍摄,然后合成视频)、增加故事元素、增加角色扮演、游戏化互动等方式,对 MOOC 课程视频进行了游戏化设计,同时在课程通知、讨论中也注意采用游戏化互动方式,效果良好。[③④] 现在很多老师都在利用 MOOC 或者直播开展在线教育,或许可以参考这种方式。

四、基于游戏化学习的在线教育建议

综合以上讲述,可能有一线老师会希望在在线教学中应用游戏化学习,

① Chan M.，Chun C.，Fung H.，Lee J.H.M.，Stuckey P.J.. Teaching Constraint Programming Using Fable-Based Learning ［A］.//Proceedings of the 10th Symposium on Educational Advances in Artificial Intelligence (EAAI－20) (Collocated with AAAI－20)，New York，USA，February，2020.
② http://www.icourse163.org/course/icourse－1001554013.
③ 朱云,裴蕾丝,尚俊杰.游戏化与 MOOC 课程视频的整合途径研究——以《游戏化教学法》MOOC 为例［J］.远程教育杂志,2017,35(06):95－103.
④ 曲茜美,曾嘉灵,尚俊杰.情境故事视角下的 MOOC 游戏化设计模型研究［J］.中国远程教育,2019,40(12):24－33＋92－93.

下面就结合我们的研究心得①以及我自己在线教学的体会,给大家提供八条建议。

（一）在教学过程中使用教育游戏

根据前面的讲述,教师可以在教学过程中融入一些现成的小游戏(包括电子游戏、桌游、传统游戏等),可以提前发给学生,让学生现场玩,也可以教师示范玩。在具体的教学环节中则可以这样应用:(1)在导入环节中,可以有针对性地引入课程内容相关的游戏活动,吸引学生注意力和兴趣。(2)在新授环节,可以将合适的游戏作为学习内容。如将七巧板这一古典数学游戏进行再次开发,利用七巧板的拼摆学习面积,我们的教科书中也不乏利用七巧板学习图形的内容,还可以让学生玩在线的二进制游戏,直接学会二进制。(3)在复习和练习巩固环节,游戏更是可以大有作为,比如用PaGamO平台进行多学科的习题练习,应用愤怒的小鸟中的截图练习抛物线的计算②,用飞花令复习古诗词,用你比我猜复习字词,用时钟游戏练习对钟表的认识,用闪卡复习单词等。

如果有条件,也可以将一些情境类的教育游戏应用到德育、地理、历史、社会等知识的学习中,比如斯奎尔(Squire)教授就曾经使用《文明》游戏,让学生在模拟中体会文明的产生、发展和灭亡的过程。③

也有的老师可能会问,我怎样去开发游戏呢? 我个人认为,一线教师的主要任务不是开发游戏,而是将游戏有机地融入自己的教学中。当然,对于

---

① 尚俊杰,曲茜美.游戏化教学法[M].北京:高等教育出版社,2019.

② 韩静波."愤怒的小鸟"击中"抛体运动"复习专题[J].中小学信息技术教育,2014,(01):26-29.

③ Squire, K. Replaying history: Learning world history through playing Civilization Ⅲ, the Ph.D dissertation of Indiana University, 2004.

个别确实"教有余力"的老师，也可以尝试去开发游戏，目前有一些模板类游戏引擎可以让老师比较方便地开发游戏，比如网龙推出的 EdBox 和西沃白板附带的软件，其中提供了游戏模板，可以用"填表"的方式开发小游戏。如果还有兴趣，可以用腾讯最近推出的罗布乐思（Roblox），使用这个引擎甚至可以开发出商业游戏。

当然，也不一定非要用电子游戏，也可以使用桌游等传统游戏，比如教师可以组织学生制作桌游，最简单的方式就是打乱拼音和汉字的纸片让学生再重新搭配，也可以改编经典桌游，比如把化学元素学习改编成纸牌游戏①。如果没有材料也没关系，很多老师将谁是卧底这一游戏进行改编，用于化学、词汇、数学等学科，在课堂中应用并开展对照实验，发现其效果显著好于传统的习题操练②③。

（二）注重使用点数、徽章、排行榜等游戏化元素和机制

如果有可能，尽可能使用点数（积分）、徽章、排行榜、关卡、经验值、时间限制、故事情节、虚拟化身、美学艺术等游戏元素和机制。下面分别简单介绍一下这几种元素和机制。

1. **点数、徽章、排行榜**。在教学中最常用的就是点数、徽章、排行榜，但是值得注意的是点数（积分）需要有意义，否则长此以往会让学生感到失望。一旦决定要在课堂中建立排行榜，就需要及时更新并且给予排名靠后的学生更多机会，排行榜利用了人的社会比较心理，但是也容易导致学生将注意

---

① 李娟,钱扬义,彭豪,邓峰.国内外化学扑克牌游戏现状述评[J].化学教育,2012,33(09)：126－130.
② 赵红."谁是卧底"游戏在高中生物教学中的应用[J].中学生物教学,2017,(18)：28.
③ 蒋屹林,邹非,卫欣.游戏教学在化学概念复习上的运用——谁是卧底[J].化学教育(中英文),2018,39(07)：36－38.

力集中于竞争,而非内容本身,因此,建议老师设定个人进步名次的排行榜,引导学生与自己以前的表现比较。在这方面有很多可以采用的工具,比如班级优化大师,就可以给学生随时积分。

2. **关卡设计**。设定关卡的目的是切分任务模块,比如在一堂课设计几关,让课程成为一个闯关游戏。有研究表明,在学习的阶段中插入与任务无关的活动更能促进注意力的保持。[①]

3. **经验值**。经验值是对努力和用时的肯定,教学中尤其要对表现努力的学生进行鼓励,可以采取经验值的做法,学生参与的任务越多,经验值越高。

4. **时间限制**。生活中快节奏时间限制往往会让人产生紧迫感,也更容易让人沉浸其中,比如一次限时抢答。而游戏中,与没有时间限制的条件相比,时间限制的游戏中学生的自主性更高,内在动机和沉浸体验也更强[②]。在在线教学中使用倒计时工具,让学生在规定时间内完成课堂练习不失为一种吸引学生投入的做法。

5. **故事情境**。情境认知与学习理论认为,知识是情境化的,是需要在情境中加以运用的。情境故事可以帮助学习者获取替代性经验,可以为日后的迁移应用打下基础。[③] 那么如何在教学中创造情境化的课堂呢?从整体的故事背景来说,选择的故事背景应具有吸引力,符合学生的认知和兴趣,最好能够生活化,这样所教授的知识就是真实情境下的。需要注意的是,学生的兴趣是变化的,一味使用一种背景或者不符合年龄段的故事背景

---

① ［美］苏泽.脑与学习[M].认知神经科学与学习国家重点实验室,脑与教育应用研究中心译.北京:中国轻工业出版社,2004:20-21.
② Yildirim I.G. Time Pressure as Video Game Design Element and Basic Need Satisfaction [C]// Chi Conference Extended Abstracts. ACM, 2016.
③ 曲茜美,曾嘉灵,尚俊杰.情境故事视角下的 MOOC 游戏化设计模型研究[J].中国远程教育,2019,40(12):24-33+92-93.

难以吸引其兴趣,比如,一学期总在喜洋洋的情境下解题。从学生的角色设计来看,赋予学生一定的使命感和责任感,与故事背景契合,包括教师自己也成为整个情境中的核心角色,更有助于沉浸感的创造。从情境中的活动来说,如果只是将枯燥的练习纳入情境中,无疑只是给课堂裹了糖衣,咬下去还是苦涩的,因此,活动的设计也需要围绕情境展开,比如在疫情的背景下学习生物知识。

6. **虚拟化身**。游戏中的化身是吸引玩家的重要因素之一,教学中我们也可以给学生足够的角色扮演机会,简单的角色扮演甚至仅仅是扮演词语,都已被证明对学习有积极影响①,让学生化身为课文中的角色,化身为重要的概念,不仅仅局限于语言学科,在物理、化学、生物、科学等学科的教学中都可以让学生化身体验。甚至有研究显示,虚拟化身经历的体育训练甚至比真实运动的运动水平要高。②

7. **美学艺术**。被称为第九艺术的游戏在画面上的确给人带来了美的享受,不仅如此,动画片同样也是以其绚丽的画面和逼真的场景得到观众的青睐。相比,我们的教学课件是否也可以向这一方向努力呢? 教师们同样需要借用各种多媒体素材创造依据场景变化的教学课件。而一些艺术化手段,诸如音乐、绘画、戏剧、电影都可以灵活地应用于教学中。比如在生物课上,让学生画一个 DNA 分子的草图,描述它在生命研究中的重要性,课后,让学生分小组合作用牙签、棉花糖、粘土做 DNA 大分子;让学生制作一个有关 DNA 功能和结构的动画;让学生分组合作完成一个 DNA 复制的表演。这些教学方式有助于个人情感与材料信息之间的连结。

---

① Engelkamp, J., Mohr, G., Zimmer, H. D. Pair-relational encoding of performed nouns and verbs [J]. Psychological Research, 1991, 53(3): 232 – 239.

② Fox, J., Bailenson, J. N. Virtual Self-Modeling: The Effects of Vicarious Reinforcement and Identification on Exercise Behaviors [J]. Media Psychology, 2009, 12(1): 1 – 25.

（三）在 MOOC 等在线课程中融入角色与故事等游戏化元素和机制

一些老师可能正在制作 MOOC、微课等在线课程，所以这里特别提一下，在其中可以融入角色与故事等游戏化元素和机制，从而实现轻度游戏化。当然，如果平台支持的话，还可以使用点数、徽章、排行榜等元素。这些内容前面讲过，这里不再赘述。

（四）精心设计游戏化自主学习活动

之前讲过，在线教育不等于直播或录播，也可以让学生在家里自主学习，因此可以精心设计一些游戏化的自主学习活动。比如，北大附小在疫情期间要求学生在家里玩"数独"和"搭纸牌"游戏，也有老师要求学生在家里和父母玩"24 点"等游戏，这样既活跃了气氛，又复习了相关知识。

（五）注重激发学习者的挑战、好奇、竞争等内在动机

游戏之所以能让人乐此不疲，主要就是因为能够激发内在动机。[①] 所以在教学的各个环节中要注意激发挑战、好奇、控制、幻想、竞争、合作、自尊等内在动机。

1. 符合心流体验的挑战设计

所谓心流（flow），是芝加哥大学齐克森米哈里（Csikszentmihalyi）提出的理论，它指的是一种心理状态：参与者被从事的活动深深吸引进去，意识被集中在一个非常狭窄的范围内，所有不相关的知觉和思想都被过滤掉，并

---

① Malone, T.W. Lepper, M.R. Making learning fun: A taxonomy of intrinsic motivations for learning [A]. Snow, R.E. Farr, M.J. Aptitude, learning, and Instruction, III: Cognitive and affective process analysis [C]. New Jersey: Lawrence Erlbaum Associates, 1987: 223 – 253.

且丧失了自觉,只对具体的目标和明确的反馈有感觉,几乎被环境所控制。① 心流能够给人带来快乐,并使人希望继续持续该活动。齐克森米哈里认为,在目标明确、具有立即回馈、并且挑战与技巧相当的情况下,人的注意力会开始凝聚,逐渐进入心无旁骛的状态,就产生了"心流"。②

总之,心流体验是一种令每个人不计代价为此付出的状态,在游戏中尤为突出。那么在线教学怎样才能让学生产生更多的心流体验呢?

首先要考虑的就是挑战和技巧要平衡。要实现挑战与技巧匹配的前提就是获得挑战和技巧的值,也就是说需要把学习任务按照难度和复杂度进行层次归类,据学习任务的层级分类,编制测试题,对学生进行测评,根据学生暂时达到的知识水平给学生推荐相对应水平的任务,学生完成一个任务后可以继续挑战下一个水平的任务。

其次要注意只有明确而清晰的任务目标才能保证行动的有效性。并不是任何情况下,学生都知道接下来要学什么,尤其对于注意力不集中的学生来说,可能听着听着,就会发现并不知道自己要干什么。事实上,有研究表明,4 岁的儿童就能够从整体上加工图片③,因此给学生提供总体的结构和目标对孩子来说是有效的学习方式,比如,在讲课前清晰地告诉学生本堂课的教学内容和教学目标。对于在线教学的课件,也可以在适当的页面呈现出当前所要达到的目标和在整个结构中所处的位置。

此外,还要注意尽量给予学生及时性的反馈。比如当学生有疑问时,尽

---

① Csikszentmihalyi, M. Flow: The psychology of optical experience. N. Y.: Harper Perennial, 1990.
② 齐克森米哈里.生命的心流——追求忘我专注的圆融生活[M].陈秀娟译.台北:天下远见,1998.
③ Nicolas P., Emmanuel M., Olivier H. First came the trees, then the forest: Developmental changes during childhood in the processing of visual local-global patterns acco-ding to the meaningfulness of the stimuli [J]. Developmental Psychology, 2008, 44 (1): 245–253.

快给予解答。在传统教学中,可能教师很难经常停下来解答问题,但是在线教育或许有这个优势,将来或许可以借助助教或人工智能及时给予每一个同学反馈。

2. 利用感官好奇和认知好奇激发学生的好奇心

所谓好奇,指的是应该根据游戏者当时的知识水平提供适当程度的复杂性和矛盾性问题,使学习者感到奇怪。可以通过音乐和图像来增强感官好奇(Sensory Curiosity),也可以通过利用一些似是而非的观点、不完整的观点或者简化的观点等教学设计技术来增强认知好奇(Cognitive Curiosity)。

在在线教学中,一样可以使用这些策略,比如在讲授图形时,可以用一块布将图形蒙上,让同学们猜一猜会摸出一个什么形状的图形。

3. 通过赋权给学生自主性和控制感

控制感和自主性有多重要呢? 游戏最大的特征就是自由自愿性,想玩就玩,另外,可以通过各种操作控制角色控制进度,带来更好的体验。甚至有研究证明控制感能够影响人的身体健康,[①]比较著名的一个实验就是心理学家埃伦·兰格(Ellen J. Langer)的养老院"自主控制实验",被给予更多控制权来照顾植物的老人身体状况得到了提高,且自我报告更快乐更有活力。在教育中,也有研究发现,高控制感的学生在作业完成中投入的努力更多。[②]

在在线教学中,如何让学生更有控制感和自主性呢? (1)可以给学生赋权,让他们可以自己制定学习目标和学习计划,掌控自己的学习进度;

[①] Partridge, C. Perceived control of recovery from physical disability: measurement and prediction [J]. British Journal of Clinical Psychology, 2011, 28(1): 53 - 59.

[②] Schmitz, B., Skinner, E.. Perceived control, effort, and academic performance: Interindividual, intraindividual, and multivariate time-series analyses. [J]. Journal of Personality & Social Psychology, 1993, 64(6): 1010 - 1028.

（2）引导学生对自己进行评估和测评；（3）在统一教学目标和教学内容的基础上提供一些能够让学生自己选择学习的材料，包括基础的材料和思维提高的材料；（4）在作业评价上，给学生更多的选择，让学生自己选择作业形式。

4. 分组展开竞争

游戏中的竞争机制让人们处于应激状态，容易产生更加强烈的情绪体验，刺激肾上腺激素分泌，自尊需要和自我实现的需要会被调动起来，所以让人欲罢不能。曾经有学者开发了竞争游戏帮助大学生获得数据库知识。被试被分为比赛组和非比赛组两个组，前者可以在排行榜上查看所有当前玩家的得分、排名和昵称，而后者则没有提供排行榜，结果表明，竞赛组的学生比非竞赛组的学生具有更高的动机和测验分数。① 事实上，还有许多研究表明，在游戏化学习中，竞争能提高学习兴趣、改善学习态度、降低认知负荷②、降低焦虑，让学生获得更多控制感、好奇心和内在兴趣③。此外，还有研究表明虚拟竞争中的学生学习表现更好，甚至比线下竞争的学生花费更多的时间做练习。④

因此，在线教学可以适当应用一些竞争机制，可以采用线上 PK 的方式，比如双人做题竞争的小游戏。不过，在使用中也要注意，竞争是双刃剑，过度竞争可能会损害学生的积极性，要适度使用。

---

① Cag.ltay, N.E., Ozcelik, E., Ozcelik, N.S. The effect of competition on learning in games [J]. Computers & Education, 2015, 87(SEP.): 35-41.

② Hwang, G.J., Chang, S.C. Effects of a peer competition-based mobile learning approach on students' affective domain exhibition in social studies courses [J]. British Journal of Educational Technology, 2016, 47(6): 1217-1231.

③ Wei, C.W., Kao, H.Y., Lu, H.H., Liu, Y.C. The effects of competitive gaming scenarios and personalized assistance strategies on English vocabulary learning [J]. Journal of Educational Technology & Society, 2018, 21(3).

④ Chen, S.Y., Chang, Y.M. The impacts of real competition and virtual competition in digital game-based learning [J]. Computers in Human Behavior, 2020, 104(3): 106171-106180.

5. 让小组合作完成任务

在游戏中,合作非常重要,比如一起组队打怪等。正是游戏所提供的合作机会,满足了人的被认可需求和社交需求,因此也让人难以停止游戏。在教育中,目前流行的项目式学习、研究性学习、探究学习等学习方式,也都非常强调合作学习。

在在线教学中,可以利用合作学习调动学生的学习积极性和参与度,促进同伴互助学习。(1)首先需要确定学习目标、学习任务和分组机制,制定成功标准,设定组中每位成员的角色和任务。(2)在活动中,老师要监控小组良好运行,有必要时为学生疑难解惑和提供指导。(3)评价的时候既要考虑小组的综合表现,还要考虑每个成员的努力及贡献。

在合作学习中有时候会出现个别学习者"搭便车"的情况,出工不出力,因此要想方设法激励每一个学习者积极参与。有学者曾经提出了一种基于任务同步的合作学习策略,在游戏活动中设置团队任务同步点,当玩家成功完成同步点的游戏任务时,仅获得通关密码的一部分代码,组长需要收集所有成员的代码组合成通关密码,小组才能进入下一个游戏阶段。这样就可以强制要求每一位同学都必须努力参与才行。① 另外,拼图式学习是目前被广泛使用的一种合作学习技术,每个人像小组内拼图的一小块,成为小组内解决问题的专家,每个人都可以进入其他的小组,带着自己的独特知识成为专家继续交流。有研究显示,这种方法能够减少学生的考试焦虑,也能够提高学生的参与度。②

---

① Chang, S.C, Hwang, G.J. Development of an effective educational computer game based on a mission synchronization-based peer-assistance approach [J]. Interactive Learning Environments, 2016, 25: 1 - 15.

② Azmin, N.H. Effect of the Jigsaw-Based Cooperative Learning Method on Student Performance in the General Certificate of Education Advanced-Level Psychology: An Exploratory Brunei Case Study [J]. International Education Studies, 2015, 9(1): 91.

（六）注重使用适当的奖惩机制

在传统教学中，老师们会使用奖状、奖品、小奖票、口头表扬等多种方式奖励学生，在在线教学中也是如此，还可以使用点数、徽章、排行榜等来奖励学生。那么到底应该怎样应用这些奖励机制呢？美国著名心理学家斯金纳提出的强化理论（操作性条件反射理论）或许可以参考。斯金纳做了经典的斯金纳箱实验，发现动物的行为可以由情境事件（刺激）塑造，通过控制情境事件（刺激）就可以控制行为或者改变行为。在操作性条件反射建立起稳固联结的最重要因素是操作与强化。① 这里说的强化实际上就是食物等奖励，可以是持续强化，每次做出目标行为后即给予强化；也可以是定比率强化，行为发生固定次数后给予强化；变比率强化，平均次数固定，但单次次数不固定；定时距强化，行为发生一定时间之后给予强化；变时距强化，强化的时间不确定，比如随机出现。

结合这些研究成果，我们认为在在线教学中可以采用如下奖励策略：（1）持续的固定奖励（持续强化），学习者只要参加课程就可以获得奖励。一些校外培训机构经常采用这种方式，只要上一次课，就可以得到一些积分；（2）根据行为的出现频次进行奖励（即定比率强化或定时距强化），学习者参加几次课程可以得到奖励，或者是参加一定时间后给予奖励。比如在游戏中每玩三局就获得一件物品，连续玩五局就会获得三件物品，这种情况可能更能促进行为的发生；（3）根据行为的出现频次随机进行奖励（即变比率强化或变时距强化）。有研究表明，在游戏化学习中加入不确定性因素（如随机的题目、对话）可以提高学生的投入度、促进学生对信息的编码和

① 斯金纳.科学与人类行为[M].谭力海，译.北京：华夏出版社，1989：65.

事后回忆。① 从脑科学角度来看,在大脑获得了额外的奖励的时候,中脑的多巴胺神经元会被激活而释放出多巴胺。相反,如果大脑受到了意外的负面刺激的时候,多巴胺神经元则会被抑制。②③ 这可以解释为什么在游戏中突然出现的宠物和获得的装备能够让人那么开心了,而惩罚或批评则会让学生很不开心;(4)给学生特别的奖励和惊喜,尤其是需要鼓励的学生。在传统班级中,可能有一些学生因为内向等原因比较少得到奖励,但是在在线教学中,教师实际上可以更方便地给这些学生以特殊的奖励,从而尽可能实现"一个都不少";(5)奖励可以是虚拟和实物相结合。现在一些培训机构比较重视这一点,会在线给学生奖章,隔一段时间还可能给学生邮寄来一些实物小奖品,小孩子确实很喜欢。不过对于学生而言,被认可被尊重的奖励需求大于实物的需求,尤其对于物质生活极其丰富的新一代来说。因此,奖励物以称号、荣誉或虚拟物品更为可取。

传统教学中,教师有时候会采取一定的惩罚措施,比如罚站。不过在线教育中,似乎比较少有人用惩罚措施,一般来说应该以奖励为主。

（七）注重具身认知,能动则动

近年来,具身认知学习理论特别流行。与其他学习理论相比,具身认知理论指导下的学习是具身的、情境的,强调身体及其经验对学习的影响。④

---

① Demetriou, H. J. Uncertainty and engagement with learning games [J]. Instructional Science, 2009, 37(6): 519 - 536.
② Rushworth, M. F. S., Behrens, T. E. J. Choice, uncertainty and value in prefrontal and cingulate cortex [J]. Nature Neuroscience, 2008, 11(4): 389 - 397.
③ 李澄宇,杨天明,顾勇,王立平,徐宁龙,崔翯,王佐仁.脑认知的神经基础[J].中国科学院院刊,2016,31(07): 755 - 764.
④ 王辞晓.具身认知的理论落地:技术支持下的情境交互[J].电化教育研究,2018,39(07): 20 - 26.

简单地说,就是身体会参与和影响认知。以往我们都认为认知是大脑的事情,跟身体其他部分没有关系,但是现在越来越多的研究证明身体的状态(情绪、姿势、动作等)会影响人们的心理认知活动(感觉、知觉、思维等)。比如有研究表明物理温度会影响人的心理温度①,在握手时温暖的手会让人感到友好。

具身认知实际上与杜威提出的"做中学"思想、体验式学习理论、情境学习理论都是有相关性的,目前在教育领域也得到了比较广泛的应用。②比如有人开发了行星天文学习空间(Meteor)这是一个交互式仿真空间,地面和墙面会模拟天体运动轨迹图,学习者脚上戴着传感器,在其中通过运动来学习牛顿定律和开普勒定律等。研究结果表明:使用 Meteor 的实验组在学习成绩、参与度、态度方面的表现均好于使用桌面虚拟仿真的对照组。③

在线教育有天生的缺陷,即主要是看着屏幕学习的,所以疫情期间有家长担心小孩子每天坐着看电脑会影响视力等身体健康。在这样的情况下,多让孩子们动一动本来就是必要的,再加上基于具身认知学习理论,动一动可能让学生理解得更深刻。所以,在线教育中也要特别注重具身认知,能动则动。比如,学习表面积时通过摸一摸和拆开展开图计算更有助于促进理解;学习浮力时端一盆水过来体验一下。当然,最简单的方式就是老师可以组织学生站起来、拍拍手、跺跺脚、转转圈……

---

① Williams, L E., Bargh, J A. Experiencing Physical Warmth Promotes Interpersonal Warmth [J]. Science, 2008, 322(5901): 606 - 607.
② 柴阳丽,陈向东.面向具身认知的学习环境研究综述[J].电化教育研究,2017,38(09): 71 - 77+101.
③ Hana, I., Black, J.B. Incorporating haptic feedback in simulation for learning physics [J]. Computers & education, 2011(57): 2281 - 2290.

（八）引导学生自己设计游戏或游戏活动

游戏化学习，一般是让学习者玩教师设计或选择的游戏或游戏活动，但是现在越来越多的学者在探索让学生自己设计游戏或游戏活动的益处，①一方面，设计游戏可以促进知识建构，比如有研究表明，让学生自己设计拖拽类型的记忆游戏，促进了学习的内在动机和深度学习策略的应用。② 另一方面，设计游戏有助于培养信息素养。③

那么到底怎么去设计游戏呢？（1）教师需要为学生提供游戏设计的基础知识训练，规定主题，提供设计案例，设定小组合作规则，提供评价指标和小组过程性合作的记录单。评价指标越详细越能够起到指导作用。（2）充分利用 Scratch 等编程平台，让学生设计开发游戏，中学生和大学生也可以使用 GameMaker、Roblox 等平台。有老师可能会担心女生不太擅长设计游戏，其实不用太担心，也有研究表明，女生设计的游戏甚至可能比男生更好，尤其在讲故事方面。④（3）不一定非要用电子游戏，也可以鼓励学生设计传统游戏或游戏活动。比如一些老师在疫情期间鼓励孩子设计亲子游戏活动，和父母一起玩，效果很好。

---

① Owston, R., Wideman, H., Ronda, N.S., et al. Computer game development as a literacy activity [J]. Computers & education, 2009, 53(3): 977-989.
② Vos, N., van der Meijden, H., Denessen, E. Effects of constructing versus playing an educational game on student motivation and deep learning strategy use [J]. Computers & Education, 2011, 56(1): 127-137.
③ Buckingham, D., Burn, A. Game literacy in theory and practice [J]. Journal of Educational Multimedia and Hypermedia, 2007, 16(3): 323-349.
④ Robertson, J. Making games in the classroom: Benefits and gender concerns [J]. Computers & Education, 2012, 59(2): 0-398.

本讲结语：重塑学习方式，回归教育本质

坦诚地讲，2014 年开始游戏化学习研究的时候，我更多地是一腔热情，总是希望游戏能够让所有的孩子高高兴兴地学习。但是，在一些困难和挫折面前，自己都有些怀疑游戏的教育价值。不过，随着这些年对游戏价值的不断认识，随着对"学习"主旋律的切身体会，我越来越认识到游戏化学习（教育游戏）有广阔的发展前景，或许真的可以与其他新技术、其他学习方式一起，**重塑学习方式，回归教育本质**。①

2019 年，我和学生裴蕾丝又基于"三大社会形态"理论，分析了三个不同社会发展阶段对教育的内在发展要求，然后分析了教育游戏思想在社会发展不同阶段的不同表现特点及原因，最后在此基础上，梳理出了教育游戏思想的整体发展脉络，并指出要回归教育本质看游戏，透过游戏内涵看教育，只有更加理性地认识教育和游戏的关系，才能更科学地让教育拥抱游戏，让游戏更好地发挥作用，以回应新时代对新教育形态的呼唤。②

因为深感只有认真研究清楚游戏，才能让祖国的下一代从游戏中受益。所以，我们后来成立了中国教育技术协会教育游戏专委会，团结了北京、上海、深圳、重庆、江苏、河南等地的一大批产学研领域的专家、校长、老师、企业人员，努力开展游戏化学习研究。像深圳福田区的姚铁龙教研员就带着全区数百名小学数学老师开展了游戏化学习（包括电子游戏和传统游戏），效果良好；杭州拱墅区的金晓芳教研员、深圳福田区东海实验小学陶红松老

---

① 尚俊杰，裴蕾丝.重塑学习方式：游戏的核心教育价值及应用前景[J].中国电化教育，2015,(05)：41-49.

② 裴蕾丝，尚俊杰.回归教育本质：教育游戏思想的萌芽与发展脉络[J].全球教育展望，2019,14(05)：50.

师也在语文游戏化学习方面取得了卓越的成就;北京顺义西辛小学朱秋庭校长、河南林州姚村小学贾红凯校长则带领全校老师整体建设游戏化学习示范学校,成绩斐然。更多的案例我就不一一介绍了,衷心希望在我们大家的共同努力之下,让每个儿童、青少年乃至成人都能高高兴兴地沐浴在学习的快乐之中,尽情享受在线学习、终身学习的幸福生活。

展 开 阅 读

[1] 尚俊杰,曲茜美等.《游戏化教学法》MOOC 和配套教材.

该在线课程和配套教材系统讲解了如何在课堂教学中(主要是中小学)中应用游戏化学习。大家可以参考中国大学MOOC 或学习强国 APP。

[2] 尚俊杰,裴蕾丝.重塑学习方式:游戏的核心教育价值及
应用前景[J].中国电化教育,2015,(05):41 - 49.

该论文通过对传统游戏和电子游戏的研究历史进行了系统梳理,深入分析了教育游戏的核心价值——游戏动机、游戏思维和游戏精神,并指出了未来的应用前景——通过重塑学习方式回归教育本质。

[3] 朱云,裴蕾丝,尚俊杰.游戏化与 MOOC 课程视频的整合
途径研究——以《游戏化教学法》MOOC 为例[J].远程教
育杂志,2017,35(06):95 - 103.

该论文仔细讲授了《游戏化教学法》MOOC 是怎样进行游戏化设计的。

在 线 讨 论

　　下面是一些读者发表的读后感,大家如果对本讲有任何意见和建议,也可以扫描右侧二维码参与讨论。

　　在这次疫情中,许多学生第一次上网课,但由于在线学习中人的注意力持续时间本身更短,且更需要学生具有学习的自主性和积极性,于是老师们烦恼:"唉,也不知道他们有没有认真听讲。"家长们烦恼:"唉,不监督不行啊!"这时,将游戏化应用到在线教学中可谓是一剂良药。

　　在尚老师提出的游戏的三层核心价值中,第一层价值就是游戏动机,将游戏化应用于在线教学能很好地提升学生的学习兴趣和学习专注度。并且,一些在线教学平台或软件中有很多交互小工具,比如徽章、答题、投票等,可以很好地支持在线游戏化教学。此外,我还想到最近在尚老师的《游戏化教学法》MOOC 当助教的经历,这一期 MOOC 我们对每周的公众号文章都进行了游戏化设计,用"小张老师的日记"(小张老师是 MOOC 情景故事中的主角)来向学员预告每一周的学习内容,同时将微信公众号里的"扭扭蛋""小瓶子""答题"和"投票"等可交互元素嵌入其中,在增加与学员的游戏化互动的同时,也实现了另一种形式的"翻转课堂"。

　　因此我想,微信公众平台或许也可以成为在线游戏化教学的一个好帮手,它不仅可以在课前对教学内容进行趣味化的预告,也可以在课后成为学生作品的交流点赞平台。微信文章与微信紧密联系,具有很强的社交属性,也许能有助于激发学生的学习动力。当然,这只是我的一些想法,尚未进行研究和实践,但是我相信游戏可以让在线教育更快乐,相信游戏精神可以让孩子们成长为一个乐观勇敢的终身学习者。以上是我关于游戏化在线教学的一点看法和感想,有不足之处请大家批评指正。

——北京大学教育学院学习科学实验室硕士研究生　王钰茹

　　读完这篇《如何让在线教育更快乐》,我有关于游戏化教育发展现状、游戏化教学如何开展两大方面的新感悟。关于教育现状,有学者认为"我们还不能提供一个教育系统,使接收高质量教育就像猜谜语游戏一样有趣",而我们以高考为指挥棒的应试教育也总受到诟病,但是现在情况已经有所改观。基于游戏化教学,我们已经在北京、深圳等地创造了很多实践成果,基于教育游戏的教学实验也在尚俊杰老师团队和其他优秀学者、企业的努力下做出了很多优质的教育游戏。也就是说,我们可以在理论、技术、策略、实践支撑下让学习不再是"苦作舟"。在游戏化课堂上,学生可以既开心又能学得更好,游戏化能诱发的积极情绪在促进健康和发展上也得到了科学证明。关于如何开展游戏化教学,可以运用游戏动机、游戏思维、游戏精神三个层面的很多方法策略,那么作为一线教师究竟怎么从小白晋升为高手呢?我想第一步就是先自己体验一些游戏活动,作为校方和培训方,给教师提供丰富的游戏体验是塑造教师游戏化教学理念、快乐教学理念的第一步。总之,希望未来我们能够让教师、学生都能终身享受和热爱学习。

——北京大学教育学院学习科学实验室科研助理　胡若楠

第九讲　如何促进在线教育产学研发展

在 2020 年的疫情中，社会各界人员都做出了卓越贡献和巨大牺牲，医护人员首当其冲，4 万多名医护人员冒着生命危险奔赴武汉，还有更多的医护人员坚守在全国各地的医院、病房，其次是各级领导干部、人民子弟兵、警察、社区工作人员、志愿者，包括售货员、快递员等深入到每一个小区，冒着大雪、大雨，24 小时坚守在工作岗位上。对于他们，我们非常感激。

在应对疫情的过程中，我们还要注意到一个特殊的群体，那就是企业，他们抓紧时间复工，生产了口罩、防护服等应急物资，生产了救护车、呼吸机等医疗设备，生产了我们的油盐酱醋等。当然，还有交通、物流等各行各业的人坚持工作，维持着社会的正常运转。

在线教育也是如此，尽管我们看到的主要是大中小学的老师们在努力掌握新技术，认真备课，精心辅导学生，但是背后企业确实也做出了卓越的贡献，腾讯会议、阿里钉钉几乎扛住了直播教学技术支持的半壁江山，雨课堂"罩住"了清华（的在线教学），ClassIn"托住"了北大（的在线教学），还有CCTalk、睿易教育云、天仕博智慧教育云、乐教乐学、学乐云等平台服务了广大中小学，学而思、编程猫、猿辅导、智能火花等培训机构也为社会贡献了

* 本讲得到了中国教育技术协会教育游戏专委会秘书长、博雅瑞特创始人肖海明的帮助。

无数免费资源。

可是大家想一想,在这次在线教育大规模实验中,在线教育企业是否得到了相应的赞誉呢? 你仔细想一想就会发现,相对于其他领域,我们对企业的态度是有一些特殊的。

一、要理性看待企业的价值

大家都知道,我们中华民族几千年来一直是一个农业社会,农业对于维持社会稳定、延续中华文明做出了卓越的贡献,所以长期以来我们似乎一直是"重农轻商",因此我们对企业的态度一直有一些特殊。比如,只要说出"不法"两字,所有人都知道后面会接什么。

时代到了今天,农业当然仍然扮演着重要的角色,但是各种各样的企业已经成了国民经济的生力军、主力军,企业家的地位看起来也越来越高,但是我们对企业的看法呢? 咱们就以几个主要的企业来看:先说 BAT,百度,尽管大部分人每天开车回家都是靠百度免费导航,但是你仔细看看网上帖子就可以看出大家对百度的态度。阿里,尽管阿里让天下没有难做的生意,让天下没有买不到的货品,阿里钉钉还让很多学校能停课不停学,但是我们对阿里真的很赞美吗? 我想一两件假冒伪劣产品就可以让阿里痛苦不堪。腾讯,早期的 QQ 给我们带来了多少回忆,现在的微信又让多少人加强了联系,每天的微信公众号文章让多少人受益,当前的腾讯会议又让多少学校能够按时上课,但是腾讯还不是一样经常被指责。再看老牌企业联想,尽管我们很多人每天都在用联想生产的电脑,但是我们还是经常不屑地说:你看联想,当年如何如何,现在混成这样? 目前看来,社会赞誉度最高的就是华为了,堪称民族企业的骄傲,任正非也给大家留下了自己拖行李、坐摆渡车的伟大形象，但是一起员工事件也能让全网指责华为。

　　好了，再说说我比较熟悉的企业和高校的事情，尽管国家非常重视产学研发展，国家还发了多个文件鼓励事业单位人员创新创业。但是在高校，"企业"依然是一个比较敏感的话题，如果一个老师真的去办了一个公司，恐怕后面跟着的话就是"他还做学术吗？"再看产学研合作，现在教育部也在大规模推动产学研合作，但是在高校，更多的时候，是担心被个别企业害了，损害学校的名誉。总而言之，感觉和企业合作就意味着各种风险。当然，这些担忧确实也有道理，如果有个别企业不守规矩，就可能会把学校带进沟里。

　　那有人就说了，既然和企业合作容易出问题，那咱们就别合作了，关起门来专心看书写文章好不好？关于这一点，我特别去了解了一下海外名校的做法。结果我发现他们这方面比我们放得要开。比如斯坦福、麻省理工、伯克利等名校几位搞教育游戏研究的教授，我就发现他们设计的教育游戏看起来很专业，原来大都是和企业密切合作的，甚至好几位教授都有自己的公司。就连香港，原来他们好像错过了高科技发展，现在也特别重视，政府出资支持教授创业，我认识的一位港大教授每周有一天时间在办自己的公司。后来再仔细了解才知道，他们这些高校一般对和企业合作有明确的规章制度，违反规章制度的合作会被严格禁止，但是只要是遵守规章的合作，都是得到积极支持和鼓励的。因为产学研良好合作意味着能够更好地推动技术发展、社会发展、国家发展，反过来自然也能推动学校的发展。

　　其实关于产学研合作，当前教育部在大力推动，众多高校也在朝这个方向努力，我这里只是想强调，要知道我们骨子里可能对企业是有偏见的，所以要理性看待企业的价值，要有效规范管理和企业的合作，要积极支持遵守规章制度的合作。只有与遵纪守法的企业进行更好的合作，才能让不良企业无路可走，否则可能就会导致"劣币驱逐良币"的结局。不过，这一块就不多谈了,我们回到在线教育企业的作用和价值上来。

二、在线教育企业的作用和价值

前面已经讲了我们和企业的关系。总之,企业不是我们的"敌人",要想推进在线教育发展,必须依靠产学研协同发展,没有企业的支持是不可能的。在教育部 2011 年颁布的《教育信息化十年发展规划》中就曾 13 次提到企业,包括鼓励企业投入数字教育资源建设、提供个性化服务;积极吸引企业参与教育信息化建设,引导产学研用结合,推动企业技术创新,促进形成一批支持教育信息化健康发展、具有市场竞争力的骨干企业;营造开放灵活的合作环境,推动校企之间、区域之间、企业之间广泛合作。2019 年,教育部等十一部门联合印发了《关于促进在线教育健康发展的指导意见》,明确指出鼓励社会力量举办在线教育机构,推进产学研用一体化发展。除了这两个标志性文件以外,在多年的《教育信息化工作要点》中,均有提及"**政府主导、企业参与**",鼓励学校购买企业的服务。

(一)企业为在线教育提供了良好的产品和服务

之前有关部门一以贯之的政策,促进了社会大量资本涌向在线教育领域,一些企业采用大数据、人工智能等先进技术为在线教育提供了良好的产品和服务。在作业题库、青少年编程、智能批改等方面都培养出了头部企业,他们的产品或提供技术,或提供补充性课程解决方案,或提供内容服务,深受广大学校和教师的欢迎。我们学习科学实验室和博雅瑞特合作,近些年也在学校开展"智能火花"人工智能编程教育研究,效果也很好。大家想一想,过去我们讲语文、数学这些学科,除了需要从企业买来教材、练习本、粉笔、黑板等材料以外,和企业就没有关系了,学校自己就可以搞定了。但是在开展人工智能编程教育时,大家就会发现比较麻烦,因为需要安装平台,还有服务器等,这就必须要求企业一直在参与。

可以说,如果没有这些年企业的参与,中国的教育信息化不会发展得这么快;也就不会有类似于举办"国际人工智能与教育大会"向国际传播中国教育信息化经验的故事,也无法扛住这次史无前例的大规模在线教育实践行动。

(二)在线教育企业是我国教育社会治理不可或缺的成员

近年来在线教育高速发展,已成为我国数字经济的重要力量,有关机构估计,在线教育市场规模已超过 2 000 亿,其服务的群体基数大、趋于稳定,有望持续上升;①另外,据中国互联网信息中心的调研,截止到 2019 年 6 月,我国在线教育用户规模超过 2.6 亿人,覆盖所有性质的网民群体。可以说,不管是正规教育还是非正规教育,学历教育还是非学历教育,在线教育企业服务的人员都十分众多,其传播的内容、服务的模式、意识形态会对人产生重要的影响,直接影响国家的教育社会治理,而提供在线教育服务的企业正是参与并践行教育社会治理的重要组成部分,是教育治理体系中不可或缺的成员。

这次疫情,是对全中国教育信息化的一次大考,教育部"停课不停学"的要求提出以后,广大在线教育企业纷纷行动,很多企业自发在"疫情防控"期间提供免费服务,为让边远山区有网络,中国移动、中国联通、中国电信等运营商攻坚克难,在千里冰封、万丈高原支起了"铁塔",为边远地区送去了网

---

① 智研咨询.2020—2026 年中国在线教育行业市场消费调查及发展前景分析报告[R].智研咨询集团,2020. http://www.chyxx.com/research/201909/786289.html.

络;还有的企业为支持瞬间迸发的带宽和计算需求,临时新增、调度全国的服务器,保障教育教学期间的带宽;为支持"国家中小学网络云平台",教育部和工信部协调百度、阿里、中国电信、中国移动、中国联通、网宿、华为等企业全面提供技术保障,协调出了 7 000 个服务器,90 T 带宽。一个多月以后,各地的在线教学就逐渐步入了正轨,刚开始的"翻车"现象也慢慢消失了。

由此看来,不管是教育信息化的常态发展,还是这种超大规模的应急支撑,都离不开教育信息化企业的参与,一些企业也在这个过程中成长起来,实现了自己的经济和社会价值。

三、在线教育产业怎么发展

在第一讲我们谈到过,在线教育的发展是和教育信息化分不开的,是相辅相成的,所以某种程度上说在线教育的发展和教育信息化的发展是类似的、相关的,所以这里我们就从教育信息化这一更加宏观的角度来讲,相信对在线教育产业的发展也有帮助。①

(一)成立一个大型国有企业"中教育"

如果我们认为教育很重要,教育大数据很重要的话,国家或许可以成立一个或多个类似于中移动、中石化的大型国有企业(比如简称"中教育"),统筹整个教育信息化的基础结构和基本功能,这就好比修建全国的高速公路和高铁一样。至少在基础教育领域,每位学生不管转学到哪里,这个平台都可以给他提供学习支持,都可以记录他提交的各种作业和文档,若干年后还

---

① 尚俊杰.未来教育重塑研究[M].上海:华东师范大学出版社,2020:256-257.

可以回溯。

这个问题其实非常重要，大家想一想，如果有一个平台可以记录你从小到大做过的所有题目、写的所有作文，先不说在评价方面的价值，就是自己老了回去看看也很有意义啊，可是你觉得这些东西交给谁保管你放心呢？所以，我还是建议国家一定要成立一个或几个"中教育"类的大型国有企业，专门运营这样的全国平台。

当然，这个国有企业也不是要包打天下，它只是做最基础最根本的工作，其他应用和服务还是交由各家企业完成。另外，这个国有企业的技术运维等也可以由其他企业来提供，比如阿里云提供云服务，由百度提供 AI 服务。

这个国有大型企业和其他企业的关系，就像路、车和货之间的关系，国家企业提供公路、铁路和高铁等事关全局的基础资源，其他企业可以提供各种各样的车辆以及各种各样的货物。

（二）建立"国家基本资源库"

我有一次听一位医学专家讲课，他提到"国家基本药品库"（大概意思）的概念，他建议将青霉素等一些常用药品纳入国家基本药品库，对于这些药品，任何人来医院求医，需要用就直接用，由国家买单，就像孩子打的疫苗一样。他这个观点是否可行我不确定，但是受这个观点启发，我们或许可以建立"国家基本资源库"，就是说所有学生在学习过程中都会用到的最基本的教学资源，可以放在这个国有企业网上，任何人随时随地可以免登录免费方便地使用，就像所有的孩子都可以免费打疫苗一样，真正地实现"数字教育资源"作为"基本公共服务"的功能。

对于国家基本资源的来源，一方面可以是教材的配套资源，可以要求出版社提交纸质教材的同时必须提交电子教材和相关资源；另一方面可以是国家基金特别支持开发的资源，或者国家出资购买的资源。这次"疫情防控"期间，教育部协同有关省份，免费开放了义务教育阶段课程资源和电子教材，依托国家中小学网络云平台供全国师生自主选用，高等教育方面，教育部已组织 22 个在线课程平台免费开放在线课程 2.4 万余门，希望这些课程能够成为国家基础资源，疫情后也能供师生选用。

可能有人会担心，国家基本资源库把东西都做了，而且永远免费试用，其他公司怎么活？对于这个问题，我不是专门研究经济学的，但是我相信一定会有解决的方法。也许在这个互联网时代，尤其是面对这些边际成本比较低的电子资源，我们需要重新考虑一下"GDP"的定义，重新考虑一下适合的"经济运行方式"吧。

（三）探索使用区块链技术，建立去中心化的学习数据记录网络

以上是从中心化的架构方式思考给的两点建议。当然，中心化的方式自有其优点，但是也有不可避免的问题。我们是不是能够借助应用技术以去中心化的方式思考？刚刚过去的 2019 年，一段时间里区块链在教育中的应用是一个热点探讨话题，但是讨论过后大家普遍认为，区块链在教育中没有应用场景。产生这一结论的原因很容易分析出来，那是因为这种探讨更多是从单个企业的应用角度出发，考虑通过区块链怎么赚得利益回报来进行的讨论。但如果从整个国家的层面和未来 10 年、20 年，甚至人的终身学习的角度来考虑，区块链的未来应用价值非常巨大，能够解决上面所说的数据和资源方面的很多问题。

管理上的中心化和良好的顶层设计，一直是我们教育信息化的发展路径，从 5 年规划、10 年规划的顶层设计对于推动中国教育信息化的发展的

卓越贡献，就可以看出这种模式的优势。但是在底层应用、数据保存方面，去中心化可能是最安全、有效的方式。我们一直倡导终身学习，这样的话学习数据也将伴随我们一生，数据本身的公开、共享、不可篡改应该被作为底层的建设原则考虑，以国家之力建设免费的资源进行公开是十分好的推动优质资源共享的方式，但是要做到优质资源的长期可持续共享和更新，知识产权的保护和为优质资源付费的机制是一定要形成的，这些都需要去中心化的管理模式和技术的支持。

从实际的执行层面看，区块链技术的应用很难通过一个企业推动，这属于"新基础设施"，只有通过国家层面推动才能建设起来。国家建设技术的底层应用，所有企业使用服务，将数据和资源上链，数据不属于任何人，也不受人的主观性的影响，不归任何人管理，而是所有人共同管理。使用方面，所有企业主体在执行一定的数据和资源应用规范后，可以有限度地获得数据；谁使用了数据，更新的数据也都被记录下来，数据的安全共享和资源的版权保护能够真正实现。

在本节最后，我想强调一下，教育肯定不能产业化，但是教育服务，尤其是在线教育服务应该可以产业化。经过疫情的磨炼，相信未来在线教育会有更广阔的发展前途，在平台支持（教学平台、学习空间、直播录播、在线教研等）、资源建设（配套资源、拓展学习、虚拟仿真等）、教学培训（学科培训、STEM教育、艺术教育等）、支持服务（教师发展、教师培训、IT服务等）等各个领域都存在无限的发展空间。比如，经过这一次的疫情，全国2亿多中小学生都知道了可以在线学习，那后面的在线培训市场得有多大呢？

当然，可能还是有人会问，产业很好，但是具体到每一个企业，究竟该怎么发展呢？

四、在线教育企业怎么办

其实这些年经常有教育信息化企业的人士来找我聊天,有人经常苦闷于互联网教育看起来红红火火,但是怎么就找不到盈利模式呢? 我总是会告诉他们:①

(一)做教育就要真的懂教育

教育对于我们来说,是一个既熟悉又陌生的词汇。你问问身边的任何人,什么是教育,大家都能从自己的经验中,跟你讲讲他理解的教育是什么。但是我们所有人又对教育十分陌生,且不说学习是怎么发生的这类学术研究话题,专家们都还没有搞清楚,对于一堂课怎么上,一个知识点怎么教,也几乎没有人能跟你说明白。

那么好了,做在线教育的人,我们要问问自己,我们对于教育懂多少? 我们知道学校的老师们每天做什么吗? 我们知道一堂课的教学场景是怎样的吗? 我们知道老师和学生在教学和学习过程中会遇到什么问题吗? 是不是我们更多还停留在"我认为的教育应当是……"的状态? (如果你不是,恭喜你,你已经具备了成功的基础)大家都常听到一个理论,当我们手里有一把锤子的时候,我们看什么都是钉子。互联网、大数据、人工智能是这把锤子,钉子在哪里,我们做教育企业的人是否真的找到了,或者我们是否真的去努力找了?

教育信息化企业的从业者,不论处于什么阶段,处于什么岗位,都应该

① 尚俊杰.未来教育重塑研究[M].上海:华东师范大学出版社,2020:296.

是一个真正懂教育的人。

我认为要做好在线教育，你得做"6个100"，去跟100位校长聊学校、谈教育，知道学校是一个什么生态，教学管理怎么做；找100位一线老师了解教学，知道老师们每天在想什么，他们遇到的迫切需要得到解决的问题是什么；去听过100节课，看看实际的教学过程到底是怎样的；找100个孩子，问问他们觉得学习是个什么状态，他们想要什么样的教育；找100位家长，问问他们现在最大的焦虑是什么，他们当前遇到的最迫切的问题是什么；还可以找100位专家学者，听听他们对教育的看法，以及对未来教育的预期。

（二）真的有用就真的有人用

如果你的产品和服务对校长、教师、学生和家长用处不大，而只是想融资上市圈钱，最终一定是竹篮打水一场空。当然有人总相信自己会是击鼓传花中间的一环，那就没有办法了。

我们就以作业类产品为例，其实我10多年前就听说韩国一个企业服务了几千所学校，帮老师给孩子出作业题，评作业。我当时就觉得特别好，因为我感觉作业服务是学校教育中最适合由企业来协助的环节，这就好比做饭，人们一般都喜欢炒菜，但是不一定喜欢切菜和洗碗。对于讲课，大部分老师还是很有成就感的，所以你说要视频课件替代他讲课，"把他的讲台抢走了"[1]，先不说质量好坏，教师本身就不太愿意。但是你如果告诉老师，每天只是帮他给学生布置作业，批改作业，我想老师们应该是很拥护的。而且，我们天天说要实现个性化自适应学习，布置个性化作业就是其中一个相对最容易做的个性化学习环节，可是你想想，要给每一个孩子布置不同的作

---

[1]　尚俊杰.谁动了我的讲台[N].中国教育报,2014-07-16(4).

业，不依靠企业提供的人工智能和大数据技术，只靠老师有可能吗？不是老师不敬业不勤奋，老师真的忙不过来的。

当然，很多人其实也看到了在线作业服务的价值，之前也有很多企业在做作业类产品，但是有的企业发展境况不是十分理想，免费还凑合，一收费可能就没有人用了，找不到清晰的盈利模式。我自己感觉，或许是因为他们被资本绑架了，忙着扩大用户数，而没有把主要精力投入到"个性化自适应"作业上，结果虽然看着使用人数挺多，但是基础不扎实，得不到学校师生的真正认可，因此很难实现可持续化发展。

事实上，我曾经和多位校长交流过，他们说如果这些企业真的能布置特别合适的作业，能够促进孩子们的个性化学习，收费也合理的话，学校是愿意购买的。总之，一定要"真的有用"才行。事实上，我们实验室最近两年也在和企业合作，在潍坊高新金马公学、衡水深州长江中学等学校做了初中阶段个性化自适应学习的实验研究，结果显示使用自适应学习系统与学习成绩提升有正相关关系，在半学期的使用过程中，有实验组优于对照组 5.71 分的个案，以及成绩变化与学习行为数据正向线性相关系数达到 0.54 的班级个案。在这些学校中，实验班的比例也在不断增加，特别是针对基础知识点的筛查活动，也得到了广大师生的认可。

（三）少谈概念，多解决问题

有人讲过：教育领域那么多真实的问题，你们不去解决，净研究没用的东西。这话可能有点儿偏颇，但是我确实也有一点类似的感受，比如前些年我在学院负责行政、培训和信息化工作，实际面临许多问题，我特别希望用信息技术打造线上线下混合学习空间，打造学院无纸化办公系统，但是做起来很难，因为很难找到合适的产品和服务。

这一点不仅要求企业认真研究学校、师生的需要，其实也要求我们教育技术研究者乃至教育研究者好好想想，究竟什么才是最重要的研究问题。

（四）研究能做多深，企业就能走多远

每次谈到这里，企业人士就笑，说尚老师是希望我们支持你吧。其实并不是，当一个企业做到一定地步的时候，就一定需要加大研究力度，否则后继乏力，会找不到方向。这或许也是阿里成立达摩院、罗汉堂的原因吧。

当然，对于类似于阿里、腾讯这样的大企业，可以自己成立专门的研究结构。但是对于一般的企业来说，可能还是要和高校、科研院所等专门研究结构合作。就以设计教育产品为例：一般而言，设计教育产品主要有三股力量：一是一线教师，他们设计的产品可能更贴合实际需求，但是可能缺乏技术。事实上，对于大部分一线教师来说，最重要的是使用现成的教育产品开展教学，不需要人人都去设计产品；二是高校等研究机构，这些机构可能也会开发一些教育软件类产品，但是由于高校注重"创新"的基因，推出的很多东西虽然有创新性，但是可能不稳定、不成熟，应用起来用户体验可能并不好；三是企业，因为企业的基本属性要求，促使企业要把产品做得比较稳定和标准化，并提供良好的售后服务。所以最理想的方式就是高校和一线教师合作推出"原型"产品，由企业实现产品化。

五、在线教育研究怎么办

虽然说企业要注重研究，但是毕竟高校等专门的研究机构是研究的主力军，这些专门研究机构应该怎么办呢？事实上，这些年来，全国的教育技术、课程与教学、学习科学、教育神经科学等各个领域的专家学者围绕在线教育、教育信息化做了大量的基础研究、应用研究和综合研究，产生了大量优秀的研究成果，也提供了很多 MOOC、虚拟仿真等优秀的教育资源产品。

关于未来研究发展，我曾经在《未来教育重塑研究》一书中对教育研究进行过比较充分的探讨①，这里就结合这些观点谈谈在线教育研究怎么办。

（一）以问题为导向，注重解决实际问题

在学术领域，教育学科的地位不高，这已经是公开的秘密。当然，这个原因比较复杂，但是其中有一个原因是：**人们对应用研究存在偏见。**埃伦讲过，虽然现在大多数科学工作者不再去质疑"理论"研究和"应用"研究是否存在显著和尖锐的差异，但是实际上理论性更强、实践性更少的研究领域往往有更大的社会声望、更高的社会地位。比如，物理学可以受益于工程师们的实践发明，但是在任何专业地位的排名中，物理学都会超过其他更具应用性的相似专业。② 对于教育学来说，归根到底是为了帮助教师的教和学生的学，所以人们期望它成为一门应用科学，因此，这种定位也使得教育研究地位较低。

我自己是在 1999 年从北大力学系硕士毕业转行到教育学科的，说实话，有时候午夜梦回，我也会想起自己曾经从事过的生物力学研究，也有一些遗憾。但是从 1999 年至今，我对所从事的教育学科的教学、研究、服务都充满了满腔热情，我坚信伟大的国家需要伟大的教育，一流的大学需要一流的教育学科，所以我们从事的教育研究不管属于基础还是应用，都是非常有意义的。所以我建议，相关研究者不用纠结于学科地位的高低这一"偏见"，

① 尚俊杰.未来教育重塑研究[M].上海：华东师范大学出版社，2020：296.
② ［美］埃伦·康德利夫·拉格曼.一门捉摸不定的科学：困扰不断的教育研究的历史[M].北京：教育科学出版社，2006：6.

不用刻意去做那些"高大上"的研究，要深入一线，深度了解局长、校长、老师、学生、家长的实际问题，从问题出发，开展深入研究，从而推动教育发展。

当然，我不是说不让大家开展基础研究，事实上我觉得也可以很好地结合起来，比如我们学习科学实验室，现在一方面开展基于学习科学视角的游戏化学习基础研究，致力于把脑科学、教育学和游戏结合起来；一方面在和北京海淀、朝阳、顺义及全国的中小学合作，建立"研究型实验学校"，将学习科学和游戏化学习应用到成千上万个课堂中，基本上达到了"多赢"的目的。

（二）注重"开发研究"，提供更多优质产品和服务

从上一个建议延伸下来，就是要注重开发研究，为教育领域提供更多优质产品和服务。这里说的开发研究主要指的是围绕教学目的设计开发教育软件类产品的研究。

在这一次疫情期间的在线教学实践中，我们可以看到多年的教育信息化研究还是起了重要的作用，推动了教育信息化的整体发展。但是也要看到冲在第一线的确实是支持直播、录播的在线视频会议类的平台企业和以中国大学 MOOC、国家中小学网络云平台为代表的教育资源。比如之前录制的海量课程资源，就被用到了这次疫情期间的教学中。

在这个过程中，也有人质疑，为什么优质的资源不够多呢？为什么之前不多研发一些呢？这个问题不一定客观，但是可以促使我们研究者去思考，过去投在开发研究上的精力是否有点少，以教育游戏研究为例，过去我们这些研究者也开展了大量研究，也研发了一些游戏。但是疫情来临的时候，我的博士同学、华东师范大学陈霜叶教授建议我们围绕疫情开展全国范围的在线游戏化学习活动，我们讨论了很长时间，可是惊讶地发现找不到一个非常合适的教育游戏产品或平台。这一点也再次启发了我，之后我们应该加

大开发研究力度。

当然,有人会说,开发研究似乎是企业的任务,高校只要做原型研究就行,但是我想讲的是:第一,教育类产品和其他产品不太一样,在开发过程中确实需要研究者的介入;第二,现有的教育信息化类企业可能无法独立承担这个任务。当然,实际开发中研究机构可以和企业合作,如前面一节所讲。

从教育主管部门来说,我建议或许可以专门设立一个类似于以前支持MOOC的开发基金,并把它的重要性提高到和国家自然科学基金、国家社科基金和全国教育科学规划基金同等高度。另外,要鼓励一些公益类基金投入开发研究。

（三）注重"行动研究",全面提升在线教育质量

所谓行动研究,指的是对社会情境的研究,是从改善社会情境中行动质量的角度来进行研究的一种研究取向。①

在进行文献调研的过程中,我发现关于在线教育的文献大部分都是教育技术等专业研究者写的,但是也有一些论文是其他学科的研究者包括中小学老师写的,他们不是专门研究在线教育的,但是结合自己的教学工作开展行动研究,也产出了许多优秀成果。这些研究比较接地气,一方面能够给其他教师提供参考,一方面也给教育技术专业的研究者开拓了更多的思路,同时最重要的通过研究,可以提升这些老师的教学水平。

所以,我建议,有关部门之后可以大规模地支持在线教育行动研究,如果可能,应在各类基金中划分出一定的比例专门支持一线教师。

---

① 陈向明.什么是"行动研究"[J].教育研究与实验,1999,(02):60-67+73.

（四）注重"基础研究"，夯实教育事业发展基础

除了开发研究和行动研究以外，基础研究也很重要。在前面我们讲过，教育中存在好多基础性的问题，比如：大规模常态化开展在线教育到底会对学生各方面成长有什么影响？面对面教学和在线教学的差异究竟是什么，脑机制有什么不同？游戏化学习中的脑机制究竟是什么？影响学生学习动机的根本因素是什么？新时代的学生到底需要学习哪些课程？未来的数字教材到底应该是什么样的组织形式？想解决这些问题就需要开展前瞻性、系统性、长期性、支撑性的基础研究。前面谈过，教育部和国家自然科学基金会已非常重视，专门增加了代码（F0701）来支持教育的基础研究，相信其中也有大量的研究是和在线教育相关的，未来将会从根本上推动在线教育的发展。

关于基础研究，现在各界都非常重视，这里就不再赘述，只是再强调一下第七讲提到的一句话："教育发展急需加强基础研究，基础研究可从学习科学开始！"①各位研究者在开展在线教育研究时，一定要重视从学习科学的视角考虑问题。

另外需要说明的是，以上谈了三类研究，只是认为现阶段应该强调这三类研究，并不是说其他研究不需要做，其他研究仍然应该大力推动和开展。

本讲结语：产学研合作，推动在线教育可持续发展

在从事教育技术教学、研究、服务和实践过程中，在讲授创新创业的

---

① 尚俊杰，裴蕾丝.发展学习科学若干重要问题的思考[J].现代教育技术，2018，28(01)：12-18.

过程中,我越来越感受到只有产学研良性发展,才能真正推动教育信息化发展,才能促进教育现代化发展。所以,本讲想努力谈谈自己对促进在线教育产学研发展的感受。衷心希望所有的企业都能规规矩矩、光光明明、坦坦荡荡地做事情,都能蓬勃发展;希望产业、研究机构和学校能够达成良好的产学研合作。产学研能良性发展,在线教育的可持续发展才有希望。

另外,需要特别强调的是,虽然本讲题目是产学研发展,但是作为研究者,我自然也很看重教育技术研究。① 尽管这些年教育技术专业也是沉沉浮浮,但是我相信正如我们北京大学郭文革教授所言:从信息传播的角度看,离开了媒介技术的支持,教育这种人类实践活动,就不可能产生和发展。② 也相信如北京师范大学教育学部副部长李芒教授所言:第四次工业革命浪潮,强劲地更新着教育的物质形态,也促进了教育研究者的学术觉醒。更多非教育技术专业学者开始"跨界"关注教育技术问题,鼓舞人心的历史会师宣告教育技术的黄金时代即将来临。③ 也看到了知名学者华东师范大学李政涛教授④和厦门大学邬大光教授⑤等人最近也都分别撰文探讨了教育技术发展,相信教育技术研究未来一定会更加多元、更加广泛、更加深入,从而推动中国教育现代化快速发展。

---

① 实际上我本来是计划专门写一讲如何促进在线教育研究发展的文章,但是后来限于时间、精力和篇幅,就把相关内容都整合在产学研这一讲中了。大家如果想了解更多,可以结合推荐文章自行阅读。

② 郭文革.教育变革的动因:媒介技术影响[J].教育研究,2018,39(04):32-39.

③ 李芒,段冬新.历史的会师点:教育技术的学术繁荣[J].现代远程教育研究,2020,32(02):3-10+19.

④ 李政涛.现代信息技术的"教育责任"[J].开放教育研究,2020,26(02):13-26.

⑤ 邬大光.教育技术演进的回顾与思考——基于新冠肺炎疫情背景下高校在线教学的视角[J].中国高教研究,2020,(04):1-6+11.

展 开 阅 读

[1]　何郁冰.产学研协同创新的理论模式［J］.科学学研
　　究,2012,30(02)：165－174.

　　这篇文章提出了针对"战略—知识—组织"三重互动的产学研协同创新模式,探索了构建初步的产学研协同创新的理论框架。

[2]　郭文革.教育变革的动因：媒介技术影响［J］.教育研
　　究,2018,39(04)：32－39.

　　这篇文章从传播学的视角,重新定义了教育和人这两个概念;提出了一个媒介技术影响教育变革的逻辑框架;最后,借鉴布罗代尔的"时段论",从长时段、中时段、短时段三个时间尺度,建立起了一个全景式的"互联网＋教育"理论认知框架。(该MOOC文章是原文,正式发表时有删节。)

[3]　李芒,段冬新.历史的会师点：教育技术的学术繁荣［J］.现
　　代远程教育研究,2020,32(02)：3－10＋19.

　　这篇文章综合分析了各领域学者尤其是非教育技术学者的相关研究,可以帮助我们从另一个角度理解教育技术的未来发展。

[4]　李政涛.现代信息技术的"教育责任"［J］.开放教育研
　　究,2020,26(02)：13－26.

　　这篇文章首先梳理了信息技术已经做出的"教育贡献";其

次，整体剖析了已有的"技术批判"；再次，提出了"技术中人的成长"是教育技术研究的逻辑起点，并以此作为现代信息技术的"教育责任"的核心。

[5] 邬大光.教育技术演进的回顾与思考——基于新冠肺炎疫情背景下高校在线教学的视角[J].中国高教研究，2020,(04)：1-6+11.

这篇文章从作者个人体验的视角和经历，回溯了我国高校教育技术40年的演进路径，介绍了国外高校教育技术的发展水平和能力，探讨了国内推进教育技术的困境。

在 线 讨 论

下面是一位读者发表的读后感，大家如果对本讲有任何意见和建议，也可以扫描右侧二维码参与讨论。

每次读尚老师的文章，都有一种"大珠小珠落玉盘"的酣畅淋漓感，对文中谈到的诸多现象感同身受，对于其中的一些观点也十分认同。

在线教育这些年在饱受争议中狂飙猛进，从学术研究走向企业运作，作为教育领域的一名创业者，我深刻感受到在线教育的"教育价值"和"商业价值"之间的张力。每位创业者深处其中，想要始终保持一颗赤诚之心，确实不易。

十分认同尚老师文中对加强产学研结合的观点。教育是一个古老的学科，虽然其中依然存在大量需要深入研究的问题。但毋庸置疑的是，已经存在大量经过验证的教育规律，而这些规律同样适用于在线教育。在看到很多做教育的企业其实"不懂"教育，看到几乎所有的企业都缺乏教育研究能力时，十分希望产学研结合能够更好地发展起来。

教育研究成果是否可以不局限于发表在学术期刊上、沉淀在学术专著中、保存在结题报告里？是否可以建立教育研究成果的在线开放平台，促进研究成果的更快交流？我们知道"开源"一直是互联网技术发展的重要推动力量，人工智能技术的国际巨头也都纷纷走向"开源"，那么教育研究是否也可以"开源"？

同时，更期待有一定教育研究和实践背景的创业者得到长期的支持，教育存在巨大需求，教育领域创业会是持续的创业热点。但是真正希望做好一家教育企业，做好一款教育产品，需要十足的耐心、漫长的等待和长期的坚守。对于教育创业来说，很多时候不是理想太远，而是现实太近。希望每一位教育创业者、从业者永远保持一颗正直的心。

——中国教育技术协会教育游戏专委会

秘书长、博雅瑞特创始人　肖海明

第十讲　如何超越在线教育*

　　当疫情基本被控制住以后,有人讲:总算可以开学了,终于不用在线教育了。但是我想说的是:尽管在线教育的发展是一个曲折的过程,但是这是不以人的意志为转移的必然过程,**疫情的结束只是在线教育发展的新起点**。未来在线教育的深度、广度都将会发生变化,将不会拘泥于直播、录播和在线研讨等形式,以在线教育为代表的教育信息化将进一步融入教育的每一个角落、每一个环节,促进教育教学创新、优质教育资源共享、推动教育组织变革、重塑教育流程、打造未来教育,从而实现以教育信息化带动教育现代化的基本战略。

　　其实,这些并不仅仅是我的观点,很多领导专家学者都有相似的观点。比如教育部原副部长刘利民提到:这次大规模在线教育实践,意味着我国可能正在经历一个全球最大的信息化基础设施升级改造工程和一个师生信息素养提升培训工程,一次全球最大的信息化教学社会实验和一次开放教育资源运动,对运用信息化手段推进教育教学方式改革具有革命性意义,最重要的是极大地促进了教育观念的转变。这是一次教育理念的大检阅、课堂革命的大契机、在线教学的大培训、校际教研的大协同,它可能引发"蝴蝶

---

* 本讲得到了中央电化教育馆副研究员蒋宇、中国教育科学研究院副研究员曹培杰和北京工业大学高等教育研究院副研究员张优良的帮助。

效应"，进而推动中小学学习模式的"革命"①。华东师范大学教育学部主任袁振国教授也认为：线上教育最大的优势，就是可以让学生自主选择最适合自己的学习内容、难度、呈现方式和交流方式，从而实现"面向每个人，适合每个人"的教育。在疫情后，我们要以这次大规模线上教育的成功运用为契机，实现线上教育的转型升级，为提供可选择的教育创造可能，为大规模的个性化教育探索未来。② 北京师范大学副校长陈丽教授也曾经谈到：疫情事件，客观加速了教育信息化、现代化的进程，而中国在线教育的先发优势也将成为世界教育领域改革发展的一个重要的排头兵，甚至可能会成为一个亮点。③

下面就综合各位专家的观点，结合我们之前的研究积累，谈谈到底怎样超越在线教育、实现学习模式的"革命"、打造未来教育。

一、促进教育教学创新，推动课程教学变革

在线教育有助于拓展课程资源、优化教学设计，推动教育教学模式的创新发展。在这次大规模在线教育行动中，有很多老师自发地了进行了各种各样的教学创新。比如，有老师采取两校一起线上上课，促进异地交流；有老师引入优质慕课资源，作为在线课程的补充，拓展了课程资源；有老师在呈现课程材料中适当加入了视频、图片和音效等，吸引了学生的注意力；还

---

① https://www. jste. net. cn/cmsplus/cms2/content. jsp? relationId = f9acf7f4 - 965f - 4014 - b38d -856d823e06e9.

② 袁振国.后疫情时代线上教育的转型升级［EB/OL］.（2020 - 04 - 15）［2020 - 04 - 18］湖畔问教公众号，https://mp.weixin.qq.com/s/sgD_LbYGO7bIHZaefYQkTQ.

③ 佚名.未来在线教育论坛今日云端开幕［EB/OL］.（2020 - 03 - 14）［2020 - 04 - 19］.未来教育高精尖创新中心公众号，https://mp.weixin.qq.com/s/cXiEq - 6udbLMDIs0VJGX_w.

有老师通过弹幕的形式,强化了学生的课堂参与和互动,优化了课程教学效果;还有大学老师将点数、徽章、排行榜等游戏化元素应用到课堂教学中,也有小学老师组织学生在家里开展自主学习活动,这些都增强了课程的趣味性,激发了学生的学习动机。

事实上,在这次疫情之前,全中国的教育技术及相关学科研究者和一线教师已经开展了无数的基于信息技术的教育教学创新实验,从技术、学习方式等不同维度进行了各种各样的创新,希望改变传统教学中以课堂灌输为主的方式,推动学生主动学习并积极思考,实现课堂模式变革。[①] 比如在基础教育领域:北大附中、人大附中西山学校等学校试行平板教学;山东昌乐一中全校进行翻转课堂教学;北京顺义杨镇小学和西辛小学、深圳市宝安区天骄小学、深圳福田区东海实验小学、河北邢台郭守敬小学和河南林州姚村小学等在全校推行游戏化学习;重庆谢家湾小学、北京陈经纶中学崇实分校等对国家课程和校本课程进行系统改革;北京市十一学校、北京市海淀区教师进修学校附属实验学校、北京市第二十中学等更多的学校在探索人工智能、大数据技术、VR/AR 的应用。在高等教育领域,也有许多高校在探索MOOC、微课、翻转课堂的教学创新。比如北京大学张海霞教授牵头的《创新工程实践》课程,就是同一时间,全国数百所高校的学生同步在线上课,2019 年春季学期则有 219 所高校的将近 6 万名学生选修。再如北京师范大学远程教育研究中心牵头开设的 cMOOC 课程《互联网＋教育:理论与实践的对话Ⅱ》,采用基于"互联网＋"时代新知识观和本体论的社区型在线课程新形态,通过促进生生交互发展学习者的问题解决能力和创新能力。

---

① 尚俊杰,张优良."互联网＋"与高校课程教学变革[J].高等教育研究.2018,(05):82-88.

当然,之前的教育教学创新基本上是部分地区、部分学校和部分老师开展的实验,不一定是全员参与。而这一次大规模的在线教育实践让所有老师在短时间内都接受了各种形式的在线教育培训,汇集了各种形式的课程资源和教学模式,体验了各种各样的创新技术和学习方式,这对于接下来全面推动教育教学变革具有重要的意义。

二、促进优质资源共享,推动教育均衡发展

疫情期间,教育部、中央电化教育馆、高等教育出版社等部门组织协调了优质的教学资源免费提供给全国师生,各地区也都在努力提供优质的在线教学资源,学而思、猿辅导等社会机构也提供了优质的在线课堂资源,就是在同一个学校内部,因为大都是年级集体备课,所以提供的教育资源也不错,客观上确实促进了优质教育资源共享。这一点其实是非常重要的,因为促进优质资源共享、推动区域均衡发展、实现教育公平是教育事业的永恒追求。无论是政策层面的倡导,还是学校和家庭,都希望为每一个孩子提供最优质的教育。然而,关于优质教育资源的分配,除了区域经济社会发展水平不平衡、不充分等影响之外,不同阶层的孩子在获取优质教育资源方面也存在差异。

那么我们有什么方法才能快速让偏远地区的孩子和大城市的孩子有一样的学习环境呢?当然,有关部门做了很多努力,比如教育部在全国推广的教师国培计划,再如异地对口支援,以及加大对偏远地区、农村地区的投入等,这些措施都在一定程度上促进了教育均衡发展,但是在线教育或许是另一个可以快速推进优质资源共享的重要选项。比如前面提到的"成都七中那块屏",迄今大约已经覆盖了全国各地数百所学校,每天大约数千名教师、

数万名学生与成都七中异地同堂上课。再如人大附中和友成基金会合作，将人大附中的课堂传输到偏远地区，采用"双师教学"模式改造乡村教师培训。① 华中师范大学王继新教授近年来也在湖北等地推进同步互动课堂，乡村学校的孩子和城里的孩子一起上课。② 还有江西省在全省范围内的农村教学点采用这种方式上英语、音乐等课程。其实，类似的案例还非常多，这里不再一一赘述。

第三讲谈过，对于在线视频类课程的价值，我是一直比较推崇的，我特别希望利用在线教育促进教育均衡发展。为什么我会一直强调这一点，其实也是受医学启发的，有一次我和一位医生聊到医疗水平不均衡的问题，他说尽管国家采取了各种方式来促进各地医疗水平均衡发展，但是目前来说不同的医院确实有差异，不过不管在哪个医院，只要是机器可以直接出结果的就问题不大。这让我理解了为什么各界都很重视研究人工智能读片（核磁、CT、透视片等）、机器人手术师，因为这可能是让各地医疗水平尽快实现均衡发展的一个最有效的措施。那么在教育领域也是如此，尽管我们可以派优秀老师到偏远地区支教，尽管我们可以加大对老师的培训力度，但是如果能用这种方式快速将优质资源输送到各地，自然是更好。

当然，利用视频类课件实现优质资源共享，不一定就是"灵丹妙药"，想要真正实现资源共享，我们还需要开展更多、更严谨的实证研究，告诉我们究竟这样学习的效果如何，学生的学习行为究竟是什么样子的，究竟有什么因素影响了学习效果，怎样使用可以使学习效果更好。

---

① 汤敏.用"双师教学"模式改造乡村教师培训[J].中国教师，2015，(19)：78-80.
② 王继新，施枫，吴秀圆."互联网+"教学点：新城镇化进程中的义务教育均衡发展实践[J].中国电化教育，2016，(01)：86-94.

三、推动组织管理变革,提升教育治理能力

对于信息技术教育应用,我们最关注的通常是教与学,但是相对而言,其实信息技术在管理方面的应用更容易操作,也更容易快速见效。江凤娟和吴峰教授认为,信息技术对于高校的变革首先是从管理领域开始的,管理信息化可以降低高校管理的成本,提高管理的效益,扩大高校的最佳学生规模,促使高校走内涵式发展道路。[①] 这虽然是对高校说的,其实中小学也可以参考。下面我们就从提升管理服务效率、推动组织管理变革、促进科学高效决策三方面谈谈如何利用信息技术提升教育治理能力。

(一) 提升管理服务效率

疫情期间,很多学校都加快推出了在线办公系统,师生在线就可以办理事务。在北大,其实之前学校就在大力推进在线办公系统,这次疫情大大加速了信息化业务开展,财务部、教务部、社科部、科研部、保卫部、学科办、基金会等各个部门都在努力提供在线办公平台,甚至餐饮中心都提供了在线订餐的服务。当然,我这里特别期望疫情结束后各个学校不是取消在线办公方式,而是总结经验,进一步深化强化在线办公系统,提升办公效率。

其实,在疫情之前基于信息技术的组织管理变革也已经有很多典型案例了,比如几十年前我们来大学报到的时候,那是一个多么热闹的场景,现在北大等高校都把信息技术应用到了迎新工作中,使得工作更加细致、更加有序。原来手工办公时代,老师买设备报销是一件非常麻烦的事情,但是后

---

① 江凤娟,吴峰.信息技术对高等学校的影响[J].北京大学学报(哲学社会科学版),2018,55(04): 152-158.

来北大设备部做了一套在线设备管理系统,非常方便。再如现在很多大中小学将人工智能应用到了门禁和餐饮业务中,实现了刷脸进门、刷脸吃饭。南京理工大学利用大数据技术自动分析甄别贫困学生,然后将补助款自动充到贫困学生的饭卡中。这种方式既保护了贫困生的面子,又大大提升了工作效率。在海外,麻省理工学院曾经结合信息技术对学校的行政流程进行再造。他们重新梳理了 7 个管理流程:管理报告、供应商整合、邮件服务系统、基础设施运行、信息技术服务、任命程序和学生支持系统。并和全球最大的管理软件公司 SAP 合作开发了第三代实时管理软件 SAP/R3,从而帮助管理人员作出更快、更好的决策,有效地保持和强化了麻省理工学院在教学与研究上的卓越发展。①

关于信息技术之于管理效率,之前我和学院的同事们曾经进行过研究,并提出了要努力实现"看不见的服务"②。这是受"看不见的技术"这一观点启发的,施乐公司的马克・韦瑟(Mark Weiser)在 20 世纪 90 年代提出了"看不见的技术"的概念。所谓看不见的技术,指的是那些"无时不在、无处不在而又不可见"的技术,换句话说就是融入日常生活并消失在日常生活中的技术,比如电灯、电话和电视,人们天天在使用这些技术,但是一般不会特别注意到它们的存在。马克・韦瑟认为只有那些看不见的技术才是对人类的生产生活真正起到最大作用的技术。受此启发,我们将行政教辅系统的服务目标确定为"看不见的服务",简单地说,就是"服务无时不在、无处不在而又不可见"。

谈到学校发展,我们容易把目光更多地投向教学科研,而比较少地关注

① 赖琳娟,马世妹.美、英高校行政管理科学化的实践及启示[J].北京教育(高教),2014,(06):10-13.
② 葛长丽,尚俊杰.论"看不见的服务"和精致化管理[J].北京教育(高教),2012,(03):30-32.

管理服务行政后勤,但是我认为后勤服务等虽然不能直接创建世界一流研究成果,但是可以为师生节省宝贵的工作时间,让他们有机会去做更多的一流成果。比如召开学术会议,如果在会场安排、宾馆安排、财务处理等方面有良好的管理制度和系统支持,老师们就可以把精力放在会议内容研讨上,而不用整天操心与会代表的"吃喝拉撒睡"等事务性工作。所以,我真心希望未来各类型学校都能以疫情中流行起来的在线办公为契机,善用信息技术实现**"看不见的服务"**和**"看不见的管理"**,让广大师生有更多的时间安安静静地看书学习写文章。

（二）推动组织管理变革

我们不仅要提升管理效率,还要推动教育组织变革。德鲁克曾经讲过,一旦组织迈出了从数据到信息的这一步,那么组织结构、工作方式等都必须做出相应的变革。① 目前受到疫情的影响,很多行业受到了冲击。面对巨大的市场需求,在线教育机构纷纷招聘"共享教师",采用"共享课程"。前面已经讲过,共享教师自然有助于优质教育资源共享,但是同时或许会促进教育组织的变革,未来会不会出现一些"独立教师",就像独立执业的医生一样,他可以为各个学校提供教学服务呢?

当然,组织变革不限于"独立教师",之前我们提出了**"非核心教学社会化"**的观点,主要指的是,大学里的学生除了必修课以外,还有许多选修课,比如医学院的学生可能也希望选修一下艺术学,那医学院是否要专门招聘老师来讲艺术选修课呢? 过去很多学校确实是这么做的,但是未来是否可以利用 MOOC 等方式将这些学校的"'非核心'教学②业务社会化呢"? 比

① ［美］彼得·德鲁克.经典德鲁克［M］.孙忠译.海口：海南出版社,2008：148.
② 注意,这里说的非核心只是相对而言,其实,教学都是核心业务。

如,这些专业性院校就不再设立专门的基础教学部,或者只留下少数相对重要的学科教师,让学生通过 MOOC 网站学习相关基础课,或者几个高校一起开设某门选修课,一位教师在某个高校主讲,其他学校选修的同学同步通过网络听课。① 这样做的好处是解决了基础教学部教师的专业发展问题,节省了人力资本;坏处可能是对基础教学部现有的教师存在一定影响,不过可以分步慢慢实施,仔细想想会发现对这些老师也是有好处的。事实上现在智慧树、超星、文华在线、创课之星等机构已经在一些高校提供创新创业教育、素质教育、英语类在线课程,比较受欢迎。

再进一步,是否可以有更加创新的变革呢? 目前在海内外已经有一些典型案例:在高等教育领域有一个密涅瓦(Minerva)大学,学生四年时间会轮流在全球 7 个城市生活,通过网络请最优秀的老师在线讲课,利用人工智能、大数据技术分析学生的学习行为并给与个性化指导。② 其实,几年前我和美国加州圣地亚哥州立大学王敏娟教授聊起在线课程,她就告诉我,她所教的硕士课程允许学生选择线下还是线上学习,上课时有的学生在教室,有的学生在网上,而且有意思的是线上学习的学生学费还更贵,因为学校需要额外提供技术。后来在香港教育大学工作的博士同学钱海燕教授也告诉我,香港教育大学与国际文凭组织(IBO)合作,十年前就为全职教育工作者(就读的大多是 IB 中小学的校长和老师)开设了在线教育硕士项目,就读者还能同时获得国际领导力实践 IB 项目证书和国际领导力研究 IB 项目证书。该硕士项目共包括 8 门课程,每一个学生可以用平板电脑或手机随时随地学习,课程内容用电子书包(ebook)形式呈现,同时提供导师和同行的

---

① 张魁元,尚俊杰.非核心教学社会化:"互联网+"时代的教学组织结构变革[J].开放教育研究,2018,24(06):29-38.
② 王佑镁,包雪,王晓静.密涅瓦(Minerva)大学:MOOCs 时代创新型大学的探路者[J].远程教育杂志,2015,(02):3-10.

异步反馈。① 以上是几个海外案例，其实国内也有很多创新案例。当然，这些案例目前还在探索中，但是我相信在终身学习越来越重要的今天，利用在线教育的优势，给天南地北的学习者提供更多的选择、更大的自由度应该是时代发展的必然趋势。

（三）促进科学高效决策

几年前，随着计算机数据存储、处理能力的提升，大数据（Big Data）技术开始备受重视，大家都希望用数据说话而不是只用经验说话，就如涂子沛在《大数据》一书中提到的："除了上帝，任何人必须用数据说话。"

在教育领域，目前数据也越来越多，包括个人基本信息、成绩数据、在线学习行为数据、日常进门就餐数据、体检数据等，结合人工智能、大数据技术，应该会让决策更科学。比如南京理工大学依靠分析学生的消费数据自动确定贫困生的典型案例。华东师范大学陈霜叶教授等人认为，随着大数据技术的逐渐成熟，我们已经具备了"让数据会说话"的能力。大数据时代的到来，正在提示着今天所谓宏观控制的精髓不再是力度的问题，而是视野。②

最后，我觉得要特别**注意系统创新**（或者说爆炸式创新），不是对某一个具体组织，具体事情的改革创新，而是对学校整体业务的全面性创新。比如以一个大学的管理服务为例，个人认为首先需要请专业的咨询机构对整个学校的工作流程进行梳理和优化，然后据此对组织结构进行相应的变革，再请专业的信息化企业据此开发一套完善的办公信息化系统，这样或许才能

---

① https://www.eduhk.hk/ielc/ibcertificates.html.
② 陈霜叶，孟浏今，张海燕.大数据时代的教育政策证据：以证据为本理念对中国教育治理现代化与决策科学化的启示[J].全球教育展望，2014，(02)：121 -128.

真正实现教育管理现代化。

四、重塑传统教育流程，打造崭新未来教育

教育教学创新、优质教育资源共享、教育组织管理变革，其实都指向一个目标，打造未来教育。关于未来教育，就不得不提到未来学校，这是近些年非常热的一个话题。在网上我们经常能看到一些非常酷的学校（比如美国的 School of the Future、AltSchool、High Tech High School、THINK Global School、瑞典的 Vittra Telefonplan 学校、法国的 Ecole 42 学校等①），国内的北大附中朝阳未来学校、北京十一学校龙樾实验中学、中关村三小、南方科技大学实验二小、深圳前海港湾小学、成都实验小学等学校也都在积极开展未来学校探索，中国教育科学研究院王素牵头成立了未来学校实验室，也正在努力打造更多的未来学校。② 这些中外学校从未来的学校建设、课程设置、学习环境、教学模式、校园文化等不同侧面，努力探索着未来教育的美好前景和变革路径。

华东师范大学教育学部主任袁振国教授曾经在《中国教育报》等报刊杂志上发布了一系列文章，对未来教育的内容、手段、学习方式、管理等进行了系统的思考。③ 全国政协常委、民进中央副主席、新教育创始人朱永新教授也曾经谈到未来学校的 15 种变革可能，在他后来出版的《未来学校》一书中谈到，今天的学校会被未来的学习中心取代。④ 上海电化教育馆馆长张治

---

① 曹培杰.未来学校变革：国际经验与案例研究[J].电化教育研究,2018,39(11)：114-119.
② 王素.中国未来学校 2.0 概念框架[N].中国教育报,2018-11-24(003).
③ 袁振国.走向 2030 年的教育[N].中国教育报,2017-10-18(005).
④ 朱永新.未来学校：重新定义教育[M].北京：中信出版社,2019.

在《走进学校 3.0 时代》一书中也描绘了未来教育与未来学校的 13 种图景。① 中国教育科学研究院未来学校实验室曹培杰博士也曾经对未来学校的概念、内涵、发展路径等进行了系统的阐述。②③

在 2015 年召开的"首届未来学校研讨会"中，我谈过未来学校建设有三层境界：**基础设施建设、学习方式变革、教育流程再造**。④ 后来在《未来教育重塑研究》一书中又进行了系统整理：在基础设施建设层面，目标是打造舒适、智慧的学习空间；在学习方式变革层面，目标是让学习更科学、更快乐、更有效；在教育流程再造层面，目标是用"互联网＋思维"重构教育。⑤ 下面就结合当前实践、专家观点和我自己的研究心得描绘一下未来教育的美好愿景。

〔一〕未来的学习：更科学、更快乐、更有效

现任教育部教师工作司司长的华东师范大学任友群教授曾经讲过：这几乎是个"学习"的十年，学习型组织、学习型社会、学习共同体、学习型家庭、服务性学习等概念逐渐走进各个领域，"学习"成为一个广具包容性的关键词。阿兰·柯林斯和理查德·哈尔弗森也曾谈到，信息技术的快速发展，已使教育的内涵不再仅仅局限于学校之中，移动学习、泛在学习、虚拟学习、游戏化学习、工作场所学习、个性化学习、翻转学习等新型教育模式，使得学习的控制权逐渐从教师、管理者手中转移到了学习者手中，从而动摇了诞生

① 张治.走进学校 3.0 时代[M].上海：上海教育出版社,2018.
② 曹培杰.未来学校的变革路径——"互联网＋教育"的定位与持续发展[J].教育研究,2016,37(10)：46-51.
③ 曹培杰.未来学校变革：国际经验与案例研究[J].电化教育研究,2018,39(11)：114-119.
④ 尚俊杰.未来学校的三层境界[J].基础教育课程,2014,(12 上)：73-76.
⑤ 尚俊杰.未来教育重塑研究[M].上海：华东师范大学出版社,2020：208-217.

于大工业时代,以标准化、教导主义和教师控制来批量培养人才的现行教育体系。所以,他们认为**技术时代需要重新思考学习**(学习不等于学校教育)、学习动机、学习内容,需要重新思考职业及学习与工作之间的过渡。①

所以,未来的学习首先应该是泛在的。学校要给学生提供无所不在的学习条件和学习机会,学习可以发生在教室,也可以发生在社区、博物馆、科技馆、公园,甚至可以去不同城市游学,任何可以实现高质量学习的地方都是学校。②③

第二,未来的学习是终身的。在人的一生中,非正式学习范围将更加广阔,时间也将更长。④ 习近平主席在 2015 年 5 月 22 日致首届国际教育信息化大会的贺信中也谈到:要建设**"人人皆学、处处能学、时时可学"**的学习型社会。所以,未来应该好好规划,什么内容应该放在什么时间学习,更好地开展终身学习。

第三,未来的学习一定是个性化的。"因材施教"是永恒的教育梦想,在如今"一个都不能少"的时代,不管是从哪个角度考虑问题,个性化学习显然更加重要。未来依靠人工智能、大数据等新技术,辅之以小班化教学等组织方式创新,将会使学习更加个性化,从而实现"面向每个人,适合每个人"的教育。

第四,未来的学习内容(课程)不是一成不变的,是开放的、个性化的,更是综合性的、跨学科的。未来的学习内容仍然会注重基础知识的学习,但是

---

① [美]阿兰·柯林斯,理查德·哈尔弗森.技术时代重新思考教育:数字革命与美国的学校教育[M].上海:华东师范大学出版社,2013:126 – 141.
② 朱永新.未来学校:重新定义教育[M].北京:中信出版社,2019.
③ 曹培杰.未来学校的变革路径——"互联网＋教育"的定位与持续发展[J].教育研究,2016,37(10):46 – 51.
④ [美]菲利普·贝尔,布鲁斯·列文斯坦,安德鲁·绍斯,米尔·费得.非正式环境下的科学学习:人、场所与活动[M].赵健,王茹译.北京:科学普及出版社,2015:26 – 27.

将会更加关注 21 世纪技能和核心素养的培养,所以综合性课程将会更受关注,STEM 学习、研究性学习、创客教育等跨学科学习将会越来越流行,就是希望让学习者能够综合使用多学科知识,通过动手实践,培养科学精神、提升解决问题的能力和创造力等高阶能力。

第五,未来的学习将更加重视深度学习。[①] 未来的学习不能停留在浅层的了解和知道层次,需要鼓励学习者像专家一样来考虑问题,要能够综合考虑多种因素,采用多种方法解决真实世界中的复杂性问题,从而在更深层次上了解知识彼此之间的联系。

第六,未来的学习将更加注重混合式学习。之前经过对 MOOC 的热炒和冷质疑,目前研究者普遍看好混合式教学的研究和应用前景[②]。此次经过疫情以后,相信越来越多的学校老师会结合在线课程,开展混合式学习。

第七,未来的学习将更具情境性。建构主义学习理论、情境学习理论等诸多学习理论都特别强调情境学习,未来将可以利用 VR/AR 等创设近似真实的学习环境,引导学生在真实性任务中开展对话、协作和交流,让学习更具情境性。

第八,未来的学习将更科学。我们要意识到纯粹依靠经验,很难实现真正的个性化学习,不是老师不敬业,是因为老师没有足够的时间和精力来分析学生的各种学习行为。必须借助人工智能、大数据技术对学习行为数据进行分析,才能对学生理解得更加深刻,真正读懂学生,才能使学习更科学。

第九,未来的学习将更快乐:利用 VR/AR、教育游戏等各种信息技术和传统技术,创设富有吸引力的学习环境,让学习更有趣,从而激发学生的

---

① 刘哲雨,郝晓鑫,曾菲,王红.反思影响深度学习的实证研究——兼论人类深度学习对机器深度学习的启示[J].现代远程教育研究,2019,(01):87-95.
② 冯晓英,王瑞雪,吴怡君.国内外混合式教学研究现状述评——基于混合式教学的分析框架[J].远程教育杂志,2018,36(03):13-24.

学习动机,并更好地培养学生的问题解决能力、创造力等高阶能力与情感态度价值观。

简而言之,未来的学习将**更科学**、**更快乐**、**更有效**,根据每一位学习者的天赋,定制个性化的学习路径,将其培养成为有用之才、创新之才。

（二）未来的学校:更舒适、更智慧、更开放

当然,未来的学校不一定要建成玄幻的未来世界,但是如果有条件,可以适当超前,建设得漂亮温馨一些、功能齐全一些,让学生更愿意来学校。对于高校,尽管现在的宿舍很紧张,但是**宿舍不只是用来睡觉的**,还是用来学习、生活、娱乐和社交的,未来应该提供更多的公共社交活动空间。

对于未来的教室,要特别关注学习空间(Learning Spaces)这个概念,注重打造线上线下相融合的舒适的、灵活的、智能的混合式学习空间,①教室布局方便调整,空间灵活可重组,以便支持 STEM 教育、创客学习、小组学习等学习活动开展。同时,教室里安装必要的投影、移动终端、VR/AR、3D打印等设备,结合人工智能、大数据等技术,及时采集、记录、分析学生的学习行为,并给予师生更加精准的智能支持。

另外,本书中没有展开讲解人工智能,但是人工智能时代一定要加强智慧教育,要发挥人工智能、大数据、云计算等技术的优势,打造包含智慧学习环境、新型教学模式和现代教育制度三重境界的智慧教育系统,②建设**智慧校园**(Smart Campus),以智慧教育引领教育信息化创新发展。③

虽然未来的学习不局限于学校,但是未来的学校仍然是学习的主要场

① 江丰光,孙铭泽.国内外学习空间的再设计与案例分析[J].中国电化教育,2016,(02):33 - 40+57.
② 黄荣怀.智慧教育的三重境界:从环境、模式到体制[J].现代远程教育研究,2014,(06):3 - 11.
③ 祝智庭.以智慧教育引领教育信息化创新发展[J].中国教育信息化,2014,(09):4 - 8.

所,只不过学校的各方面都将越来越开放,和博物馆、科技馆等社会机构的联系将会越来越密切,共同构建无所不在的学习场所。

(三)未来的教师:更睿智、更高效、更幸福

人工智能正在对各行各业造成巨大的影响,有研究表明,未来将有将近50%的岗位受到自动化的威胁,但是教师被替代的概率不到1%。[①] 所以,未来的教师不用担心被人工智能替代,但是一定要注意,人工智能会对教师的角色产生巨大的影响,不善于应用人工智能的教师可能会被善于应用人工智能的老师替代。[②]

未来的教师一定要重新认识自己在信息时代、人工智能时代的角色和地位,积极拥抱新技术,借助互联网、大数据、人工智能等新技术,拓展我们的大脑和双手,全面升级为可以一天二十四小时不知疲倦的、可以细心照顾到每一个同学的、几乎是无所不会和无所不能的更加睿智、更加高效的"超级教师"。

因为有人工智能技术的支持,未来的教师将更加幸福,更加聚焦专业成长。比如现在各位老师经常要填写的表格,未来的学校将很少有。技术支持下的"看不见的服务"和"看不见的管理"将使老师们得以摆脱大量的事务性工作,从而有更多的时间看书、学习、研究、指导学生。教师将成为未来社会最为幸福的职业之一(或之首)。

(四)未来的学生:更自由、更主动、更开心

未来的教育将"面向每个人,适合每个人",所以未来的学生(学习者)首

---

① Frey C. B., Osborne M. A. The future of employment: How susceptible are jobs to computerisation? [J]. Technological Forecasting & Social Change, 2013: 114.
② 张优良,尚俊杰.人工智能时代的教师角色再造[J].清华大学教育研究,2019,40(04):39-45.

先会更加自由,在一定范围之内,他们可以自由地选择自己喜欢的学习内容,选择适合自己的学习方式,选择合适的内容呈现方式和交流方式,甚至选择自己所在的学校和班级。① 学校不是封闭的,所以学生可以利用线下或者线上的方式到其他学校甚至博物馆、科技馆等社会机构(学习中心)选修课程。②

因为未来的学校非常注重用户体验,真正做到了以学生为中心,所以未来的学生将更加积极、更加主动、更加乐观向上。

未来的学生(学习者)将更加开心、更加快乐,他们不用担心由于生病或者其他原因听不到老师的课程,因为可以在家里方便地回放教师的讲课视频;他们也不用再像现在的学生一样,每天要刷无数的题目;他们可以按照自己的进度,不用像以前在班级集中教学中亦步亦趋;他们每天可以沉浸在知识的海洋中,在自己好奇心的推动下,积极主动地探索一切他们希望了解的科学人文知识,探索世界的奥秘。

(五)未来的评价:更客观、更细致、更有效

常言道:考考考,老师的法宝;分分分,学生的命根。长期以来,应试教育一直饱受大家的诟病。当然,未来仍然是需要评价的,只不过,未来的评价主要是基于人工智能、大数据的过程性评价,系统将自动记录、分析每个学生的所有学习行为,协助老师给予学生更客观公正的评价。

因为人工智能能够全方位地采集数据,所以未来的评价从内容上看将更加细致、更加科学,能够更加真实地反映学习者的个性特点、学习特长和

---

① 袁振国.后疫情时代线上教育的转型升级[EB/OL]. (2020 - 04 - 15) [2020 - 04 - 18]湖畔问教公众号,https://mp.weixin.qq.com/s/sgD_LbYGO7bIHZaefYQkTQ.
② 朱永新.未来学校:重新定义教育[M].北京:中信出版社,2019.

学习成效。

就像人不分贵贱，只是分工不同一样。未来的学校也没有高下之分，学习者可以根据自己的爱好和自己的特长选择合适的学校。所以，未来评价的主要功能不再是把学生分层，而是分类，帮助学生选择合适的学校、合适的专业、合适的学习路径，从而帮助每个人获得成功的人生。

简要概括一下：未来的教育一定是"面向每个人"、"适合每个人"的个性化美好教育。未来的学习一定是无所不在的终身学习。未来的学习内容（课程）不是一成不变的，是开放的，是个性化的。在人工智能、大数据、VR/AR、移动学习、游戏化学习等新技术新方式支持下，未来的学习将更科学、更快乐、更有效；未来的学校将会成为更漂亮、更温馨、更舒适的学习乐园。在技术的支持下，未来的教室将会成为灵活、融合、智能的智慧学习空间。未来，学校仍然会是主要学习场所，但是将会突破封闭的办学体系，突破校园的界限，和博物馆、科技馆、校外学习机构（学习中心）等一起打造无处不在的学习场所，促进创建"人人皆学、处处能学、时时可学"的学习型社会；未来的教师在技术支持下，人机协同，全面升级为一天二十四小时辛勤工作的、无所不知、无所不能、无所不在的"超级教师"。同时，教师的工作将更加高效、更加轻松，教师有更多的时间专心的学习、教学、研究和个性化指导学生，教师也将成为未来最幸福的职业之一；未来的学生可以更加自由地选择学习内容、学习地点、学习时间和学习方式。学习者可以在好奇心的推动下，尽情地沉浸在知识的海洋，开心快乐地探索世界的奥秘；未来的评价主要是基于人工智能、大数据技术的过程性评价，将更加客观、更加公正。评价的内容将更加细致，可以科学地反映学习者的个性特点、学习特长和学习成效，尊重学生差异，激发学生潜能，从而有效地促进学生的发展,协助学生选择未来的学校和专业,创造美好人生。①

五、未来教育发展策略建议

当我写到这里的时候,收到了几位校长老师的来信,大家希望我能提几条针对性的、更加具体的未来教育发展策略建议。我想了想,决定在本节简要列几条,但是需要说明的是,如果要完整给出基础教育、高等教育等各领域的发展策略,那根本不是我的学识、时间和本书篇幅能够完成的,事实上在教育部等有关部门发布的各种规划文件中已经讲得很全面很完整了,这里我只能结合自己这些年的教学、研究、服务谈谈自己的心得体会。

(一)对于基础教育

对于基础教育,国家、各省市已经在平台支持、资源提供、在线教研等方面做了大量工作,比如加强网络基础设施、一师一优课、教学点数字教学资源全覆盖、教师国培计划等,我觉得未来在这些工作的基础上可以重点考虑如下问题。

建议 1:建设统一的、完善的数字化教学平台(一人一空间)。教育部一直要求"网络学习空间人人通",每一位师生依靠一个用户名和密码,登录一个学习空间,就可以使用空间推送的各种学习资源。这次疫情暴露出来的

---

① 我在这里努力描绘了未来前景,不过,不管我有多努力,实际上都难以概括说明在线教育、未来教育、教育信息化、教育现代化的辉煌前景。大家看一看今天的世界,是我们 30 年前、40 年前能想象的吗? 教育领域变革可能比较慢一些,但是我相信,我们也很难想象 30 年后、40 年后的教育究竟会是什么样子的。不过,有人讲,未来不是想象出来的,是干出来的,就让我们一起努力共同打造未来教育吧。

一个问题就是：一些中小学还没有统一的教学平台支持，所以各位老师八仙过海、各显神通，综合采用邮件、微信、直播平台、空中课堂等多种方式来开展在线教学，这样就给老师、学生、家长增加了很多工作量。所以建议疫情后，各个中小学要认真考虑，精心设计，尽快建设或接入统一的、完善的平台，未来学生只要登录一个空间，需要看的课件、资源、讨论、作业都在其中，完成作业以后在其中就可以快速提交，非常方便。当然，对于中小学，我并不主张每个学校去建设一个平台，要充分利用云计算技术，以区域为单位建设，这样效果更好，也更省钱。

建议 2：给每一个学生配备可移动式终端（一人一终端）。在这次疫情中，也暴露出来学生用的学习终端覆盖率比较低的问题，一些学生只能长时间用手机在线学习，可能对视力、学习效果等带来消极影响。之前有消息称，日本计划最近几年给每一个学生配备一台平板电脑，全部采用数字教材，虽然他们未必能尽快实现，但是这可能是未来发展趋势。所以，如果有条件，未来应该考虑逐步给每一个中小学生配备移动学习终端设备，或者探索采用 BYOD（自带学习设备）实现。之前人大附中西山学校已经在初中进行了尝试，效果很好，可以参考他们的经验。

建议 3：建设混合式学习空间（数字化教室）。如果有条件，可以逐步考虑对教室进行升级换代，全面考虑 IT 设备、灯光音响、桌椅板凳、空间布局等要素，结合人工智能、大数据、云计算技术，建设温馨时尚、灵活智能的混合式学习空间。比如教师在课堂上讲的课程，会自动被录制下来，并基于 AI 自动进行剪辑供学生回放观看。

建议 4：建设若干所国家级未来实验学校。前面讲到了斯坦福网络高中等未来学校案例，但是我们心里可能会担忧，这些创新方式是否可以大面积推广呢？是否可以常态化应用呢？这些质疑其实是有道理的，当然，各个学校可以去实验、去探索，但是我建议：可以在国家层面在有条件的地区建设若干所真正的未来实验学校，为这些学校配备比较超前的技术设备，在这些学校里采用比较超前的教学方式，全面探索 10、20 年后的未来教学方式。当然，因为实验效果不能完全确定，所以这些实验学校不需要划片入学，自愿报名，择优录取即可。

建议 5：建设若干所网络学校。考虑到斯坦福高中的案例以及疫情期间各地提供的空中课堂，在疫情结束以后，也许可以继续保留，成立若干所网络中小学，每天就按照正常教学进度正式讲课，这样一些因为特殊原因不能去学校的孩子就可以在这里面上课。另外，其他学校的老师也可以基于这些资源开展翻转课堂学习或者混合式学习。

建议 6：构建下一代数字教材系统。数字教材是制约信息技术和教育教学深度融合的一个关键因素，未来应该加大力度研究下一代数字教材。比如借鉴英语点读笔的特点，为每一个学科配备点读笔（可以是虚拟的），在教材中什么不懂，就可以点开去看详细讲解。

（二）对于高等教育

对于高等教育，这些年国家、各省市有关部门在精品资源课、精品开放课程、虚拟仿真教学系统等方面做了许多工作，打造了许多线上或线下的"金课"，在疫情期间也发挥了重要作用。各个高校之前大多也都建设好了数字化教学平台（教学网）。下面只是在此基础上补充几个小建议。

建议 7：建设一体化、无纸化办公管理平台。各个高校可以以疫情为契机，建设一体化、智能化、多平台支持的办公平台，彻底实现无纸化办公。充分发挥技术的优势，努力实现"看不见的服务"和"看不见的管理"，让师生有更多的时间专心教学、学习和研究。

建议 8：鼓励探索线上线下混合式学习硕博士项目。之前的网络教育学院在专科本科层面进行了探索，或许将来可以在硕士博士层面进行更深层次的探索，比如面向全世界开办纯线上的研究生项目；或者允许学生选择线上还是线下就读的研究生项目。而且，个人建议不要为此单独开办项目，要把它当做常规项目来管理，只是上课手段不同而已，发的文凭也不要有区别，这样或许可以倒逼学校一视同仁地要求学生，重视网络教学质量。

建议 9：探索高等教育的知识管理机制。之前有关部门非常重视优质教育资源共建共享，比如精品在线开放课程等，确实给整个社会提供了大量的优质教育资源，未来能不能更进一步呢？比如对于高校里的比较重要的基础课，一位老教师是否可以把他上课的教案、课件、习题、案例、视频等全部资料以及教学注意事项等隐性知识都传给新来的年轻老师呢？这样年轻老师就不用重新从头开始备课。这个问题看起来简单，但是实际上操作起来可能不容易，不过或许可以借鉴现代企业非常重视的"知识管理"①概念，综合考虑各种因素，从政策、机制和技术上想办法去实现。

建议 10：利用创新方式提升地方高校的教学质量（一地一名校）。我以前写过一篇随笔《安阳市是否可以有一所名校》②，现在越来越觉得应该采用在线课程等创新方式全面提升地方高校的教学质量，比如让地方高校学生和重点大学学生共同上课，也可以要求重点大学中的老师就近到地方高

---

① MBA 智库百科对知识管理的定义：在组织中建构一个人文与技术兼备的知识系统，让组织中的信息与知识，透过获得、创造、分享、整合、记录、存取、更新等过程，达到知识不断创新的最终目的，并回馈到知识系统内，个人与组织的知识得以永不间断的累积，从系统的角度进行思考这将成为组织的智慧资本，有助于企业做出正确的决策，以因应市场的变迁。

② 参见"俊杰在线"公众号中的随笔文章。

校上课,目标就是建设"一地一名校"。这样可以促进高等教育领域的优质教育资源共享,也可以大范围提升高等教育质量。

（三）对于职业教育

近些年职业教育信息化发展的风风火火,在数字校园建设、虚拟仿真平台等方面都取得了显著成就。① 因为和基础教育、高等教育类似,所以这里只是简单建议两点。

建议 11:因应人工智能发展,重新考虑专业建设。随着人工智能的快速发展,相信一定会有越来越多的工作被人工智能和机器人替代,所以职业院校一定要考虑未来到底需要具备什么技能的人才,从而全面统筹专业建设和课程内容建设。在这方面一定要参考柯达的例子,领导者一定要考虑德鲁克讲的"组织将越来越频繁的"计划"抛弃某项成功的产品,政策或做法,而不是千方百计延长其寿命。②

建议 12:注重应用虚拟仿真系统。虚拟仿真系统的好处在于能够解决实际器材不足的问题,另外,在虚拟仿真系统中可以任意增加或减少元素、压缩或拉伸时间,这都是实际器材不具备的优点。最重要的是未来虚拟社会和真实世界正在不断融合,在虚拟世界中学习的知识就是在真实世界中解决问题的方法,几乎都不用迁移。③

（四）对于学前教育

学前教育信息化这些年也在努力发展,不过相对于基础教育和高等教

① 韩锡斌,葛连升,程建钢.职业教育信息化研究导论(第 2 版)[M].北京:清华大学出版社,2019.
② [美] 彼得·德鲁克.经典德鲁克[M].孙忠译.海口:海南出版社,2008:159-174.
③ 尚俊杰.未来教育重塑研究[M].上海:华东师范大学出版社,2020:94-99.

育来说还有很多不足,未来可能要全面注重网络设施、教学平台、教学资源、教师在线研修等方面的工作,其中可以优先考虑如下方面。

建议 13:建设一体化学生管理信息平台。这个平台主要重在管理学生。比如每一个孩子可以戴一个电子手环一样的标识牌,从进幼儿园开始,在幼儿园的所有活动轨迹都可以记录下来,这样可以确保孩子安全。如果有可能,可以在幼儿园中安装视频系统,可以让家长随时随地看看视频,不仅仅是为了安全,也是满足家长的愿望。

建议 14:注重研究应用智能体设备。很多学者认为,应该从幼儿期就开始注重人工智能素养教育,但是鉴于孩子年龄比较小,不太适合长时间看屏幕。所以未来应该注重研究应用智能体设备,比如采用"不插电的编程组件",让孩子们通过摆放一些组件来体验基本的编程思想。

(五)对于特殊教育

特殊教育信息化这些年也在无障碍信息化环境、特殊教育信息化资源、特教教师信息化教学应用及信息技术应用能力培训等方面努力建设,[①]也取得了很多进展[②]。我这里只是提一个小建议。

建议 15:注重开发特殊教育软件产品,尤其是教育游戏产品。在 2015年,我的学生余萧桓曾经开发了四个用于自闭症儿童学习的小游戏,游戏设计虽然比较简单,但是得到了实验学校校长和老师的好评。他们认为在特殊教育领域,其实需要的游戏并不复杂,但是效果很显著。事实上,自计算机诞生以来,很多学者就在研究包括游戏在内的软件产品在自闭症等领域

---

① 郭炯,钟文婷.特殊教育信息化环境建设与应用现状调查研究[J].电化教育研究,2016,37(04):26-35.
② 周惠颖,陈琳.应用促进公平:特殊教育中的信息技术研究进展[J].中国电化教育,2009,(04):13-17.

的应用①②,只不过,之前可能更多地用在实验研究或者医疗中,没有在特殊教育学校普及应用。未来随着教育信息化的发展,建议加大教育软件尤其是教育游戏研究开发和应用力度。

（六）对于继续教育

目前已经进入终身学习时代,继续教育特别重要。③④ 之前国家开放大学、各高校的继续教育学院也都做出了卓越的贡献,比如我所在的北京大学教育学院,每年都有数千名局长、校长、骨干教师前来学院参加培训,学习效果良好,客观上确实起到了传播先进教育理念、促进教师专业发展的作用。个人建议,未来可以重点考虑如下问题。

建议 16：**重点关注在线非学历继续教育**。未来的继续教育的重点应该在非学历教育,也就是常说的培训。对于这样的培训,以往单位大都是请专家来讲课,或者把学员送到北大等高校集中学习。这样面对面的效果可能会好一些,但是受限于时间、场地、经费等各种因素,培训范围是有限的。如果采用在线培训,每一个学校、每一个老师理论上就可以经常性地接受中国乃至世界上最好的教育培训。

其实,以前也有很多部门开展了在线教育,比如教师国培计划就起到了很好的效果。当然,也有一些在线培训反响不好,甚至有人会"挂机刷学时"。个人认为可能要参考一下抖音、快手、得到、樊登读书等 APP 上的教

---

① Passig, D., Eden, S. Improving flexible thinking in deaf and hard of hearing children with virtual reality technology [J]. American Annals of the Deaf, 2000, 145(3): 286 - 291.

② Belcastro, F.P. Rural Gifted Students Who Are Deaf or Hard of Hearing: How Electronic Technology Can Help. American Annals of the Deaf, 2004, (4): 309 - 313.

③ 闵维方.高等院校与终身教育[J].中国大学教学,2004,(02): 9 - 10.

④ 杨银付.从时代发展趋势和国家发展战略高度充分认识发展继续教育的重大意义[J].中国远程教育,2012,(02): 6 - 7.

学方式,并注重游戏化元素和机制的应用,或许能够激发更多人的学习动机。

（七）对于社区教育

我们现在特别提倡终身学习,而社区教育是终身学习的重要一环,我建议:

建议 17：建设遍布城乡的学习中心。我去多伦多开会的时候,发现他们的社区一般都有一个图书馆,其中有图书和电子资源,也有专兼职服务人员。包括游客在内的任何人都可以随时进去学习。我当时就特别受触动,就在想,如果有条件,我们是否也可以建设遍布城乡的学习中心,这个中心可以小一些,但是一定是居民走几分钟就可以到的地方,也可以和学校、居委会等活动中心结合起来。人员支持上可以采取专兼职(志愿者)相结合的方式。功能上可以整合大学里的图书馆、信息中心、电教中心的功能,提供图书阅读、数字化学习资源、讲座报告等,此外,也可以提供成人继续教育项目报名服务。

建议 18：开展丰富多彩的培训项目。有的小区中有人组织茶艺、插花学习,报名者还很踊跃。随着生活水平的提升,人们可能有越来越多的兴趣、越来越多的时间进行学习。所以可以依托上面的学习中心开展一些厨艺、育儿、手机使用等贴近居民生活的培训项目,随着时间的推移,可能就会有人有更多的学习需求,比如经济金融、教育心理、科学管理、计算机等应用型学科知识,此时就可以和国家开放大学、高校的继续教育学院合作,推出更专业的在线学习项目。这样通过市场主导,就可以推动高等教育知识的大众化培训,推动大众化教育、平民教育、终身教育。

以上 18 条建议有的实际上在多个领域都是重要的,比如建立无纸化办公平台对于基础教育、职业教育等也很重要；有的建议可以在短期内尽快实现，有的则需要在未来慢慢实现；有的比较实际，有的可能比较理想。所以，以上建议仅供参考。同时，也欢迎各位读者在文后扫码参加讨论，共同为未来教育发展出谋划策。

全书结语：利用在线教育契机，创造未来美好教育

因为疫情的影响，以往很多难以想象的事情顷刻间变为了现实。过去，师生个体化、小范围的选择在线教育在时下却成为每个人的必选项。看似无奈的选择，为人们重新审视在线教育乃至整个教育提供了机会。我们应该抓住这次契机，认真思考在线教育如何与传统教育深度融合，中国教育的未来究竟应该怎么发展。这样才不会辜负我们在疫情期间的巨大投入。正如教育部原副部长刘利民所讲：对这一"史无前例"、"世无前例"，甚至今后也不多见的大规模在线教育实践进行系统全面的总结反思，进而改进教育信息化工作，改变教育模式，这将是这次大规模在线教育最大的价值体现。①

如果有人还不以为然的话，我想再提一下第六讲中提到的"马太效应"的例子。有研究认为原来期望在线教育能够促进优质资源教育共享，缩小学业成就差距。结果发现，越好的学校、越优秀的学生，越善于利用在线教育，所以提升得就越快，而一些薄弱学校、学困生因为不善于利用（或者就不用）在线教育，结果相对差距还越来越大，呈现强者愈强、弱

---

① 刘利民.这是一次世界上规模最大的"教育实验"[EB/OL].（2020 - 03 - 25）[2020 - 04 - 6]. http://www.cppcc.gov.cn/zxww/2020/03/25/ARTI1585097054540195.shtml.

者愈弱的"马太效应"。①② 我相信,在疫情过后,一定有地区、有学校会加快发展在线教育,推进教育信息化。你可以不用、不研究,但是要考虑到和其他学校、其他地区可能产生差距的问题。

当然,我相信在技术应用于教育的过程中,肯定会碰到人财物等表层困难,也会碰到技术的非显著性、创新的艰难性、观念的牢固性、教育的复杂性等深层困难。但是,我们要知道,尽管人类对技术一直抱有担心,但是人类还是把创造美好生活的未来寄托在技术身上。因为技术的快速发展让我们有越来越充足的物质财富,也让越来越多的人有越来越多的时间享受美好的生活。③ 在教育领域也是如此,虽然我们必须要注意技术带来的负面作用,但是我们确实应该在技术的基础上,重新考虑整个教育。以这次大规模在线教育实践为契机,充分发挥人工智能、大数据、VR/AR、移动学习、游戏化学习等新技术、新方式的优势,打造未来美好教育,让同在一片蓝天下的孩子们能够共享优质教育,让每一位儿童、青少年乃至成人都高高兴兴地沉浸在学习的快乐之中,尽情享受终身学习的幸福生活。

展 开 阅 读

[1]　祝智庭,魏非.教育信息化2.0:智能教育启程,智慧教育领航[J].电化教育研究,2018,39(09):5-16.

　　这篇文章通过对现代教育系统的构成要素进行逻辑演

---

①　Hansen, J. D., Reich, J. Democratizing education? Examining access and usage patterns in massive open online courses [J]. Science, 2015, 350(6265): 1245-1248.

②　许亚锋,叶新东.慕课促进教育公平:事实还是假象?[J].现代远程教育研究,2018,(03): 83-93.

③　尚俊杰.未来教育重塑研究[M].上海:华东师范大学出版社,2020:222-234.

绎,指出智慧教育系统包括智慧学习环境、新型教学模式和现代教育制度三重境界。本文对三层境界的内涵及彼此之间的关系进行了详细的阐述。

[2] 王珠珠.教育信息化2.0：核心要义与实施建议[J].中国远程教育,2018,(07)：5-8.

这篇文章指出教育信息化的核心要义是创新引领,开启智能时代新征程,努力实现"三全两高一大"的发展目标,支撑引领教育现代化。然后就此提出了发展建议。

[3] 杨宗凯,吴砥,郑旭东.教育信息化2.0：新时代信息技术变革教育的关键历史跃迁[J].教育研究,2018,39(04)：16-22.

这篇文章指出教育信息化发展会经历起步、应用、融合、创新四个典型阶段,目前中国教育信息化将进入"融合"和"创新"的新阶段,未来要准确认识教育信息化2.0的显著特征,以科学的战略规划引领新方向,以交叉的科学研究把握新规律,以信息技术支持的结构性变革推动信息化教育的创新发展。

[4] 胡钦太.回顾与展望：中国教育信息化发展的历程与未来[J].电化教育研究,2019,40(12)：5-13.

这篇文章从国家政策、技术与教育的作用关系两个维度回顾了我国改革开放40多年来教育信息化的发展历程、取得的成绩及存在问题,并提出了未来发展建议。

[5] 朱永新.未来学校将变成"未来学习中心"！设立学分银
行全天候开放[EB/OL].源自民教大家聊微信公众号，
2018.

这篇文章讨论了未来学习中心的基本架构：形式上更丰富，本质上更自主，时间上更弹性，内容上更定制，方式上更混合，教师多元化，费用双轨化，评价过程化，机构开放化，目标幸福化。

[6] 袁振国.以变应变：关于中国未来教育的思考与对策[J].
决策与信息,2018,(02)：10-19.

这篇文章探讨了未来教育的特征，并指出只有实现线上线下深度融合、提供可选择的教育、转变教师角色、创新教育管理、建立合作沟通模式，才能应对互联网时代给我们带来的挑战。

[7] 曹培杰.未来学校的变革路径——"互联网＋教育"的定位
与持续发展[J].教育研究,2016,37(10)：46-51.

这篇文章探讨了互联网＋教育的本质和关键，并提出要用互联网思维打造未来学校，指出了具体变革路径：打破封闭的办学体系；打破传统的教学结构；打破固化的学校组织形态。

[8] 尚俊杰.未来学校的三层境界[J].基础教育课程,2014,(12
上)：73-76.

这篇文章系统探讨了未来学校的三层境界，包括：基础设施建设、学习方式变革、教育流程再造。

[9]　尚俊杰.乐乐的一天[A].//未来教育重塑研究[M].上海：
华东师范大学出版社,2020：218-221.

《未来教育重塑研究》一书主要是探讨互联网对教育的变革,并展望了未来教育的形态。其中乐乐是书中一则故事的小主人公,她是未来世界里的一个四年级的小女孩。这个故事以乐乐的视角,预测了50年后的生活和学习情况。

在 线 讨 论

下面是一些读者发表的读后感,大家如果对本文有任何意见和建议,也可以扫描右侧二维码参与讨论。

让人充满期待的未来教育

互联网技术与教育的发展(或未来学校的建设)是目前的热点问题,人们都在讨论或畅想技术将在何种程度上推动教育发生变革。每次读了尚老师的文章,或者跟尚老师交流之后,我都会感到热血澎湃,对未来教育充满向往和期待。这种强烈的感受,一方面源于尚老师描绘的未来教育的场景,他认为技术对教育将产生根本性的,甚至颠覆性的影响。这包括传统的课堂教学形式的优化和重组,学校管理服务的社会化、现代化,人工智能对于传统教师的补充以及冲击,学校组织形态的网络化、虚拟化等,这些都将是"未来学校"或"未来教育"的重要变革维度。另一方面,技术的进步为中国教育的跨越式发展提供了契机。改革开放之后,我们中国教育事业的发展取得了辉煌的成就。在很短的时间内,我们完成了教育的大众化,每个孩子都有学可上。但是人们对于优质教育资源的需求仍然很旺盛,我们还难以满足个体化的需求,所以很多家长会送很小的孩子出国留学。那么能否利用技术的手段推动教育质量的提升,普及化优质教育资源,优化传统的教育教学模式,尚老师对此充满信心。这是一个变革的时代,我们有理由相信,技术为中国教育的发展提供了无限的可能性,将中国建设成为教育强国只是时间问题!

——北京工业大学高等教育研究院副研究员 张优良

从在线教育到未来教育的距离并不遥远

尚俊杰老师的《如何超越在线教育》是一篇未来教育的"宣言书"。他细致入微地分析了在线教育在促进教育教学创新、扩大优质资源共享、推动组织管理变革等方面的重要作用,并以前瞻性的眼光描绘了未来教育的美好前景。他提出,疫情结束只是在线教育发展的新起点。未来,在线教育的深度和广度都会发生变化,不再拘泥于直播、录播和在线研讨等形式,并进一步融入教育的每一个角落、每一个环节,从而实现以教育信息化带动教育现代化的战略安排。结合尚老师的这篇文章,我也谈谈自己的体会。

这次大规模在线教育首次以成建制的方式实现了"线上教学"对"线下教学"的完整替代,尽管还存在不足,但却为全国范围的"停课不停学"提供了关键支撑。过去,一支粉笔一块黑板,一群学生一位老师,就是课堂的全部;现在,黑板变成了电子白板,粉笔的大部分功能也被投影和实物展示台所取代,信息技术已经成为课堂教学必不可少的要素。未来,随着"互联网+教育"、"人工智能+教育"的不断推进,教室不再是教学发生的唯一场所,互联网正在成为教学发生的重要场所,传统的知识获取方式、学习互动方式和师生教学关系都会发生重大变化。我们要抓住这次实施大规模在线教育的契机,推动人工智能、大数据等新技术在教育中的深层次应用,促进线上教学与线下教学的融合发展,积极开展无边界学习、非正式学习、跨学科学习等教学组织形态创新,构建"实体学校＋虚拟学校"相结合的教育新格局,打造"人人皆学、时时能学、处处可学"的学习新体系。

——中国教育科学研究院副研究员　曹培杰

附录　拓展阅读资源

一、"俊杰在线"微信公众号

　　"俊杰在线"（junjie-online）微信公众号是我个人的公众号，其中发布的都是我自己写的文章和随笔、录制的课件和转载的一些不错的文章。本书的一部分观点、文章之前在公众号发布过，如果大家感兴趣，可以扫码关注，展开阅读。

二、在线教育专栏

　　这是原来发表在"俊杰在线"微信公众号中的 10 篇在线教育专栏原版文章，大家可以扫码阅读，也可以参加在线讨论。
　　另外，书中推荐的部分文章也可以在这里展开阅读。

三、推荐公开课和课件

　　我之前曾经录制了部分相关视频课件，如果有兴趣，可以直接扫码观看。

1. 俊杰在线公开课

这里提供了一些我录制的视频课件，主要探讨的是最新技术对教育产生的革命性影响，以及技术支持下的教育变革方向。

2. 其他课件

在"俊杰在线"公众号中，还有更多各类与教育信息化相关的课件，有兴趣的读者可以扫码下载观看。

四、推荐随笔文章

在"俊杰在线"公众号中，我还写了一些随笔文章，如本书提到的《二中理论》等，大家可以直接扫码阅读，欢迎大家积极评论。

后记

————

在本书的最后,我想回答几个问题,希望对教师朋友们有所启发。

一、为什么要写这本书?

2020 年初,一场新冠肺炎疫情席卷全中国、全世界,4 万多名白衣战士冒着生命危险奔赴湖北,更多的医护人员坚守在全国各地最危险的医院和病房。各级领导干部、人民子弟兵、警察、社区工作人员、志愿者,还有售货员、快递员等深入每一个小区,冒着大雪、大雨,24 小时坚守在工作岗位上。此情此景,让我这样一位老师深感惭愧,在祖国遭受大难的时候,我似乎出不上力,帮不上忙。

就在此时(2 月初),我的学生、现任中央电化教育馆副研究员的蒋宇联系我,他说现在全国各地的大中小学都在响应教育部的号召,努力通过在线教育实现"停课不停学",在此过程中,有一些好的典型,但是也有一些系统崩溃、网络卡顿等问题。他建议我可以写一篇文章,谈谈对在线教育的看法,或许能帮助到一线学校,也算是为应对疫情做点贡献。我想想有道理,于是就写了一篇《如何正确看待在线教育》,发表在俊杰在线公众号中,没想到写完以后还特别受欢迎,许多人点赞转发,还有好几家报刊杂志网络媒体联系我,希望转载。

　　我确实没想到会这么受欢迎,当然就有了雄心壮志,那就写上 3—4 篇,把在线教育系统讲讲。于是就开始写第 2 篇、第 3 篇,没想到后来看的人越来越多,还有很多一线校长、老师通过各种渠道给我反馈,希望我继续讲讲教师角色、互动、学生角色等。我一激动,就承诺写 10 篇,实现十全十美。写到第 6—7 篇的时候,才真切地体会到了什么叫"骑虎难下",我每周要上 2次课,还有一堆事情,中间还要挤时间出来完成两篇共 1 万多字的随笔文章,实在是很辛苦。

　　辛苦还是次要的,作为一名教师,我还是要考虑学校的评估要求的,按目前的政策,这样的微信随笔文章基本上没有太大价值,那么我是否应该利用疫情的这一段时间,专心写几篇正式的学术论文,发表在中英文期刊上呢? 事实上在疫情前我也是这么计划时间安排的,也有编辑朋友们在催我。但是后来好多前辈、校长、老师、同学都鼓励我继续写下去,有校长讲:尚老师,在疫情如此严重的现在,您写学术论文再发表太慢了,而现在的文章对我们非常有帮助,这应该就是"把论文写在中国大地上"的一种表现。

　　他的话顿时让我认识到了自己的责任,作为一名教育技术研究者,在国家因为疫情进行史无前例的大规模在线教育实践时,我想的应该是如何为这场实践贡献自己的微薄之力,而不应该想如何发几篇论文。想明白这些以后,我就一身轻松地全力以赴地在 3 月底完成了这 10 篇文章。

　　完成以后,我的博士同学、现在华东师范大学任教的陈霜叶教授和中国人民大学任教的罗云教授先后建议我,说我这几篇文章看着挺完整的,学术规范性也不错,是否随后可以结集出版,让它能发挥更大的作用。也有其他媒体出版社的朋友提了类似的建议。我一激动,就和华东师范大学出版社顾晓清编辑聊了一下,顾编辑是我认识的非常有理想、非常有想法的一位年轻的编辑,她之前策划编辑的几本书都非常有意义有价值,我想她可能会感兴趣。果然,我和顾编辑一拍即合,她跟我说,她也在关注我的这10篇文章,也已经转介绍给了其他读者,她会全力以赴尽快推进出版。

确定要正式出版以后,我发现自己又陷入新一轮的"辛苦"中了,原计划想着直接简单修改后印刷,但是我觉得那样似乎对不起读者,所以我对10篇文章进行了全新的改版,增加了大约一倍内容,并添加了参考文献及推荐资源。又经过一个多月的辛苦改写,这本书才终于完成了。

二、为什么能这么快完成?

有读者曾经问起:尚老师,您真厉害,您怎么能在3—4个月内就完成这本书呢? 其实,尚老师也不是神人,之所以能快速完成,有如下原因:

第一,这10篇文章涉及的在线教育内容和我过去将近20年的教学、研究、服务是一脉相承的,也可以说本来就有比较丰富的研究积累。再加上最近两三年,我为了写《未来教育重塑研究》一书,对这些内容又进行了系统的调研和分析。这次以"在线教育"为主题重新梳理,之前的积累确实起到了重要的支持作用。

第二,最近几年,我对在线教育的快速崛起一直很关注,所以我们团队确实提前布局了,我的多位研究生都在围绕在线教育做研究。比如博士生肖睿在做在线培训课程相关的研究,姚媛在做利用游戏化改进在线教学的研究,硕士生原铭泽在做关于视频课件教师形象的研究,张媛媛在做在线教学行为分析的研究,其他同学做的学习科学、游戏学习研究也都与在线教育有关,他们的研究也起到了重要的支撑作用。

第三,在这次写作中,我的科研助理、研究生和合作者也起到了重要的帮助作用,他们帮我找了一些案例,补充了部分资料,提出了一些宝贵的意见,并作为读者仔细阅读撰写读后感。如果没有他们的帮助,这本书估计无法短时间完成。

第四,我自己确实也很投入。我不想说把别人喝咖啡的时间都用在了写作上,但是实际上这几个月来,我除了上课开会外,几乎每一分钟都在考虑这些文章的内容。连顾编辑也都很诧异,说我改得很快啊,我说:大脑一旦启动思考,就很难停下来。当然,这个过程很累,不过因为我认为它有趣、有用、有意义,所以我愿意不计代价地投入,并全力完成。当我完成后,确实如"心流"理论所说的一样,当你全神贯注投入一件事情并完成时,真的是无比开心快乐。

三、这本书有什么特点?

大家在读本书的时候,可能会感觉到有一点点不一样,就是其中有理论,也有数据,同时也有一些我自己的感受,甚至有一些故事,混合在一起,似乎和一般的学术专著不太一样。其实,这就是我一直希望达到的目标——**"有理有据有观点、有趣有用有意义"**,简单地说,就是希望书中的内容既有理论引领,也有数据支撑,还有自己独特的观点;至于写作风格,首先要看着有趣,感觉有用,想想还很有意义。

这其实是我这20年来教学研究的心得,之前在教学、写作过程中一直是这么坚持的,虽然不一定能完全实现。我写第一本书的时候,还比较年轻,那时候刚刚硕士毕业工作两年,我们系蔡翠平教授建议我写一本《网络程序设计——ASP》,在蔡老师的指导和北京交通大学出版社孙秀翠主编的全力帮助下，这本书先后销售30余万册，还荣获了北京精品教材奖、全国优秀畅销书（科技类）、北京大学优秀教材奖等奖项。现在想想，这一本书之所以成功，其中一个重要的因素，就是尽可能讲得通俗易懂，虽然是程序设计书，但是我力争让读者可以像看小说一样读下去。

在2010年左右，我和孙秀翠主编策划了一套网络文化丛书，我和几位学生亲自写了《看不见的领导——信息时代的领导力》。在策划这套书时，我当时就是希望这套书具有**深厚的学术积累、丰富的实践案例、独特的学术观点、轻松的写作风格**几个特点。

2017年，我受华东师范大学教育部主任袁振国教授邀请，参与"2035教育发展战略研究"丛书编写工作，并利用了两年多时间完成了《未来教育重塑研究》一书，在这本书中，我继续坚持以往的写作风格，也很感谢出版社王丹丹等编辑的理解和支持。其实这本书的文字是比较多的，我完全可以删除掉一些自己的感想、故事等，让它看起来"更加学术化"一些，但是我觉得目前的风格会让读者有更好的用户体验，实际上也可能会有更大的学习收获。

当然，以上写作风格只是我的理想，能否实现还得读者说了算。不过我个人认为，如果我们真正"**以读者为中心**"，就应该从读者的角度考虑问题，让他们能够读得科学、读得快乐。所以，我会把"尚氏写作风格"坚持下去，也希望各位读者能够给我更多的意见和建议。

在这本书中，还有一个重要的特点，虽然我在文中尽量参考了各位专家学者的观点，但是总担心漏掉一些重要观点，所以我在每一讲的结尾和脚注中都推荐了一些文章和公众号，希望帮助大家系统地了解相关内容，其中绝大多数文章都是我们团队在研究过程中用到的文献，值得大家展开阅读。不过限于精力，还有很多优秀文章未能包括进来，敬请大家谅解。

　　另外，在我以前的学生、现任教育游戏专委会秘书长肖海明的建议下，我希望将本书做成"立体图书"，即一本永远在"自我生长"的书，就是读者可以继续在线讨论，优秀的读后感留言我会发表在微信公众号中，未来再版时也会选择部分留言印刷在书上。目前我在每一讲后面也放了几个读后感，希望这些读后感能够从不同的角度给大家以启发。

2020 年 5 月 4 日于北大燕园

致谢

————

　　首先我要感谢我的学生、现任中央电化教育馆副教研员的蒋宇提议我写了第 1 篇文章,如果没有他的提议和帮助,就不会有后面的 10 篇文章。其次,要感谢我的博士同学、现在华东师范大学任教的陈霜叶教授和现在中国人民大学任教的罗云教授等人的建议,让我有了将这 10 篇文章结集成书的想法。再次,要感谢北京大学 2020 新型冠状病毒感染的肺炎防控攻关专项课题的支持。还要感谢华东师范大学出版社顾晓清老师等编辑们,没有他们的辛苦,我们无法看到此书。

　　需要特别说明的是,本书虽然是我在多年教学研究基础上策划、写作和整理的著作,但实际上也是我和学生及其他合作者的集体智慧,在这本书的写作过程中,蒋宇、曲茜美、原铭泽、肖海明、胡若楠、夏琪、王辞晓、曹培杰、张优良、张媛媛、龚志辉、张魁元、裴蕾丝、焦丽珍、何亦霖、王钰茹提供了很多帮助。其中要特别感谢王钰茹同学帮助我在微信公众号中排版发布这 10 篇文章并提供了多篇高质量的读后感。

　　此外,刘雨昕、张喆、苏丹丹、潘红涛、孙也程、周萌宣、董安美、汪旸、张辉、孙富国、贾楠、樊青丽、李秀晗、孙文文、余萧桓、聂欢、张阳、张亮、肖睿、陈晨、李晓杰、李素丽、霍玉龙、马潇、马斯婕、李少鹏、孙金钢、陈鑫、姚媛、陈鸿樑等学生以及访问学者朱云、何玲、张宏丽、陈明、郑金芳、宋学岷、石长征、马晓玲等老师之前的研究对本书也起到了支撑作用。

我还要感谢王珠珠馆长、任友群司长、杨银付秘书长、杨宗凯校长、陈丽校长、阎凤桥院长、丁小浩教授、文东茅教授、吴筱萌教授、马利萍教授、迟泽准教授、黄显华教授、杨浩教授、郭琳科教授、吴砥教授、钟志贤教授、焦建利教授、胡小勇教授、沈书生教授、元付宏校长、李宏伟校长、朱秋庭校长、何政权主任、孔恬恬老师、王涛博士、李国丽博士、耿胜男同学等人在本书写作期间给予的鼓励、建议和帮助。其中要特别感谢我的母校香港中文大学的黄显华老师，他亲自阅读了我的每一篇专栏文章，并给我多次来信提出了很好的建议，并提供了很好的参考资料。特别感谢迟泽准老师和我一起上课，与我一起探索在线教学的酸甜苦辣，他的很多想法对我很有启发意义。还要感谢疫情期间在线参与我的课程的博士和硕士同学们，你们的"出镜"对我的写作很有帮助。

同时，感谢教育部科技司、教师司、基教司、社科司和联合国儿童基金会、中央电化教育馆、国家自然科学基金委员会政策局、全国教育科学规划办公室、北京市教育科学规划办公室、中国教育学会、中国教育技术协会的领导对我们研究的关心、鼓励和支持，以及腾讯、网易、索尼、课工场、天仕博、天业仁和、睿易、卓帆科技、博雅瑞特、爱享学、晨星创投等企业长期以来对我们研究的支持，没有这些研究，就没有这些成果。

感谢《光明日报》《中国教育报》《中国教师报》《教育研究》《北大教育评论》《高等教育研究》《清华大学教育研究》《中国电化教育》《电化教育研究》《开放教育研究》《远程教育杂志》《现代教育技术》《现代远距离教育》《中国远程教育》《现代教育技术》《现代远程教育研究》《人民教育》《中小学数字化教学》《中小学信息技术教育》《中国信息技术教育》等报刊杂志的编辑们，因为有你们的支持，我的成果才能得到发表，因而这次才有机会将这些成果重新整理完善出版。

　　最后，我想借此机会感谢北大教育学院闵维方教授、陈学飞教授等各位领导、同事们多年来的支持和帮助；感谢我的导师李芳乐教授、李浩文教授、林智中教授等老师们长期以来默默的支持；感谢孟天仓老师、宋兰香老师等老师和我的家人及朋友长期以来的支持；感谢我在上小学五年级的女儿对在线教学提出的宝贵建议，我请她谈了一下自己对未来学校的期待，特别受启发；最后要感谢微信公众号"俊杰在线"的粉丝们长期以来坚持阅读、点赞和转发。

2020 年 5 月 4 日于北大燕园